마을재생을 위한 99가지 아이디어

마을재생을 위한
99가지 아이디어

1판 1쇄 인쇄 2021년 9월 1일
1판 1쇄 발행 2021년 9월 5일

지은이 | Shibasaki + Soft Union
옮긴이 | 배현미
표지사진 | 배현미
본문+표지디자인 | 신인아
발행인 | 김병계
발행처 | 도서출판 보문당
등 록 | 1990년 6월 15일(제 1-1066호)
주 소 | 서울시 마포구 토정로 222 한국출판콘텐츠센터 422호
전 화 | 704-7025 / 704-0635
팩 스 | 704-2324
홈페이지 | http://www.bomoondang.co.kr
전자우편 | bmdpub@naver.com

값 20,000 원

ISBN : 978-89-8413-236-8 (93540)

마을재생을 위한 99가지 아이디어

Shibasaki + Soft Union 편저
배현미 옮김

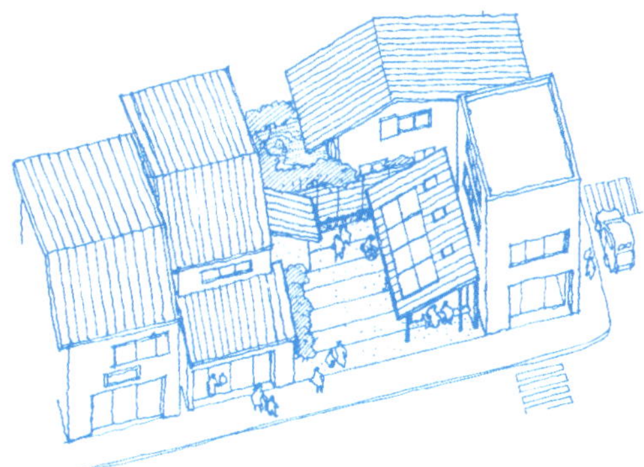

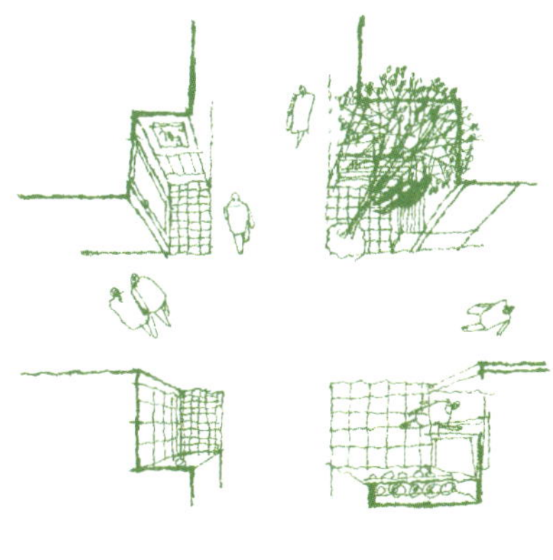

普文堂

서론

아이디어가 마을을 재생 시킨다

우리들이 생활하는 마을에는 적어도 무언가의 문제가 내포되어 있습니다. 그것은 그 지역 고유의 문제로 하나로 획일화 할 수 있는 것은 아닐 것입니다. 최근 상점가 여기저기에서 문을 닫고 있으며, 건물 역시 노후화 되고 있고, 도로 정비는 지연되고, 고령화되어 가고, 환경은 악화되었고, 경관은 파괴되어 사람들이 모여들지 않는 등 불리한 상황들은 일일이 언급하기 어려울 지경입니다.

그러나 이와 같이 엄중한 상황 속에서도 소소한 시도들이 활성화의 계기가 되어 다시 살아나게 된 상점과 거리가 있습니다. 그것은 단지 하나의 상점에서 시작했던 시도가 계기가 되었던 경우도 있고, 마을 전체가 참여했던 것이 재생의 계기가 된 경우도 있습니다, 그런데 어떤 경우이든 공통적인 것은 그곳에서는 어떤 아이디어가 한 알의 곡물 씨앗처럼 작용하여 변화가 싹트게 되었다는 것입니다. 무언가 "마을을 재생시키는 마법의 씨앗"이 존재했다는 것입니다.

이 책은 건축가, 조경 디자이너, 조명 디자이너, 설비 설계가 그리고 마을 만들기 전문가들이 모여, 지금까지 실천해왔던 아이디어와 구상을 정리한 것입니다. 마을 안의 점, 선, 면, 빛과 녹지, 기억과 부흥, 인프라를 테마로 한 99가지 아이디어를 정리해 보았습니다. 이 아이디어들은 마을의 재생에 도움이 될 것입니다.

이 책을 손에 들고. "이것만 있다면 당장 내일이라도 시작할 수 있겠어" 라고 생각해주는 사람이 나타난다면, 틀림없이 마을재생은 이루어질 것입니다. 누가 할 것인지 기다리고만 있을 것이 아니라 당신이 먼저 시작한다면 주변에 같은 생각을 하고 있던 사람들이 하나 둘 모여들게 되어 마을 만들기는 바로 시작될 수 있을 것입니다.

마을을 재생시켜주는 마법의 씨앗을 우리 함께 뿌려보지 않으시겠습니까?

Shibasaki

역자 서문

과거 국토 및 도시 만들기에 대한 일련의 작업들은 대부분 전문가들만의 영역이었다. 그런데 지금은 그곳에서 생활을 하는 사람들을 위한 공간 그리고 그들이 주체가 되어 만들어가는 지역주민들의 작업영역으로 바뀌어가고 있다. 게다가 도시 및 농촌지역을 중심으로 진행되었던 마을재생 프로젝트도 최근에는 어촌지역까지 확대되는 등 전국적으로 마을 및 생활환경 만들기에 관심이 높아지고 있는 실정이다.

이 책은 마을재생을 위한 다양한 관점에서의 아이디어와 관련 사례들을 소개해놓은 것이다. 주민들의 생활터전 이곳저곳의 환경이나 주어진 여건 그리고 지역의 역사 등을 활용하여 마을을 활성화 하고 재생시킬 수 있는 아이디어들이 흥미로운 예시 그림과 함께 제시되어 있다.

이 책은 총 6개의 장으로 구성되었다. 전반부에는 점적인 요소, 선적인 요소 그리고 면적인 요소를 활용한 마을재생 아이디어가 소개되어 있다. 후반부에 소개된 빛과 녹지, 기억과 재해부흥, 사회기반시설을 활용한 마을재생 아이디어는 환경훼손으로 인한 자연재해 문제가 심각해지고 있는 현 시점에서 주의 깊게 읽어두어야 할 내용이라 생각한다. 특히 마을에 살고 있는 주민 스스로가 그들의 일상 생활환경에 대한 문제를 찾아내고 해결을 위한 다양한 시도를 진행한다는 것은 무척이나 반갑고 고마운 일로 앞으로 마을재생 활동에 좋은 본보기가 될 것이라 생각한다.

끝으로 시기적으로 어려움이 있었음에도 불구하고 이 책의 출판을 흔쾌히 승낙하고 진행해주신 도서출판 보문당 김병계 사장님과 김태우 실장님께 깊은 감사의 마음을 전합니다.

2021. 9.

역자 배현미

목차

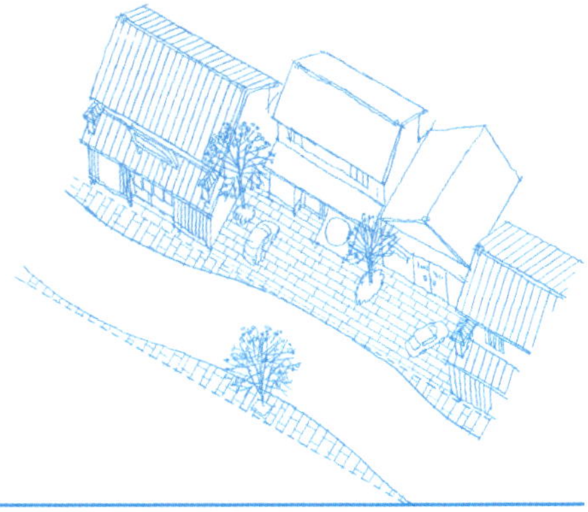

제 3장 면적인 요소를 활용한 마을재생 아이디어 90

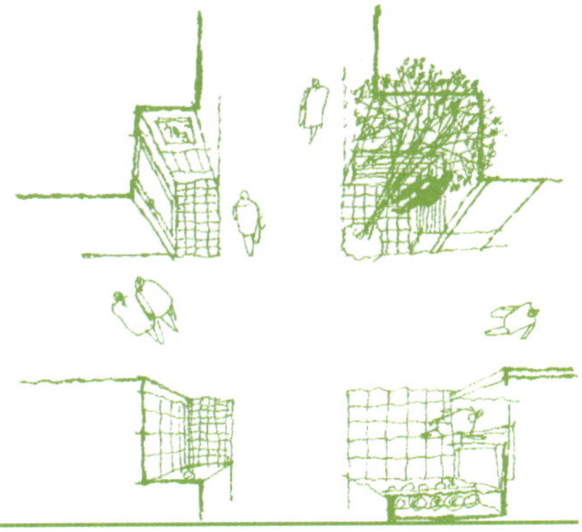

제 5장 기억과 재해부흥을 위한 마을재생 아이디어 152

제 1 장

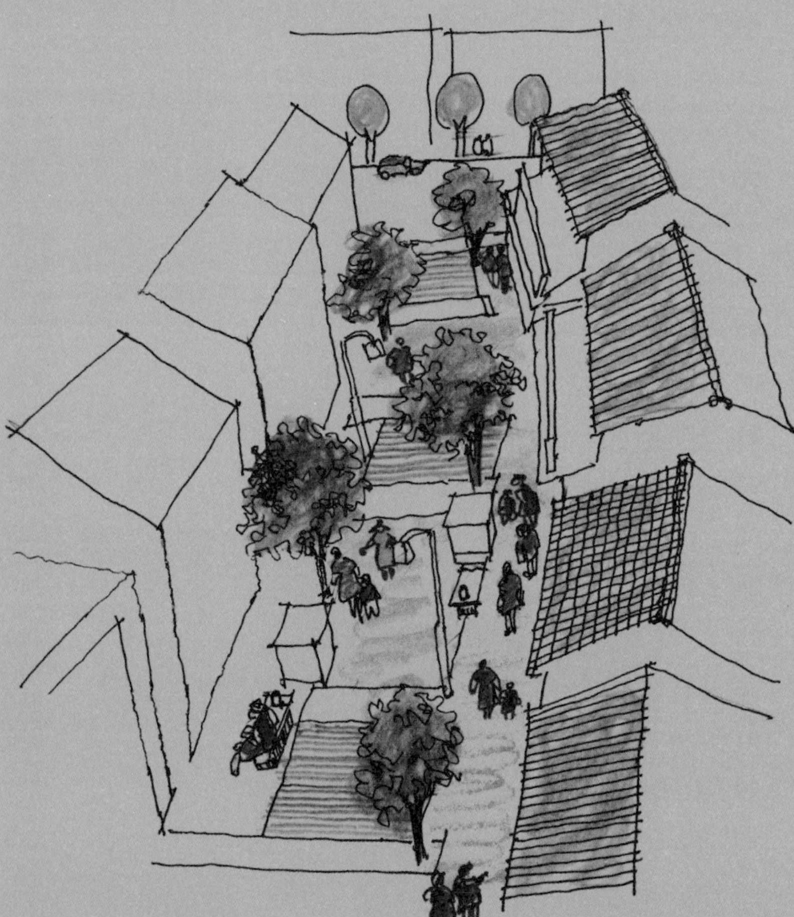

점적인 요소를 활용한 마을재생 아이디어

이미지 전략 포인트

01 거리에 있는 아이템들을 효과적으로 활용하자

「사람이 사람을 불러 모은다」는 속담이 있습니다. 이 이야기를 마을에 그대로 적용시켜 보도록 합시다. 우리들이 어느 마을의 상점가를 방문했을 때, 그곳에 인적이 드물고 손님도 없어 한적한 상태라면 그 거리로 선뜻 들어서게 되지는 않을 것입니다. 그러나 그 마을에 필요한 요소나 시설들이 보기 좋게 잘 배치되어 있다면, 아마도 쉽게 발을 들여놓게 될 것입니다. 즉 거리는 인기척이 느껴지도록 만들어주는 연출이 필요합니다.

그런 이유로 상점가에 반드시 있어야만 하는 가로시설물은 어느 정도 정해져 있습니다. 예를 들면, 가로등, 벤치, 가로수 등이 그에 해당되는 시설입니다. 특히 그 마을에 있는 건물 형태가 단순하고 뚜렷한 특징이 없는 경우라면, 상점가 중간 중간에 흥미로운 가로시설물들을 적절히 배치해두는 것만으로도 거리에 번화함을 만들어낼 수 있습니다.

거리를 구성하는 가로시설물은 크게 2가지 요소로 나눌 수 있습니다. 첫 번째는 기능적으로 필요한 요소로, 차량진입 방지용 볼라드, 과속방지턱, 가드 레일, 변압기 등이 이에 해당됩니다. 두 번째는 거리에 편안함과 아름다움을 주는 요소로, 벤치, 수목, 플라워박스, 광고판, 가로등, 환경조형물 등입니다. 이러한 요소들이 거리에 적절하게 배치되어 있다면 그곳은 사람들이 찾고 싶어하는 장소가 될 것입니다. 물론 이러한 요소들을 어떤 원칙 없이 단순 배치만 해놓는다고 되는 건 아니겠지만요.

토막 상식

가로수를 예로 들어보면, 무조건 나무에 물만 준다고 잘 자라는 것은 아닙니다. 산소를 공급해주는 것 역시 매우 중요합니다. 따라서 산소관을 수목의 식재 틀에 설치해주되, 만약 빗물 배수구가 근처를 통과하는 경우에는 그쪽으로 뿌리가 침투하지 않도록 방근(防根) 시트를 설치하도록 합시다.

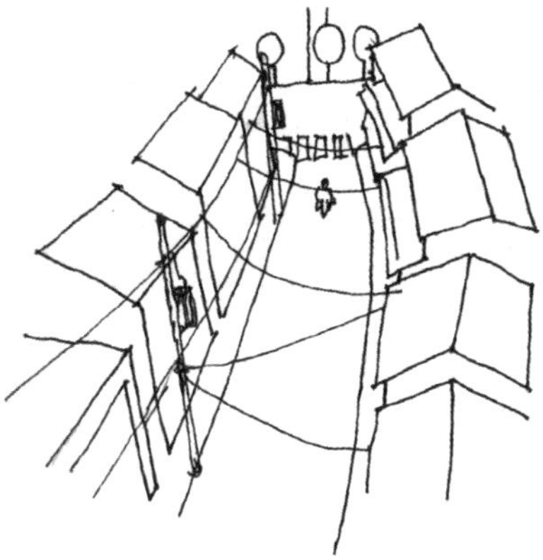

기존 가로경관

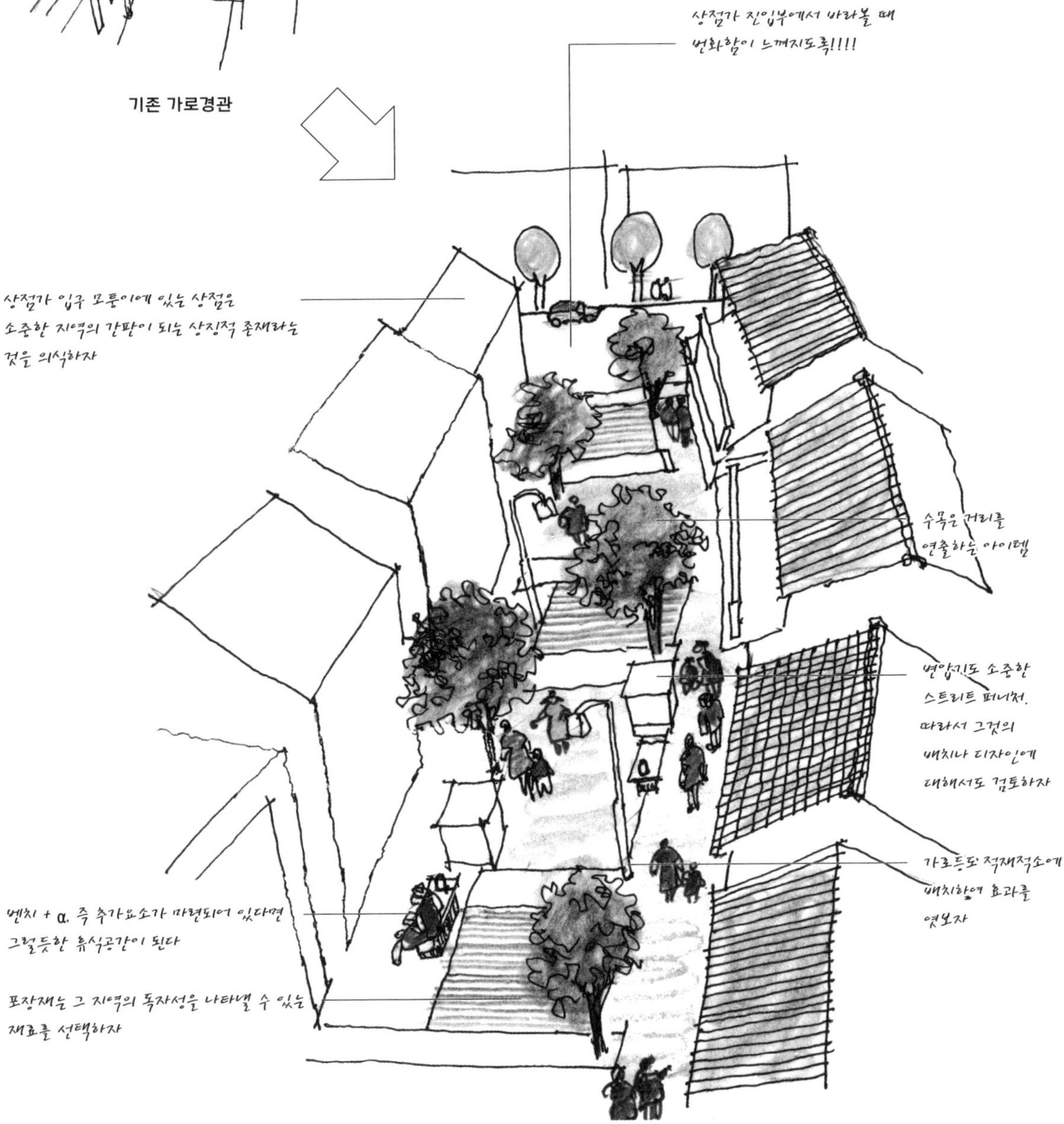

가로경관의 구성 아이템 (전선매설형 지중화 가로의 경우)

02 건물 외장벽(Parapet)을 제거하여 마을의 개성을 되돌리자

주변이 전통 건물들로 둘러싸여 있는 지역임에도 불구하고, 커다란 수직형태의 외장벽이 건물을 에워싸듯이 설치되어 있어 마치 커다란 간판을 붙여놓은 것 같은 건물이 마을 여기저기에서 발견되는 곳이 많습니다. 그것은 과거에 유행했던「간판건축」의 흔적이기도 합니다. 그런데 막상 그 건물의 외장벽을 제거해보면 언급할 것도 없이 바로 옆 건물과 다르지 않은 전통식 건물이 나타나는 경우가 많습니다. 아마 과거에는 양옆에 있는 건물과 비슷해 보이는 것을 싫어했던 것 같습니다. 그래서 오래되고 낡아 보이는 전통식 건물을 큰 외장벽으로 덮어 숨겨왔던 것입니다.

잘 생각해보면 이와 같은 행위는 가로경관의 연속성을 훼손시키는 것으로, 매력이 없는 거리를 만드는 결정적 원인으로 작용할 수 있습니다. 왜냐하면 자기 혼자만 눈에 뜨인다고 해서 마을 전체가 잘 된다고 보기는 어렵기 때문입니다. 이것과 매우 유사한 사례로 간판 안쪽에 형광등이 들어있는「전기식 간판」을 생각할 수 있습니다. 예전에 특정업체를 홍보하기 위해 회사이름이 들어 있는 형태의 간판을 몇몇 상점에 무료로 설치해 주었던 경우가 바로 그에 해당합니다. 하지만 일부 상점만 튀면 된다는 생각은, 거리를 어수선하게 만드는 결과로 이어지게 될 것입니다. 마을이 마을답기 위해서는 적어도 맞은편과 양쪽 이웃 이렇게 서너 집 정도에 숨겨져 있는 장점을 발견하는 등 하나의 건물에서는 표출해낼 수 없는 마을의 표정을 만들어내고자 하는 노력이 필요합니다.

토막 상식

「간판건축」이란, 다이쇼(大正)부터 쇼와(昭和) 초기(1912-1940년경)에 유행했던 상업건축입니다. 구조는 예전부터 사용되어왔던 목조건축이나, 건물외관의 박공벽 부분이 보이지 않도록 동판이나 모르타르 미장으로 외벽을 처리하여 서양 건축물처럼 만든 것입니다.

예전부터 사용되었던 간판건축

외장벽을 설치하고 간판을 부착한 상점가

외장벽을 제거하여 전통형태의 이미지를 보여 준다

외장벽으로 덮여있는 가로경관(우측)과 그렇지 않은 가로경관(좌측)의 이미지

03 간판을 있는 그대로 남겨둔 상태에서 색을 덧칠해보자

판매의 왕이라 불리는 사람이, 「큰 간판을 내거는 것은 판매와 상품 자체에 자신이 없기 때문이다」 라고 했던 말이 생각납니다. 그렇습니다. 이제 간판으로 넘쳐나는 상점가는 옛 이야기가 되어버렸습니다. 번창하고 있는 상점가에는 센스 있는 간판이 정말 조금만 그것도 억제된 상태로 설치되어 있습니다. 그렇다면 현재 간판 투성이인 상점가는 어떻게 하는 것이 좋을까요?

하나의 방법으로 현재 설치되어 있는 간판 모두를 하나의 색으로 덧칠해버릴 것을 제안합니다. 그런데 잘 생각해보면 간판을 덧칠해버린다는 행위는 간판 본연의 의미와 목적을 지워버리는 것이 되므로 지극히 불합리하고 무모한 작업일 수 있습니다. 그런 까닭에 이 방법을 실제로 시도했던 상점은 아직 없으며, 당연히 상점가 총회에서 이런 결정을 내린다는 것은 어려울 것입니다.

하지만 그렇게 때문에 그 발상의 독특함과 의외의 결과가 사람들에게 놀라움을 줄 수 있지 않을까 생각합니다. 그리고 이와 같이 특이한 작업을 시도하는 상점가라면, 무언가 흥미로운 물건이나 상점 등이 틀림없이 자리하고 있을 것 같습니다. 그러하다면 분명 멀리에서도 사람들이 찾아오게 될 것입니다. 그저 평범한 일을 당연한 것처럼 하고 있는 것만으로는 새로운 길이 열리지 않기 때문입니다.

토막 상식

상점가의 간판을 전부 걷어버릴까요? 아니면 통일시키는 것이 좋을까요? 그런데 비용이 크게 들지 않는 방법의 하나로, 기존 간판을 하얗게 덧칠해버리는 것을 어떨까요? 의외로 매우 효과가 있을지도 모르겠습니다. 만약 간판을 남겨두어야 한다면, 연철 등 금속으로 디자인 해보는 것도 매력적일 것입니다.

독일 잘츠부르크 거리에서 볼 수 있는 간판디자인

간판이 다닥다닥 걸려있어 어수선한 상점가

모든 간판을 하나의 색으로 덧칠해주는 것만으로도 화젯거리가 될 수 있다

04 검은 바탕색으로 통일시킨 상호간판을 만들어보자

프랑스 남동부지역을 여행하다 보면, 검정색 바탕에 금색이나 흰색으로 글자를 써놓은 간판들과 쉽게 접할 수 있습니다. 「나무 둥지」 라고도 불리는 코트 다쥬르(Cote d'Azur) 마을 그리고 에즈(Eze) 마을의 거리에서도 돌로 만든 벽같이 생긴 간판들이 다수 설치되어 있어 독특한 분위기를 자아냅니다.

한편 일본 각지에서는 「상호간판」 이라 불리는 동일한 형태의 사인과 마주치게 되는 경우가 많습니다. 한편 마을 만들기의 일환으로 조슈야(上州屋)나 에치고야(越後屋)라는 상호를 일부러 사용하여 옛 분위기를 문자로 된 간판만으로 되돌려보고자 시도한 사례도 있기는 합니다. 그런데 가끔은 여관이나 상점에서뿐만 아니라 일반주택의 벽에 간판이 내걸리는 일도 있어, 처음 그 지역을 방문하는 사람이보면 이건 뭐지? 라는 생각도 하게 되는 것 같습니다.

「상호간판」 은 문자만으로 제작되는 경우가 많은 듯합니다. 예를 들면, 동그라미 속에 3이라 적은 환삼(丸三)과 우물 정(井)이라는 글자를 사용하게 되면 「마루이(丸井)」 와 같은 기호문자가 만들어지게 됩니다. 게다가 이것을 검은색 바탕에 흰색으로 기호문자를 그려놓게 되면, 단순히 문자만 들어간 통상적인 상호간판과는 다른 흥미로움이 거리에 생겨나게 됩니다. 쓰게 요시하루(つげ義春)의 애니메이션에 나오는 「나사식(ねじ式)」 눈알 형태의 기호간판이 쭉 서있는 만화거리처럼, 독특한 분위기의 공간을 새롭게 만들어 내는 것은 손쉬운 일일지도 모르겠습니다.

토막 상식

상호(상점 이름)는 에도시대(江戸)에 성이나 이름 쓰는 것이 금지되어 있었던 상인이나 부농들이 거래 등에서 편의상 사용해왔던 것이라 합니다. 예를 들면 「비젠야(備前屋)」 나 「이세야(伊勢屋)」 와 같은 상호는 거래처를 나타내는 것이라 합니다.

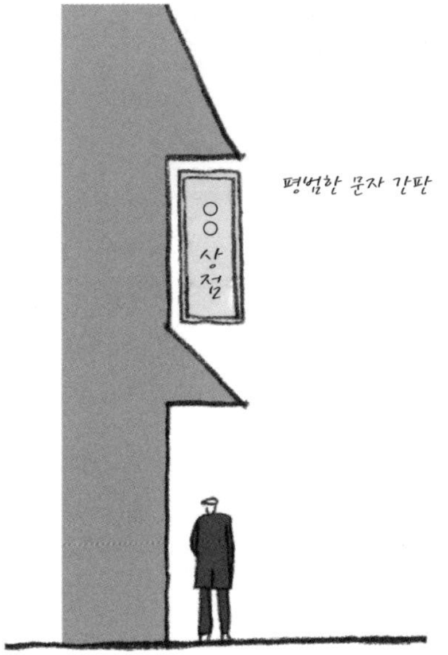

문자를 이용한 상호간판

기호를 이용한 상호간판

기호를 이용한 상호간판으로 통일된 가로경관이 만들어졌다

05 간판은 원래대로 유지하되, 식물을 도입하여 꾸며보자

마을을 걷다보면 옆 상점의 간판에 지지 않으려 간판의 크기를 경쟁적으로 키우고 있는 상점들과 자주 만나게 됩니다. 가끔은 경쟁하는 목적 자체가 어긋나 버린 것이 아닌가 생각되는 경우도 많습니다. 상점가를 찾아오는 인근의 국한된 사람들이 간판 크기만을 보고 선택하도록 유인할 것이 아니라, 아름다운 상점가를 만들어 타 지역 사람들이 많이 그리고 자주 찾는 상점가가 되도록 노력하는 것이 결과적으로 득이 되는 대책이 될 것입니다.

그렇다면 간판을 모두 철거해보는 건 어떨까요? 그런데 상점가에서 설사 그러한 결단을 내린다 해도, 실제 간판철거에 드는 비용이 엄청날 것이므로 결과적으로는 바보 같은 일이 되고 말 것입니다. 그러니 식물을 이용해 상점가를 아름답게 꾸미는 방법을 한번 생각해 봅시다. 즉 간판을 식물로 덮어버리는 것입니다. 여주나 나팔꽃, 수세미와 같은 덩굴성 일년초는 계절을 느끼게 해주긴 하지만, 조금 더 시간을 들여 포도나 등나무 등으로 상점 간판 등을 덮어 가려주게 되면 경관적으로나 환경적으로 더 효과가 있을 것입니다. 녹색으로 통일된 경관과 녹음으로 뒤덮인 상점가는 사람들을 끌어당기는 매력과 효과를 만들어낼 것입니다.

필요한 것은 식물이 감아 올라갈 수 있는 지주와 플랜터(Planter)이며, 아울러 관수 등의 관리에 손이 가겠지만 모두가 힘을 합친다면 몰라볼 정도로 아름답고 개성적인 상점가로 다시 태어나게 될 것입니다.

토막 상식

식물의 생육은 흙의 양과 비료 등에 좌우됩니다. 플랜터의 크기나 이식시기, 관수방법 등은 전문가의 의견을 들어 확인해 두도록 합시다.

목재 플랜터(Planter)

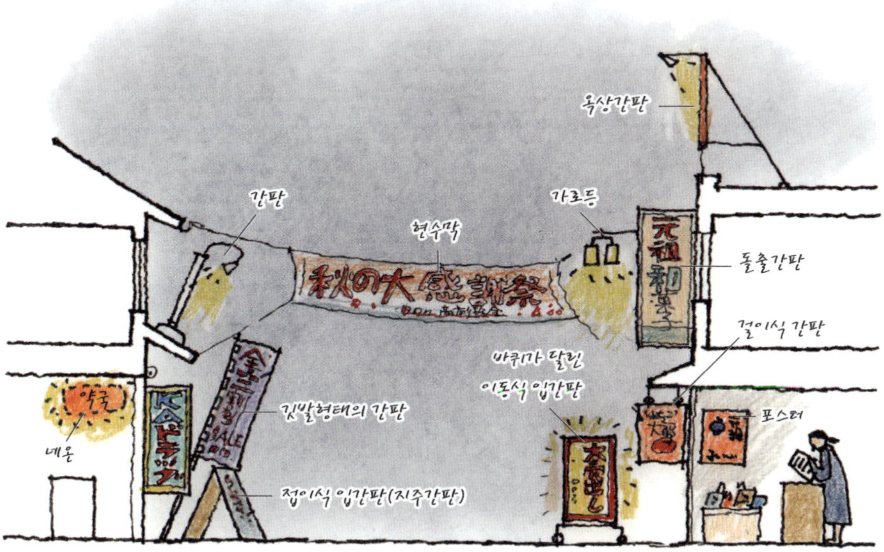

여러 가지 간판이 산재되어 있어, 어수선하고 복잡 불편해진 상점가

여름에는 늘어지는 식물을 네트에 거는 방식을 이용하여 녹색거리로 만들자

06 가로경관과 어울리는 옥외광고를 계획해보자

가로경관을 생각한다면, 옥외광고에 관련된 아이템 때문에 고민하는 경우가 많습니다. 사실 상품의 선전광고 뿐만 아니라 정치포스터, 화려한 깃발형태의 광고탑이나 현수막 광고 등 그 지역과는 연관성이 없는 불필요한 것도 많고, 또 정보전달의 역할이 지나쳐 거리의 풍경을 한층 더 혼란에 빠뜨리고 있는 실정입니다.

하루아침에 해결되지 않을지도 모르겠으나, 상가 유형을 가리지 말고 지역의 모든 세대 사람들이 참여한 옥외광고물 평가모임 등을 만들어 정밀조사를 실시할 필요가 있습니다. 물론 많은 어려움이 있을 것이라 예상됩니다만 다른 지역에서 찾아오는 사람들 또는 해외 관광객들의 의견도 검토범위에 넣어, 가로경관을 아름답게 만들기 위한 지혜를 모으고 상호 연대하여 조화를 유지하도록 거듭 궁리해야 할 것입니다.

유럽의 도시 길모퉁이에서는 지름 약 2m, 높이 3m 정도의 기둥모양 광고탑 그리고 버스정류장 주변을 감싸고 있는 광고판 등을 흔히 볼 수 있습니다. 그런데 이 평범한 거리시설물인 광고판에 예전부터 여러 번 반복 부착되어 너덜너덜해져 있는 포스터 조각 하나까지도 거리의 모습과 뒤섞여 훌륭한 예술품의 일부가 되어있다고 느껴지는 건 무슨 이유에서 일까요?

토막 상식

구마모토현 구로카와(熊本県黒川) 지역에서는, 온천여관 주변에 세워져 있던 기존 옥외 입간판을 모두 정리해버렸습니다. 그 결과 온천마을 특유의 아름다운 가로경관이 부각되는 효과를 얻어냈습니다. 지금 이 온천지역은 방문하는 관광객이 대폭 증가된 마을재생의 성공적인 사례지로 널리 알려져 있습니다.

광고는 마을 사람들에게 전하는 메시지이다

파리의 길모퉁이에 서있는 광고탑

마을의 표정에 어울리는 광고 판넬로 버스정류장을 꾸미자

07 아케이드를 해체하고, 가설장치를 설치해보자

상점가의 보행로 위에 있는 아케이드를 해체하자는 움직임이 있습니다. 없애려는 이유는 하늘이 보이는 개방적인 공간으로 만들고 싶기 때문입니다. 그런데 막상 제거하려 하니 인접하고 있는 건물들의 지붕높이나 형태가 일정하지 않다는 점이 눈에 거슬립니다. 사실 지금까지는 아케이드에 숨겨져 있어서 스카이라인에 신경을 쓸 일이 없었기 때문에 눈에 띄지 않았던 것이지요. 지금 당장 스카이라인의 불일치를 해결하는 것은 어렵겠지만, 어느 정도 겉모습을 완화시키는 것은 가능할 것입니다.

그것을 해결하는 방안으로 크고 작은 2단 구조로 된 파고라(Pergola) 설치를 생각해 봅시다. 파고라 위쪽에 일정간격으로 부착되어 있는 각재는 사람들의 시선을 수평방향으로 유도해주어 건물의 스카이라인을 인식하기 어렵게 해주는 효과를 발휘할 것입니다. 게다가 그 위에 텐트를 치고 지주에 갈대로 만든 발을 걸쳐놓으면 여름의 햇살을 가릴 수도 있고, 파고라에 감아올린 나팔꽃은 계절감을 만들어 줄 것입니다. 그렇게 되면 가로의 경관을 훼손시키고 있던 간판도, 파고라가 만들어낸 막으로 가려지게 되어 거리에 통일감이 생겨나게 될 것입니다. 게다가 상점 앞에 진열된 상품들도 큰 규모의 파고라 밑에 놓이는 것만으로 질서가 생기는 효과가 나타날 것입니다.

이상과 같이 거리에 설치되는 가설장치 자체는 매우 간단한 것이나, 설치여건이나 장소에 따라 다양한 적용이 가능합니다. 지혜와 아이디어로 거리의 표정을 바꿀 수 있는 유용한 시설이 바로 가설장치입니다.

토막 상식

파고라는 서구에서 전해진 그늘막 장치입니다. 지붕과 비슷하나 지붕이 아닌 애매모호한 형태로, 사람들이 선호하는 시설입니다. 그래서인지 유럽에서보다 동양권에서 더 다양한 방식으로 사용되고 있는 것 같습니다.

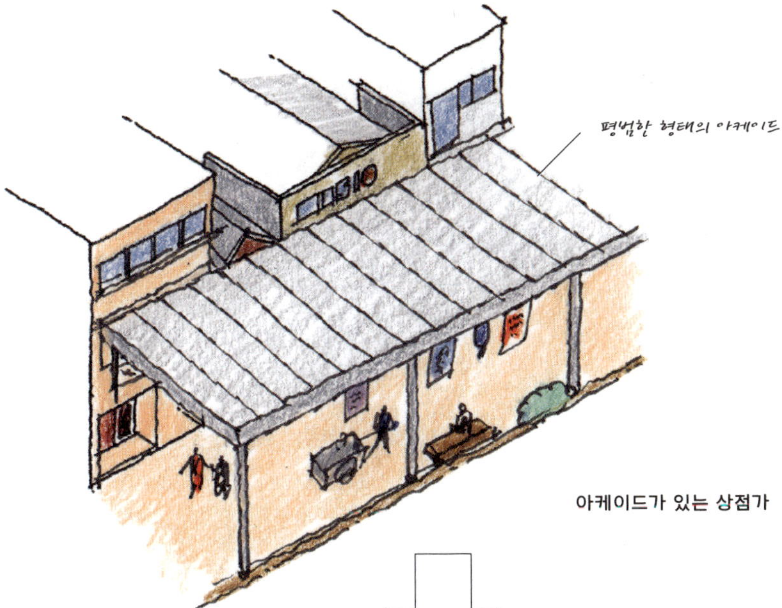

아케이드가 있는 상점가

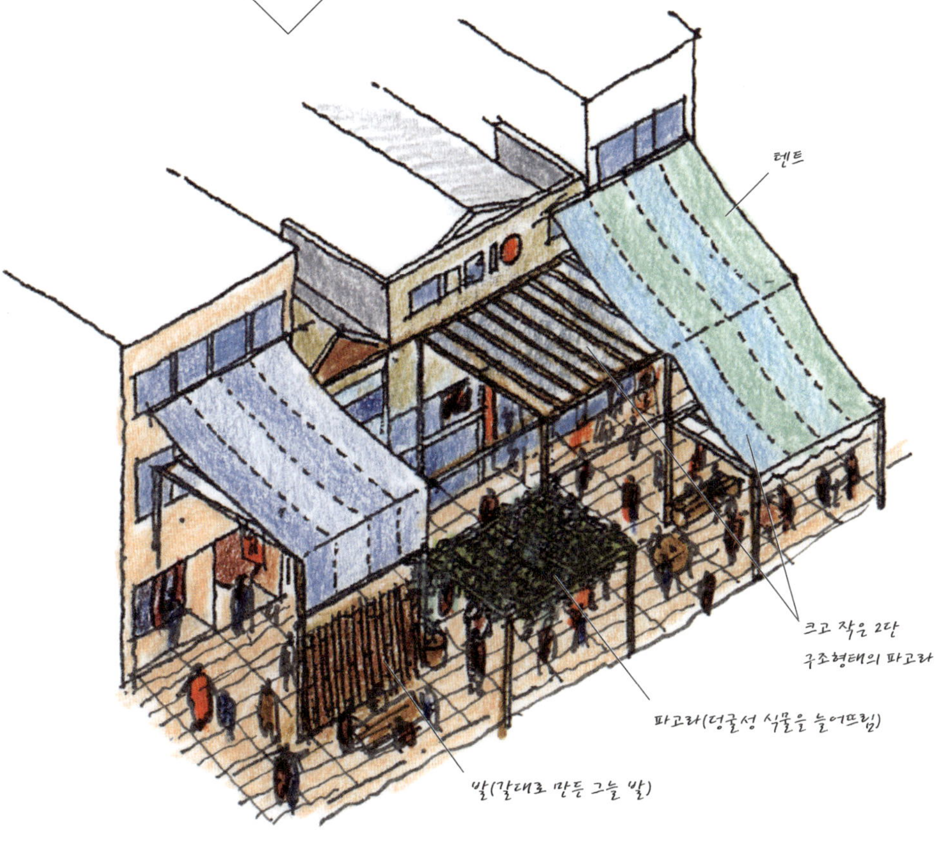

아케이드를 해체하고 파고라 등 가설장치를 설치해보자

08 상점 앞에 놓여있는 실외기를 어떻게 숨길까

상점가에 있는 상점들은 대부분 도로와 접하는 정면의 폭을 가능한 한 넓게 확보하려 합니다. 업종에 따라서는 정면 폭의 너비가 매출에 직결된다고 이야기하기도 합니다. 그러나 상점의 정면 폭이 충분하지 않은 경우나, 건축물 구조상의 문제로 에어컨 실외기를 상점 앞에 두어야만 하는 경우가 종종 있습니다. 분명 실외기는 상점 앞의 공간을 차지하는 의외로 귀찮은 물건입니다.

게다가 실외기를 아무 생각 없이 상점 앞에 그대로 놓아두게 되면, 그 앞을 지나는 사람들이 냉난방용 실외기에서 나오는 배기를 그대로 들여 마시게 되어버립니다. 그렇게 되면 그 매장에 대한 인상은 나빠질 수밖에 없게 되는 것이지요.

이 문제를 해결하기 위한 가장 간편한 대책으로, 실외기의 배기방향을 바꿔주기 위한 루버(louver) 울타리를 설치하거나 햇빛가리개 등으로 실외기를 적당히 덮어 눈에 뜨이지 않도록 하는 것을 생각할 수 있습니다. 이 때 반드시 유념해야 할 것은 루버 격자의 간격이 지나치게 좁으면 냉난방 효율이 저하되는 결과를 초래하므로 배기의 처리방법에 대해서도 잘 검토해 두어야 합니다.

물론 가게를 신축 또는 개축하는 경우라면 처음부터 실외기를 숨길 수 있도록 건축물과 일체화된 전면 디자인을 채택하는 것이 좋을 것입니다.

토막 상식

실외기를 단순히 땅바닥에 놓아두는 것만으로는 적절치 못합니다. 또 처마 밑이나 위쪽에 설치하는 경우에는 통행하는 사람들에게 방해가 되지 않도록 하며, 배기방향을 조정하는 것도 잊어서는 안 됩니다.

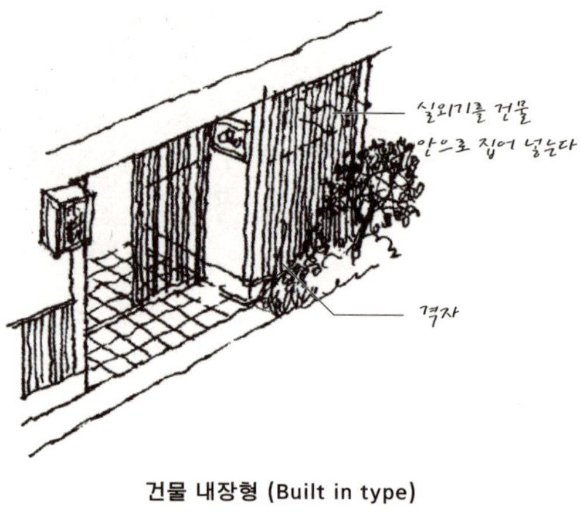

건물 내장형 (Built in type)

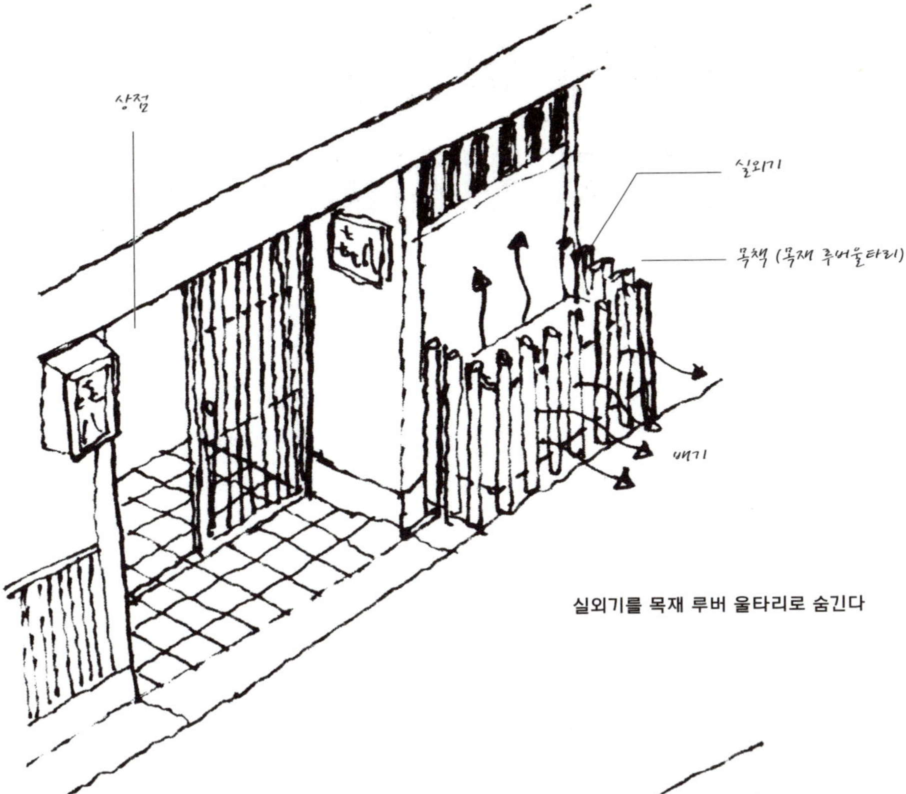

실외기를 목재 루버 울타리로 숨긴다

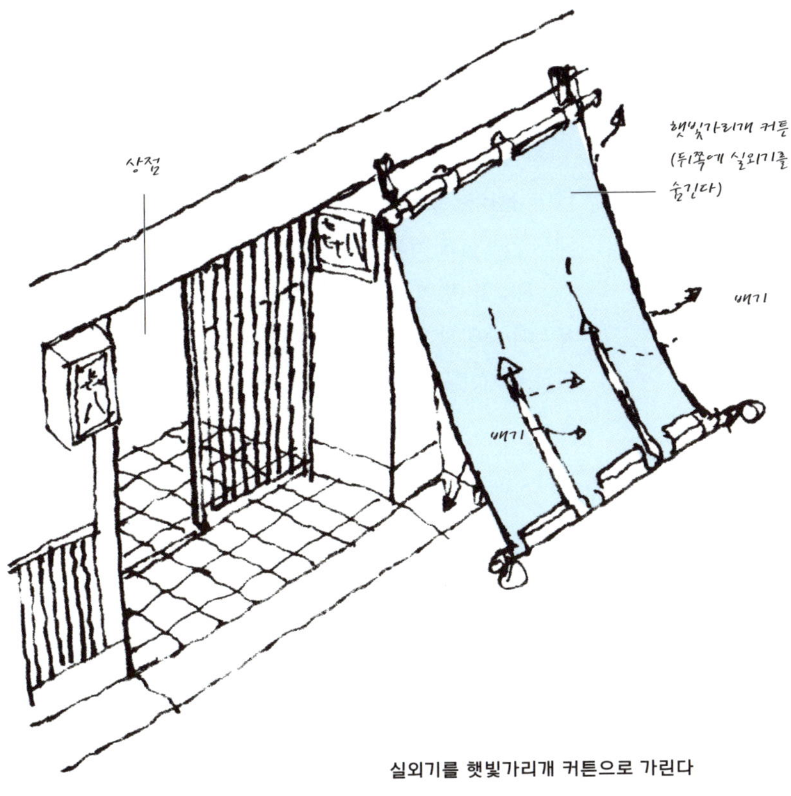

실외기를 햇빛가리개 커튼으로 가린다

09 도로에 여유공간을 만들고 벤치를 놓아보자

상점가에서 가게 앞부분과 통행로의 여유공간, 주택지와 도로와의 틈새공간 그리고 목재담장이나 생울타리 바로 옆에 벤치를 놓아봅시다. 아마도 사람들의 모임과 왕래가 생겨 번화함이 만들어지게 될 것입니다.

혹시「내 가게나 집 앞에 사람들이 너무 오래 머무는 것은 아닐까?」걱정하는 사람이 있을지도 모르겠습니다. 그러나 유럽에서도 우리나라에서도 예전부터 거리와 건물들이 서로 접하는 공간은 원래 사람들을 위한 것이었습니다. 집 앞에 툇마루를 만들어놓고 그 공간에서 장기를 두거나 저녁 바람을 쐬거나 하는 일상의 모습들은 우리가 주변에서 늘 보아오던 장면이었습니다. 그곳은 예전부터 사교의 장소이자 사람들이 정보를 교환하는 장소이기도 했습니다.

예를 들어 상점 앞이나 블럭담장을 제거한 도로와의 사이 폭 30~40cm의 틈새공간에, 약 20cm 정도의 좁고 간단한 벤치를 놓아보는 것은 어떨까요? 이웃 사람들과 서서 하던 짧은 대화가 조금 더 길고 천천히 할 수 있게 되어 사람들이 붐비는 거리로 변하게 될 것입니다. 그렇게 되면 서로의 가게나 이웃에 대해 자연스럽게 신경을 쓰게 되므로 방범유지 효과로도 이어지게 될 것입니다.

게다가 이 벤치에 앉아 거리를 바라보면 지금까지는 보이지 않았던 마을의 풍경이 보이게 될 것입니다. 평소에는 만나지 못했던 산책하는 사람이나 반려동물 심지어는 도둑고양이들과 친구가 될 수 있을지도 모릅니다.

토막 상식

예를 들자면, 거리에 놓는 벤치는 12cm 정도의 나무 각재 하나만으로도 만들 수 있습니다. 이것을 앉는 바닥면으로 하고 정원용 치장벽돌을 쌓아 각재벤치의 받침기둥으로 사용한다면 그 즉시 주변경관과 잘 어울리는 벤치가 완성될 수 있습니다.

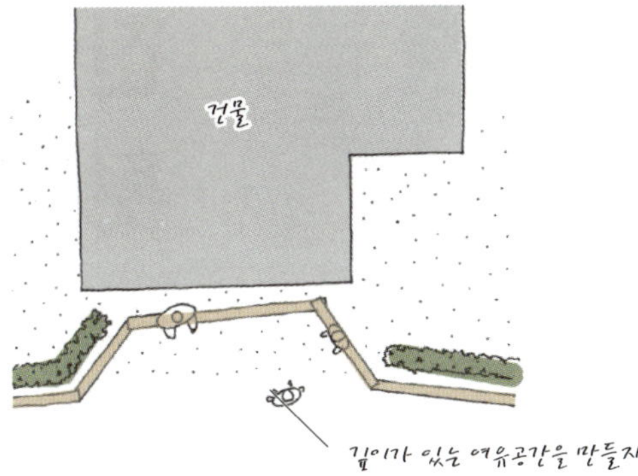

블럭으로 된 담장은 지진에 약하고, 도둑이 숨어들기 쉽다

블럭담장을 없애고 나무 벤치를 놓자

블럭담장은 폐쇄적인 환경을 만든다

뒤쪽에 나무를 심고 벤치를 놓아두면, 사람들이 모일 수 있는 장소가 된다

10 진열대가 딸린 툇마루 공간을 만들자

예전에 큰길가에 있는 주택에서는 도로 쪽에, 농촌지역에 있는 집에서는 정원 쪽에 툇마루(縁側)가 반드시 붙어 있었습니다. 툇마루를 뜻하는 「연(緣)」이라는 문자에는 연담, 혼담 등에 쓰이듯이 사람과 사람을 연결시킨다는 의미가 내포되어 있습니다. 그러므로 건물에서 툇마루는 내부와 외부를 연결시키는 역할을 하는 공간이 되는 것입니다. 밖에서 찾아온 사람을 마중하는 장소이기도 하고, 동네 사람들과 차 마시며 담소하는 장소 역시 툇마루가 담당해야 할 역할 중 하나였습니다.

그러했던 공간이 현재는 우리들의 생활 속에서 사라져버렸고, 이제는 이웃과의 만남과 교류에 대해서는 무관심한 마을이 되어가고 있습니다.

상점가에 따라 상황이 다르겠지만, 약간의 여유공간이 있음직한 담장을 찾아보는 것이 그리 어려운 일은 아닐 것입니다. 그러한 장소를 찾아내어 툇마루를 꾸며보는 건 어떨까요? 툇마루 뒤편에는 작고 소박한 진열대를 만들어도 좋을 것 같고, 상점가의 행사물건 등을 전시하는 장소를 사용해도 좋다고 생각합니다. 툇마루 공간은 길을 오가는 사람들이 그곳에서 잠시 쉬고 대화를 나눌 목적으로 만들었습니다만, 툇마루 그 자체의 존재는 상점가의 자상함을 나타내는 것이기도 합니다. 그렇게 마음 씀씀이가 따뜻하고 섬세한 상점가를 한번 만들어보는 것은 어떨까요?

토막 상식

툇마루를 만드는 경우에는 툇마루 주변의 디자인이 포인트로 작용합니다. 격자형으로 된 창이나 미닫이 등을 넣고 차양을 붙여주면 쾌적한 휴식공간이 만들어질 것입니다.

툇마루 형태의 전시장 디자인

툇마루 공간의 평면도

상점에 있는 목재담장 일부를 활용하여 툇마루 공간을 만들어보자

11 전봇대에 옷을 입혀서 리듬을 만들어내자

우리들 모두가 구분없이 전봇대 하나로 부르고 있기는 하나, 사실 통신주와 전신주는 구분해서 명명하고 취급해야 합니다. 즉 통신주는 전화 등 통신선 연결을 위한 것이며, 전신주는 전기를 공급하기 위한 시설입니다. 일본의 경우 1910년 초에 통신주가 생겨났고, 그리고 30년이 지나서야 비로소 전신주가 등장했습니다. 현재는 통신주가 1,200만개, 전신주가 약 2,000만개 설치되어 있습니다. 도로정비 시에 전선지중화를 통해「무전주화」를 시도하기도 했지만, 현재까지도 7% 정도의 정비수준에 머물고 있는 실정입니다.「전봇대는 경관상 눈에 거슬리므로 없애는 것이 좋다」는 다수의 의견과,「추억어린 정서가 담겨있다」는 소수의 의견이 있기는 합니다만, 경관측면에서 볼 때 어떻게든 해야 하지 않을까 생각됩니다.

하나의 해법으로 전봇대에 옷을 입혀보거나, 녹색으로 뒤덮어 버리면 어떨까 생각해보기도 합니다. 텐트 천으로 만든 원통형태의 옷으로 덮어버린다면, 전봇대를 색색으로(Colorful) 또는 눈에 띄지 않도록 단순하게 만들 수도 있을 것입니다. 특히 전봇대는 일정간격으로 늘어서 있으므로, 잘만 다룬다면 가로경관에 리듬감을 부여할 수도 있을 것입니다. 또한 꽃이 피는 덩굴성 식물을 추가해 넣는다면 녹화장치로도 작용하게 되므로, 가로경관이 화려하고 선명하게 변하지 않을까요?

토막 상식

전봇대에 부착되어 있는 광고에는 돌출 간판타입 그리고 전봇대를 감싸는 두루마리 간판타입이 있으며, 각 관리회사의 수입원이 되고 있습니다.
일본의 경우에는, 주소 표시부분이 녹색으로 되어있는 전봇대는 전력회사, 파랑색 전봇대는 통신회사(NTT) 소유입니다.

전봇대가 옷을 입으면 아름다운 예술의 거리로 변신한다

12 경관요소의 하나인 가로시설물은 마을에 맞게 디자인하자

길모퉁이에 놓여있는 가구(Furniture)는 어떻게 불러야 하나요? 일단 「가로시설물」 또는 「거리의 가구」라 칭하기로 합시다.

기후현 다카야마(岐阜県飛騨高山)나 나가노현 쓰마고주쿠(長野県妻籠宿) 등의 상점가에서 발견되는 「가변식 접이 의자」는 확실히 거리에 배치된 가구라 보기에 매우 적합한 시설입니다. 이것은 거리와 접하고 있는 전통형태의 접이식 툇마루로 벤치 대신이기도 하고, 「오우미세(揚見世)」라 불리는 인근에서 수확한 야채 등을 늘어놓고 잠깐 판매하는 임시진열대가 되기도 하는 시설입니다. 이 의자의 다리를 안쪽으로 접어서 수납하게 되면, 위 부분은 격자형 덧문이 되어 개구부를 막을 수 있는 가로시설물이 되므로, 거리의 표정을 활기차게 만들어주는 장치가 되기도 합니다.

그 외에 상점 앞에 놓이는 의자, 테이블, 상품을 진열하는 야외 선반, 버스정류장의 벤치 등 우리들의 생활 속에서 떠 올릴 수 있는 실외 「가로시설물(Street furniture)」은 지역에서 가로경관을 형성시켜주는 주요한 구성요소입니다. 이러한 가로시설물을 인근 지역에서 생산되는 목재 등을 활용하여 만들 수 있다면, 그 마을에서는 소중하고 특색있는 경관요소로 작용하게 될 것입니다. 하지만 쓰레기통, 전화 부스, 우체통이나 플랜터 등 일련의 가로시설물 등은 혼잡해지지 않도록 큰 틀에서 레이아웃을 정해 두어야 할 것입니다.

토막 상식

대표적인 가로시설물은 벤치입니다. 실외에 놓이는 것이라 해도 이동이 필요한 것은 가볍게 만들어야 하며, 고정식인 경우에도 그곳에 앉기 쉽도록 유념하여 디자인해야 합니다. 특히 벤치는 사람의 몸에 닿는 시설이기에, 마을에서의 거주여건을 좌우하게 되는 것이기도 합니다.

접어 수납한 상태의 「가변식 접이 의자」

가변식 접이 의자는 다목적 가로시설물이기도 하다

벤치의 소재는 지역에서 생산되는 나무를 선택하자

13 오브제로 마을의 분위기를 바꾸어보자

야외에 조각품 등이 배치되어 있으면, 주위의 분위기가 작품에 영향을 받아 변하는 것처럼 느껴져 기분이 좋아질 것입니다. 마을 상점가에 설치되는 작품들은 그 지역 출신 작가들이 만든 작품이나 지역을 빛낸 인물 동상 등 마을을 특화시킬 수 있는 것, 또는 어린이들을 즐겁게 해줄 수 있는 동물형태의 작품 등을 도입하는 것이 거리를 보다 특징적이고 친숙한 장소로 만들 수 있어 좋습니다.

미국 워싱턴의 서쪽에 위치한 버지니아 주 뉴타운 레스톤(Reston) 호수에 접해있는 소광장에는 그 마을 조성에 힘써온 남성의 동상이 설치되어 있습니다. 그런데 그 동상은 실제 사람의 크기로 벤치에 부착 설치되어 마치 옆자리에 앉아있는 사람에게 말을 거는 모습으로 만들어져 흥미를 주고 있습니다. 덕분에 그곳은 방문하는 사람들에게 사랑을 받는 명소가 되었습니다.

일본 국가철도인 JR 시부야역 앞 광장에 있는 충견 하치코 동상 역시 만남을 위한 공간 즉 사람들의 약속장소가 되어 있습니다. 이렇게 예로부터 전해 내려오는 전설이나 만화주인공 그리고 지역산물을 모티브로 한 오브제 등은 마을 만들기에 유효한 소재가 되기도 합니다. 따라서 거리에 놓이는 공공을 위한 조각품 등은 안이한 생각으로 단순 시공업자에게 맡겨서는 안 되며, 오랜 비바람을 견딜 수 있도록 조각가에게 의뢰하여 제작하여야 할 것입니다. 차량 진입방지를 위한 볼라드(Bollard)나 반려동물을 묶어두는 갈고리(Hook) 등도 지역의 심벌이나 사인을 주제로 한다면 훌륭한 아트작품이 될 것입니다.

토막 상식

일반적으로 조각은 시각적인 조형물로 간주되고 있으나, 거리에 놓이는 경우에는 손으로 자유롭게 만질 수 있는 예술작품, 즉 체감할 수 있으며 대중을 위한 조각물로 설치하는 것이 바람직합니다. 그래야만 미술관에서는 경험할 수 없지만 거리에서 체험가능한 각별한 표현력을 가질 수 있게 될 것입니다.

벤치에 앉아있는 브론즈 조각물 (청동 조형물)

어린이들의 상상력을 불러일으키도록 만져볼 수 있는 오브제

14 자동판매기 카페를 마을에 도입해보자

자동판매기는 인건비가 들지 않으면서도 간단히 판매가 가능한 시설입니다. 게다가 소비자들도 매우 간편하고 손쉽게 이용할 수 있는 구매도구이기도 합니다. 조금 이상하게 들릴지 모르겠으나, 길거리에 있는 편의점 감각의 상품 진열장에 가깝다고 할 수 있습니다.

하지만 한편으로는 상점의 개성이나 판매방법 등의 관점에서 볼 때, 자동판매기를 상점에 놓아두면 마이너스적인 이미지로 작용하게 될 것입니다. 그렇다면 자동판매기에 의존하는 판매방식은 피하는 편이 좋겠습니다만, 자동판매기를 어쩔 수 없이 놓아두어야 하는 경우라면 적절한 방안을 궁리해 봅시다.

자동판매기 한 대는 거의 집 한 채에서 사용하는 에너지를 소비한다고 합니다. 특히 야간의 자동판매기 조명은 지나치게 눈에 뜨일 정도로 밝습니다.

그러니 이것을 어떻게든 활용할 방법을 찾아야 할 것만 같습니다. 야간에도 「책을 읽을 수 있을 정도로 밝은 조명을 활용한 자동판매기 카페」를 만들어 보는 건 어떨까요? 한 두 대의 자동판매기와 음료 캔 수거함 그리고 툇마루를 조합한 형태만으로 충분할지 모릅니다. 아울러 동전주차장(Coin Parking) 입구나 버스정류장 등의 경우에도, 요금계산기뿐만 아니라 자동판매기 및 벤치와의 조합을 시도해 본다면 상점가와 연속된 경관을 만드는데 보완적인 역할을 하게 될 것입니다.

토막 상식

자동판매기에서 겨울철에는 찬바람이,
여름철에는 뜨거운 바람이 배출됩니다.
따라서 자동판매기 카페를 계획하는
경우라면, 벤치를 놓는 위치를 신중히 검토
고려하여 배치해야만 할 것입니다.

마을의 경관과 어울리지 않는 자동판매기 배치

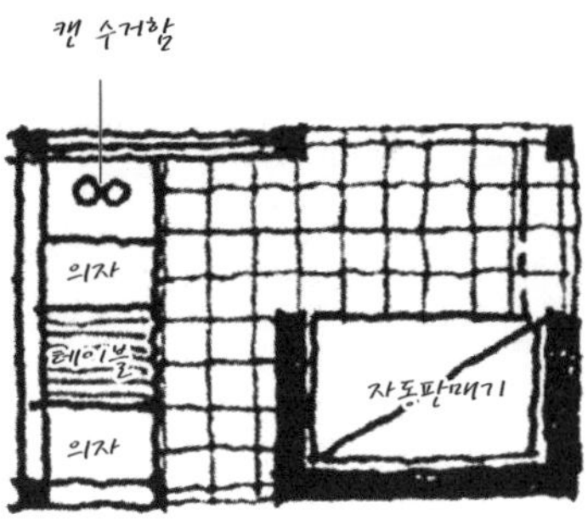

면적 4.9㎡ Type (1.5평형)

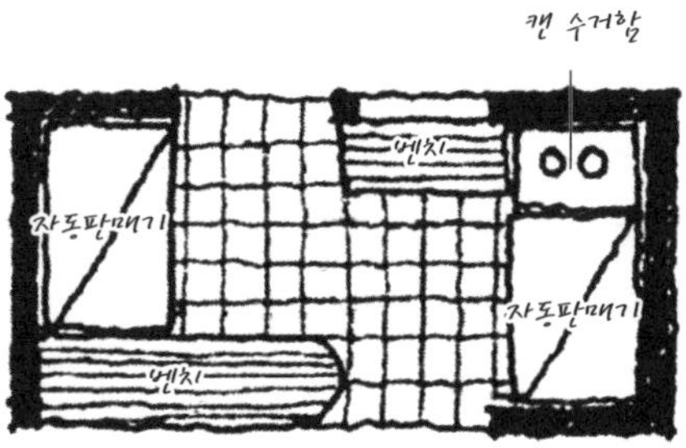

면적 6.6㎡ Type (2.0평형)

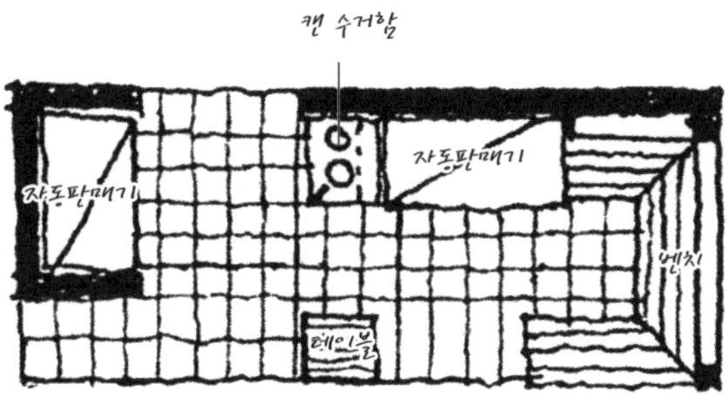

면적 8.3㎡ Type (2.5평형)

자동판매기 카페의 배치계획

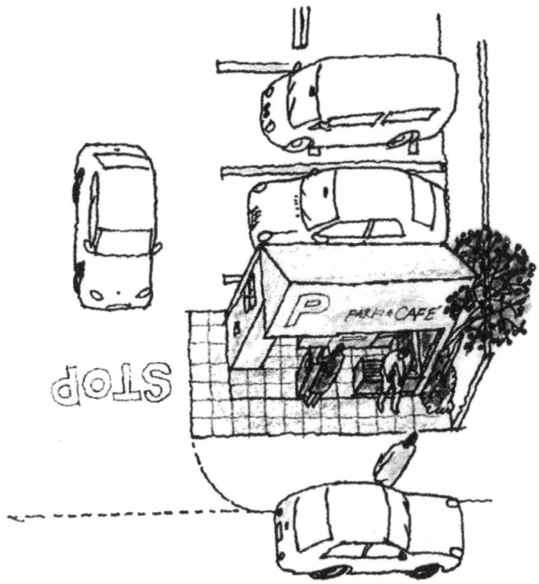

자동판매기 카페에 있는 동전 주차장(Coin Parking)

버스정류장을 자동판매기 카페로 개조해보자

15 자동판매기 이너카페를 만들어 상점가의 미관을 향상시키자

자동판매기를 눈에 잘 띄는 위치에 놓아두면 매상이 오를 것이라 생각하기 쉽습니다만, 그것은 상점가의 미관을 훼손시킬 뿐만 아니라 자기 가게의 이미지를 저하시키는 원인으로 작용하기도 합니다. 결국 방문객들의 발걸음을 뜸하게 만드는 셈입니다. 그러니 바로 눈앞의 일만을 생각하지 말고, 긴 안목으로 상점을 운영해야 할 필요가 있습니다.

그러나 상점마다 각기 다른 여러 사정이 있는 법이므로, 자동판매기를 반드시 놓아두어야만 하는 경우도 있을 것입니다. 그에 대한 해결책으로 가게 모퉁이에 자동판매기를 놓아두고 그곳을 「이너 카페(Inner cafe)」로 만들어보는 것은 어떨까요? 만약 그것이 가능하다면 상점가의 미관을 해치지 않고도 자동판매기를 이용한 상품판매가 가능할 것입니다.

그림과 같이 지금까지 상점 앞부분에 놓여있어 입구 한쪽을 막고 있었던 자동판매기를 상점 내부로 들여놓고 자동판매기 전용코너를 마련하도록 하는 것입니다. 그리고 상점이 문을 닫은 이후에도 자동판매기 카페를 이용할 수 있도록 상점부분과는 별도의 칸막이를 만들고 문을 만들어 봅시다. 그렇게 해두면 상점가의 경관이나 상점의 판매질서를 유지하면서 또 거리의 이미지를 실추시키는 일 없이 서로 조화롭게 공존할 수 있을 것입니다.

토막 상식

이너 카페(Inner cafe)를 설치하는 경우에는 실내의 환기 즉 급배기를 신중히 고려해야만 합니다. 특히 상점 밖에 실외기가 그대로 노출되어 버리는 상황이라면 그다지 바람직한 일은 아니며, 상점의 분위기와 어울리도록 자동판매기를 배치하여야 할 것입니다.

자동판매기 이너카페가 있는 상점

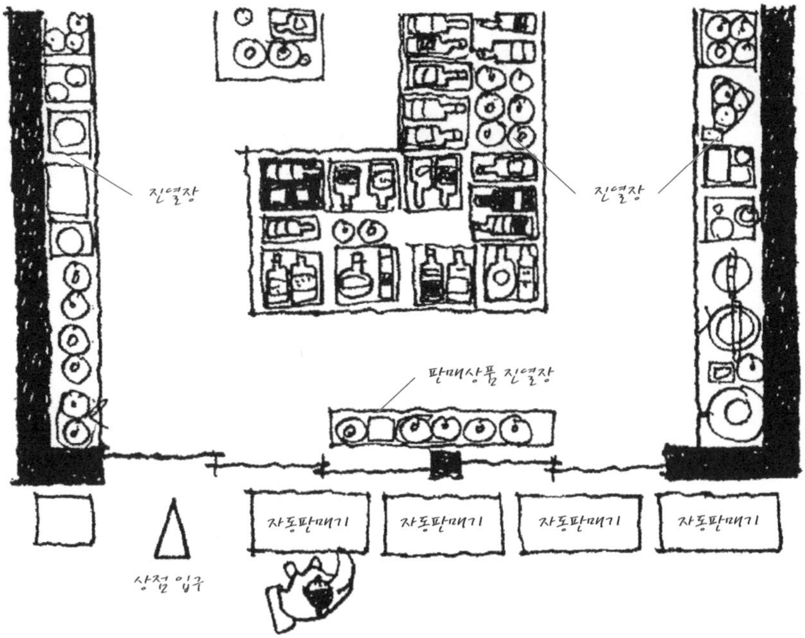

자동판매기를 상점 앞쪽에 두면 상점 출입이 불편해진다

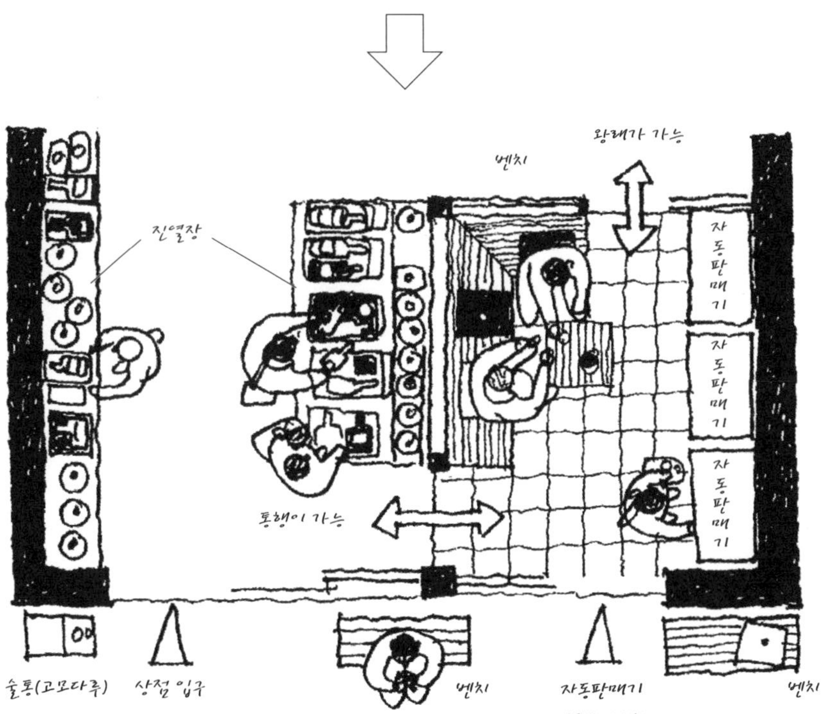

자동판매기를 상점 한쪽 구석에 배치한 이너카페 계획안

16 건물 하단을 대울타리로 가려 정돈된 가로경관을 연출해보자

「다케야라이(대울타리, 竹矢来, 竹垣)」란 대나무를 엮어서 만든 울타리, 경계시설을 뜻하는 것입니다. 그런데 언제부터인가 일본의 전통마을에서 건물외벽의 하단을 보호하기 위해 대나무를 쪼개고 그것을 구부려 만들어 설치하는 경계 울타리를 명명하는 것이 되어버렸습니다.

「다케야라이」라 불리는 대울타리는 처마를 따라 떨어지는 빗물이 튕겨 건물외벽을 더럽히는 것을 막아줌과 동시에, 예전에는 왕래하는 사람과 말들로 인한 오염을 피하고, 개가 접근해 소변보는 것을 막기 위해 설치하는 시설이었습니다. 그래서 이누야라이(犬矢来)라는 별칭으로도 불리 웁니다. 또 다른 현실적인 기능으로는 사람이 건물 창 옆에 서서 안쪽을 들여다보거나 이야기를 엿듣지 못하도록 만든 완충지대였다는 설도 있습니다.

최근 대울타리는 대부분 사라져버리고 교토(京都) 등 특정지역에서만 볼 수 있게 되었습니다. 하지만 목조건물이 남아있는 상점가라면 정돈된 경관을 만들어내는 장치로 활용할 수 있을 것입니다. 에어컨이 설치된 상점에서는 대부분 실외기를 상점 앞에 놓아두거나, 외벽에 그냥 붙여놓는 경우가 많습니다만, 이것을 대울타리 안쪽에 넣어 가려준다면 상점 전면이 깔끔해질 것입니다.

또 여기에 외벽을 비추어주는 상향 조명(Up light)을 안쪽에 넣어 거리조명으로 활용한다면, 대나무가 만들어내는 루버(Louver)의 그림자가 독특한 빛의 조형을 낳아 개성있는 야간경관을 만들어낼 수 있을 것입니다.

토막 상식

상점가에서 「다케야라이(대울타리, 竹矢来)」를 활용해보고자 하는 경우라면, 대나무 조각의 폭은 17mm 정도가 적당합니다. 그리고 대나무 사이의 틈새를 대쪽의 폭보다 좁게 만들면 내부가 잘 보이지 않습니다. 또 이동 가능한 경계울타리는, 목재로 기본틀이 짜여있고 크기가 1.8m 정도인 것이 많습니다.

대울타리를 쇼윈도 앞에 설치하여 상점가에 통일감을 부여

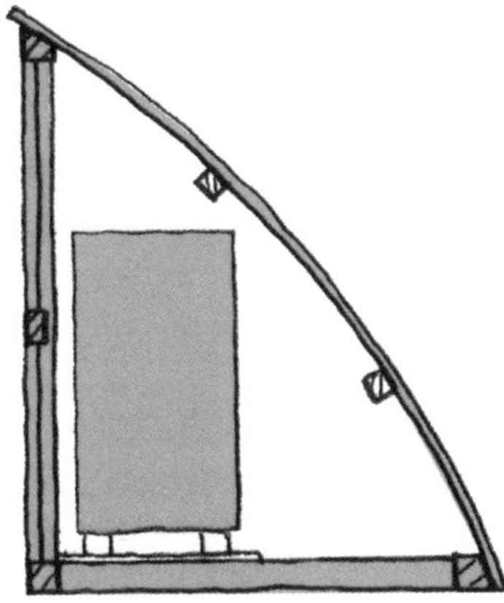

에어컨 실외기를 안쪽에 숨긴다

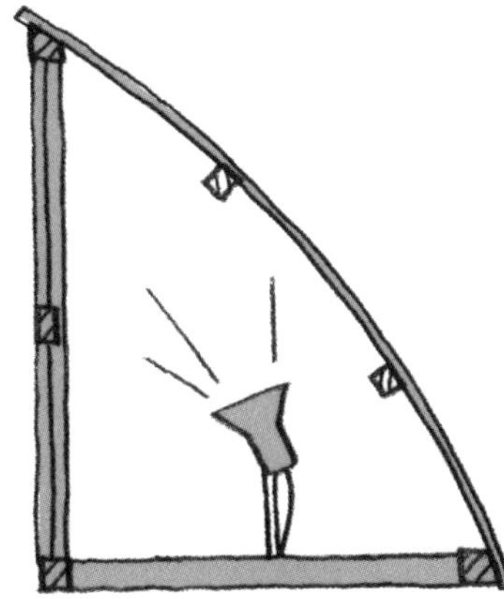

조명을 삽입하되 라이트 업으로 계획하자

17

건물의 미관을 해치지 않는 빗물받이 홈통을 도입하자

지붕에 내린 비는 처마 끝에서 떨어지는데, 그 낙숫물은 돌을 뚫기도 한다고 합니다. 비가 많은 나라에서는 처마 밑을 통행하게 되는 일이 많다는 점을 고려하여, 건물 끝에 처마홈통을 설치하여 사람들이 오가는데 불편함이 없도록 하고 있습니다. 게다가 처마홈통에서 내려오는 우수를 받아내는 선홈통은 기둥 측에 덧붙이는 형태로 지면까지 연결되도록 설치되어 있습니다.

그러나 건물에 있어서 필수 아이템이기도 한 선홈통은 의장적으로 마무리 처리가 그다지 좋은 형태라 볼 수는 없습니다. 그러므로 선홈통을 건물과 일체화하는 방식으로 마감처리를 해보는 건 어떨까요?

하나의 방안으로 선홈통을 실내 쪽으로 집어넣거나, 벽을 튀어나오게 만들고 건물 측으로 붙이거나, 콘크리트 구조에서는 벽체에 묻어버리는 수법도 생각할 수 있습니다. 지붕에서 내려오는 우수를 모아 지면으로 연결시키는 홈통의 역할을 하는 수직형태의 물받이 도랑(하수 해자)을 만드는 방식은 유럽에서 이미 사용되는 시스템입니다. 이런 선홈통 방식을 「오픈 드레인 시스템(Open Drain System)」이라 하는데, 기둥이나 벽에 돌출되어 있는 선홈통의 처리로 매우 유효한 기법입니다. 홈통 자체가 막히는 일도 없고 외벽의 마감선을 깔끔하게 보여줄 수 있으므로, 경관을 고려한다면 검토해 볼 만한 가치가 충분한 것 같습니다.

토막 상식

오픈 드레인 즉 개방형 배수시스템이란, 선홈통의 역할을 하는 부분을 벽에 파묻어 이 도랑형태를 따라 물을 흘려보내는 시스템을 뜻합니다.

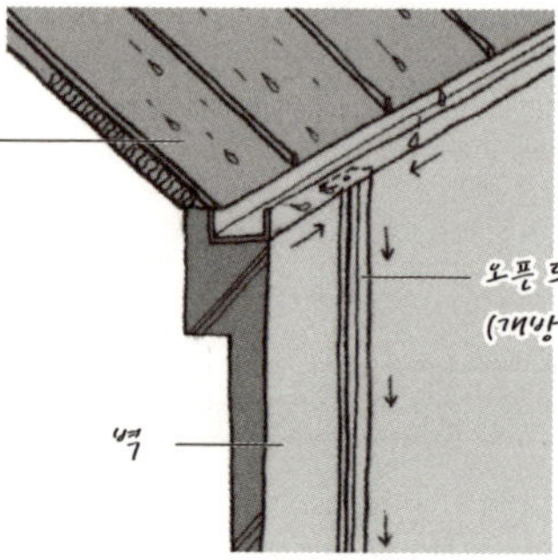

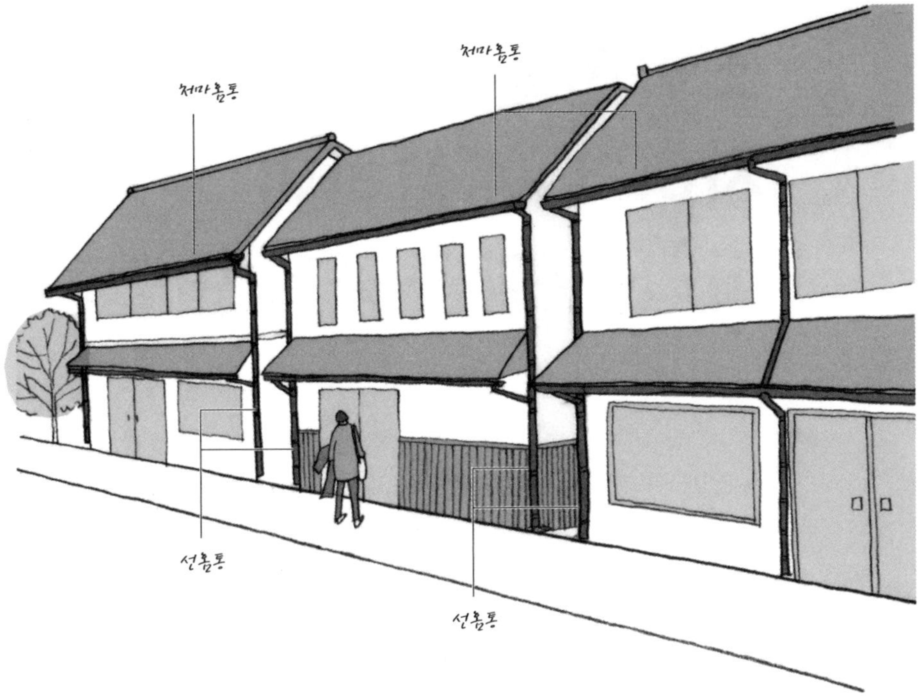

처마홈통과 선홈통이 각각 설치되어, 건물외관의 이미지가 불량한 가로경관

오픈드레인 시스템 즉 개방형 배수시스템 도입으로 건물외관이 깔끔해진 가로경관

18 소화전을 지하에 매설하여 거리를 깔끔하게 만들자

거리를 질주하는 차가 교차로에서 오버런(Over run) 하여 소화전과 충돌하는 순간, 과속한 차는 소화전에서 분출되는 수압으로 멈추었습니다. 이러한 모습은 마치 영화의 한 장면을 떠올리게도 합니다.

길모퉁이에 있는 소화전은 소방대원들이 불 끄는 활동에 사용하는 것으로, 이것을 소방펌프차에 연결하여 물을 공급받는 시설입니다. 소화전은 지상식 뿐만 아니라 지하식도 있는데, 소화전은 수도본관에 직접 연결되어야 제대로 작동되기 때문에 원래 땅속에서 접속시키는 것이 좋습니다.

지상식으로 계획되어 있는 소화전을 지하식으로 바꾸는 작업은 비교적 간단한 일입니다. 그러니 소화전의 지하화가 추진된다면 쉽게 마을의 풍경을 바꾸어줄 수 있을 것입니다. 물론 소화전이 지하로 내려간다면 보행로의 폭원도 넓어지게 될 것입니다. 그리고 지하식 소화전은 화재 등이 발생한 경우에 지면에 설치된 맨홀을 개방하는 것만으로 사용이 가능하므로 불안해 할 필요는 없습니다. 다만 소화전이 있는 맨홀은 특별한 형태 즉 「디자인 맨홀덮개」로 표시하고 설치하도록 하며, 보행로의 바닥포장과 디자인이 서로 어울리도록 맞추어 주면 더 좋겠지요. 또 하나 유리한 점은, 땅 속에 매설되는 지하식 소화전은 겨울철에 동결되는 것을 막아줄 수 있다는 것입니다. 소화전이 지하식으로 설치된다면 보행로 및 부대시설 등 가로경관도 깔끔하게 정리될 것이며, 영화의 한 장면처럼 소화전이 차에 밀려 넘어가는 일도 없어질 것입니다.

토막 상식

「디자인 맨홀덮개」란 맨홀의 테두리 틀 이외의 부분에 별도의 마감재 처리를 하되, 기존 바닥포장과 같은 형태로 만들어 시각적 일체화를 만들어주는 맨홀덮개를 의미합니다.

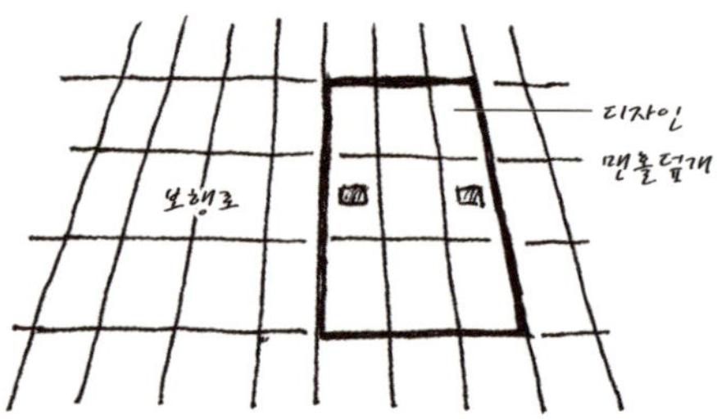

보행로의 바닥포장과 동일하게 마감된 디자인 맨홀덮개

지상식 소화전이 거추장스러운 물건이라고 볼 수는 없지만......

지하식 소화전이 설치되면 마을의 풍경이 달라진다

제2장

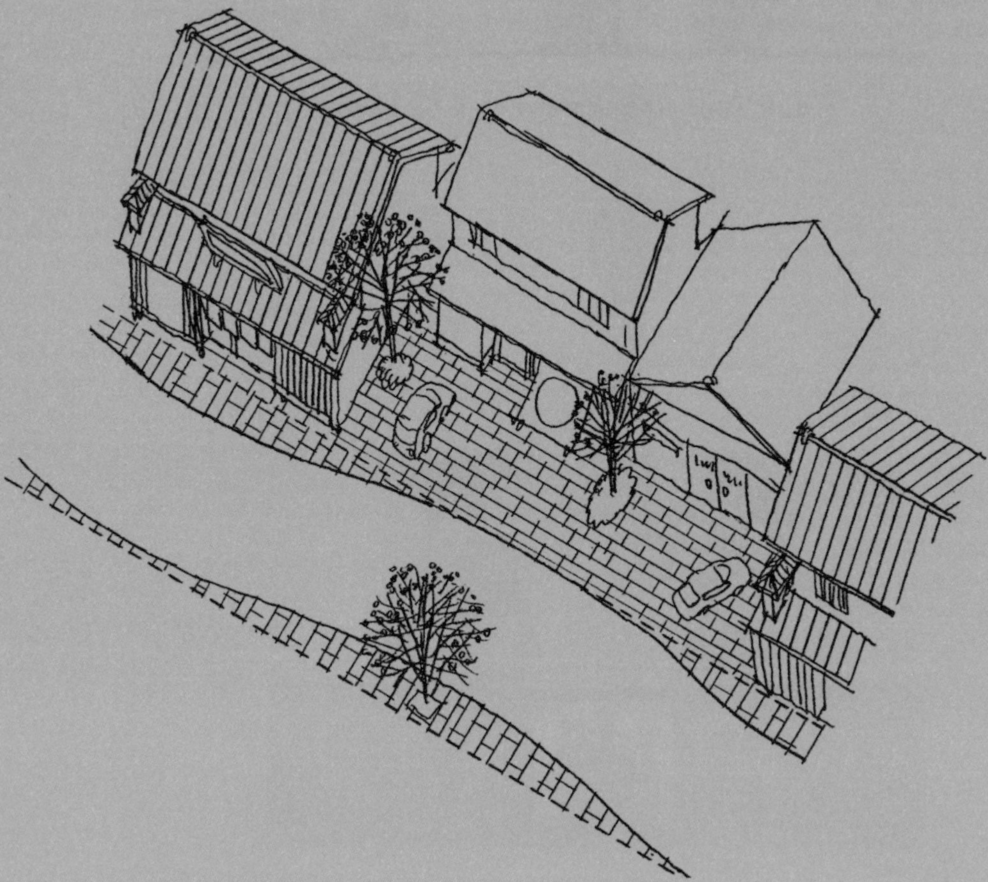

선적인 요소를 활용한 마을재생 아이디어

변화함 만들어내기

19 감속유도장치(Chicane)를 설치하여 자동차와 사이좋게 지내자

「시케인(Chicane)」이란 우리들에게는 익숙하지 않은 낯선 용어입니다. 하지만 F1 경기의 실황방송 등에서는 자주 듣는 말입니다. 즉 도로구조에 관한 용어로 도로 폭원이 급격하게 좁아지고 있는 장소를 일컫는 말입니다.

차도와 접해있는 상점가에서 항상 문제가 되는 것은 쇼핑객에 대한 안전대책입니다. 그리 넓지도 않은 상점 앞 도로를 빠른 속도로 통과하는 차량은 언뜻 보기에도 정말 위험해보입니다. 원래 차량과 사람은 분리시켜 두는 것이 안전하겠지만, 불가사의하게도 이 두 가지를 완전히 분리시키면 사용하기가 매우 불편해집니다. 즉 차량운행 자체는 쾌적할지 모르겠으나, 사람들에게는 그다지 편리하지 못한 마을이 되어버리지요. 예를 들어 차에서 내려서 사람들이 활동하는 안전한 상점가로 이동하고자 할 때 그 거리가 너무 떨어져있으면 불편하다는 점 그리고 차량과 사람의 동선 분리는 과정과 절차가 너무 복잡하여 결과적으로 사람들의 행동을 제한시키는 요소로 작용하게 됩니다. 다시 말해 잘못된 공간구성 및 동선 배치는 역으로 작용하게 되어, 활력 있는 마을형성을 방해하는 결정적 원인이 되기도 합니다.

이러한 관점에서 볼 때, 상점가 도로에 감속유도장치(Chicane)를 설치하는 것은 금후 차량의 속도를 낮추어주고, 사람과 차량과의 거리를 줄여줄 수 있다는 점에서 매우 유효한 방법입니다. 자동차와 사람이 사이좋게 지내면서 마을을 천천히 즐기기 위한 거리를 형성한다는 측면에서, 감속유도장치는 주요한 도로시설이자 구성요소가 된다고 생각합니다.

토막 상식

일반적으로 도로교통에 관한 최종적인 결정기관은 각 지자체의 공공안전위원회(Public Safety Commission) 도로교통과입니다. 따라서 조정작업이 필요한 경우에는 그 도로가 있는 지구의 자치회나 상점가 조직의 의견이 큰 영향력을 미치게 됩니다.

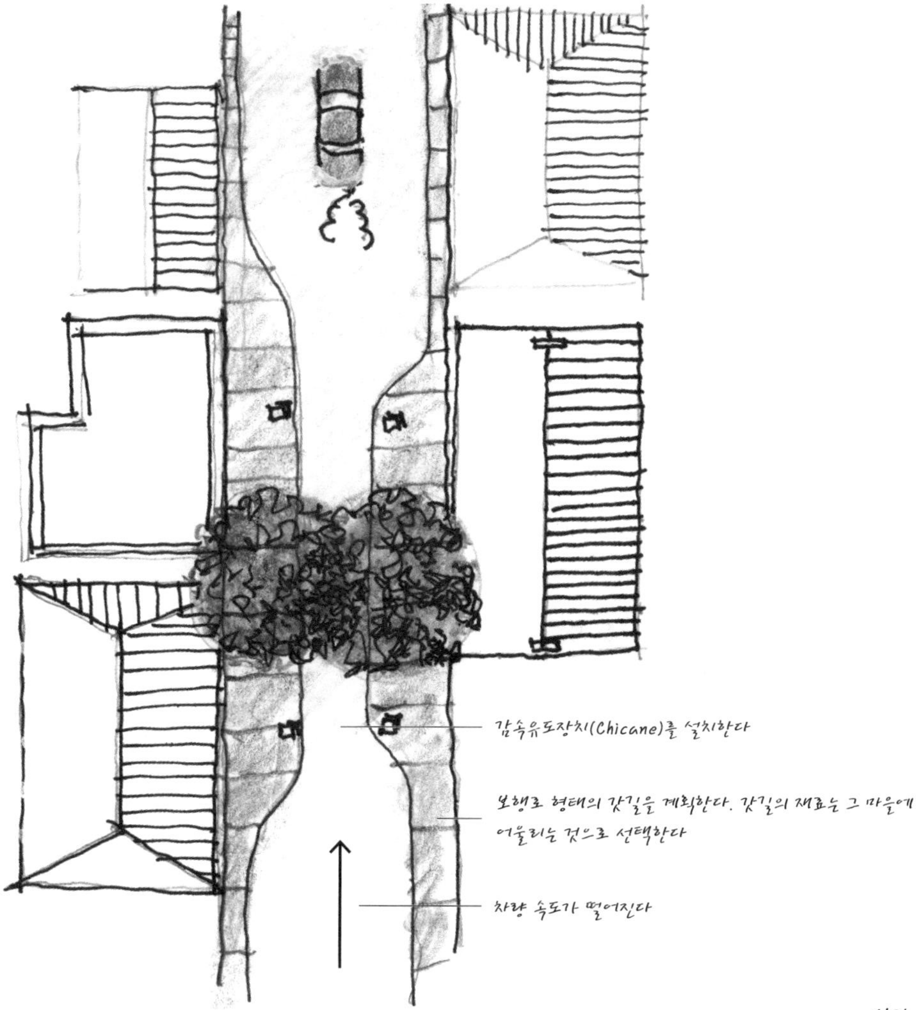

도로의 배치평면도를 보면, 감속유도장치로 인한 폭원감소를 확인할 수 있다

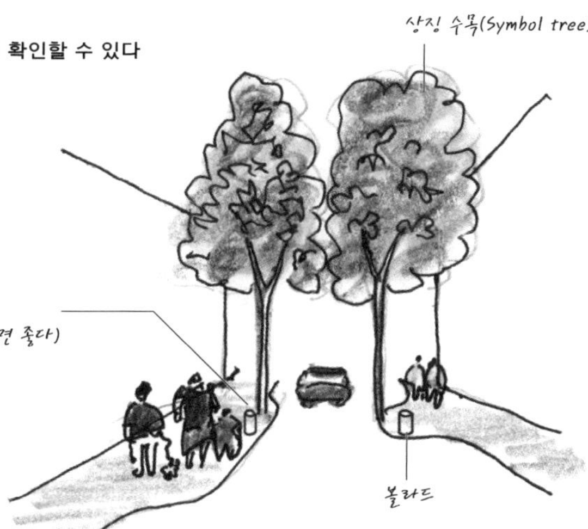

감속유도장치(Chicane)는 차량의 속도를 억제시키는 효과가 있다

20 지그재그 도로와 건축선 후퇴로 거리에 머물공간을 만들자

예전에 만들어진 도로는 대부분 도로폭원 자체가 좁습니다. 그래서 교통량이 많은 상점가에서는 안전 확보를 위해 여유있는 보행공간을 만들고 싶어 합니다. 그런데 이미 있는 도로에 별도의 보행공간을 새로 마련한다는 것은 거의 불가능합니다. 그럴 때 추천할 수 있는 것은 지그재그 형태의 보차도입니다. 구불구불한 도로에서는 차량속도가 떨어질 수밖에 없으므로 안전성이 확보될 뿐만 아니라, 보행자도 천천히 이동하면서 점차 드러나는 경관의 변화를 즐길 수도 있습니다.

지그재그 형태는 도로를 일률적으로 확장하는 것이 아니므로, 일부의 건물만 셋백(Setback, 건축선 후퇴) 하는 것으로 완성시킬 수 있습니다. 이렇게 만들어진 길로 인해 생겨나는 정체현상은 계획당초부터 의도했던 것입니다. 또 주차장과 주륜장의 설치, 수목식재나 벤치, 버스정류장 등의 기능은 새로 확보된 공간의 크기나 형태 그리고 주변여건에 맞추어 배분하면 될 것입니다.

전통적인 건물이나 경관이 뛰어난 건물은 셋백 대상에서 제외하고, 외관의 복원 등 경관개선을 시행해 봅시다. 그러한 과정을 통해 건물 박공부의 형태가 노출되게 되면 거리에 리듬과 개성을 부여해주는 결과가 나타납니다. 무엇보다 중요한 변화는 지금껏 볼 수 없었던 휴게소와 주차장이 겸비되어 사람들이 늘 모여들 수 있는 장소가 마을에 생겨난다는 점입니다. 하지만 기존 도로폭원은 그대로 유지하면서 선형을 조절하는 것만으로 연속경관이 만들어지거나, 도로변 주차만으로 사람들이 머무는 장소가 된다는 것은 사실 어렵습니다.

토막 상식

도로형태를 변경하기 위해서는 도로를 관리하는 담당 행정부서나 소방 및 교통과 등과의 상호조율이 필요합니다. 지역 전체의 도로시스템을 검토하여 일방통행의 도입이 가능한 도로를 찾아낼 수 있다면 셋백 하는 상점도 최소로 줄여줄 수 있으므로 현실성 있는 사업이 될 것입니다.

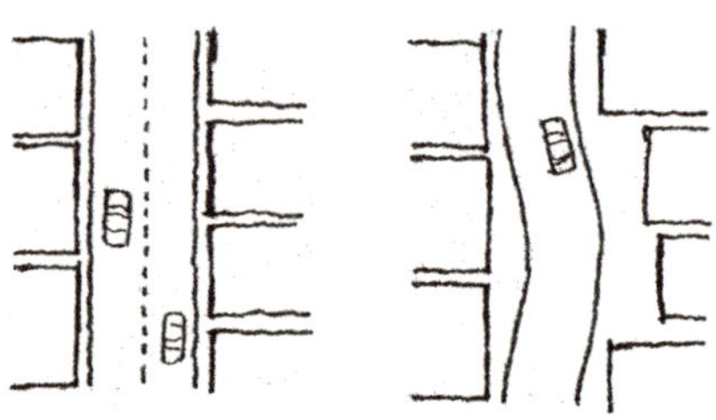

직선형 곧은 도로　　지그재그 형태의 굽은 도로

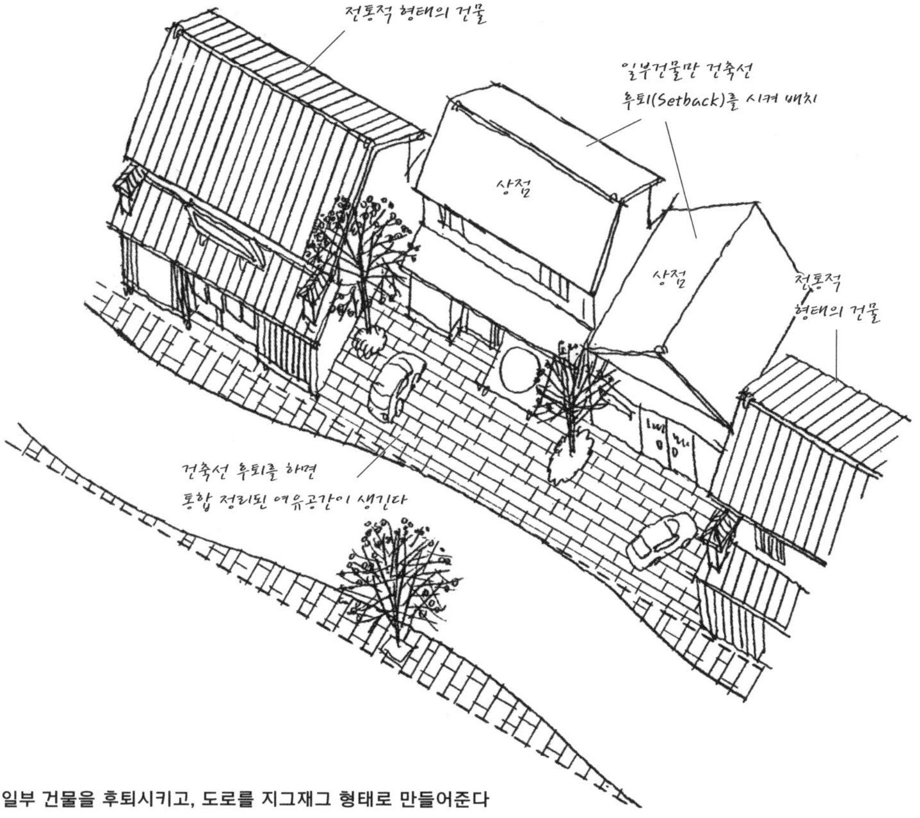

일부 건물을 후퇴시키고, 도로를 지그재그 형태로 만들어준다

보행로 쪽에 머물 수 있는 여유공간이 생겨나므로, 사람들이 모이고 머물게 된다

21 골목형태의 공간을 만들어, 사람들을 서로 연결시켜주자

대다수의 사람들은 같은 길을 반복해서 오가고 싶어 하지는 않습니다. 갈 때는 오른쪽 가게를 보면서 걸어가지만, 돌아올 때는 그 반대쪽 가게를 보며 길을 걸었던 기억은 누구에게나 있을 것입니다. 이러한 인간의 심리를 이용하여 마을 여기저기 다른 길들을 찾아다니면서 오래 머물 수 있도록, 다시 말하자면 마을 이곳저곳을 돌아다니며 즐길 수 있는 다양한 요소들을 만들어 넣어보는 것은 어떨까요?

큰 도로에는 사람들이 넘쳐나지만, 마을 뒤편 골목길에는 인적이 드문 경우가 많습니다. 이 경우에 만약 큰 길에서 뒷골목에 이르는 토지의 소유자가 같다면, 부지를 앞에서 뒤까지 통과할 수 있는 골목형태의 공간을 만들어볼 것을 제안합니다. 그리고 그곳에 큰길가에서는 할 수 없는 소규모 카페나 레스토랑을 배치해도 괜찮을 것 같습니다. 그렇게 된다면 골목에서만 가능한 다양한 활동들이 생겨나게 될 것입니다. 게다가 이러한 특유의 골목들을 종횡으로 연결되도록 네트워크를 구성해준다면, 사람들이 마을에 체류하는 시간 즉 거리에 머무는 시간이 연장되는 효과가 나타나게 될 것입니다. 이렇게 개인이 소유하고 있는 토지를 일시적으로 개방해준다면, 마을을 다각적으로 즐기고 만족할 수 있는 또 다른 모습의 공간이 생겨나게 될지도 모르겠습니다. 이렇게 만들어진 공간은 개인이 관리하는 정원과 같은 것이므로, 계절 및 시간에 따라 개방과 폐쇄를 조정한다면 방범측면에서도 효과가 있을 것입니다.

토막 상식

도로가 사람이 지나가는 용도로만 사용되는 것이라면, 사실 길의 폭이 아주 좁더라도 통과하는데 문제가 없을 것입니다.
다만 사용목적에 따라 필요한 폭원이 달라지겠지요. 예를 들어 60cm 폭만 확보되면 통과도로로 이용하는데 문제가 없겠지만, 길가에 테이블 등을 놓고 이용하려 한다면 약 2m 폭의 공간은 필요할 것입니다

부지 내 골목형태의 공간에 있는 카페이미지 (오른쪽 아래 그림의 점선 부분)

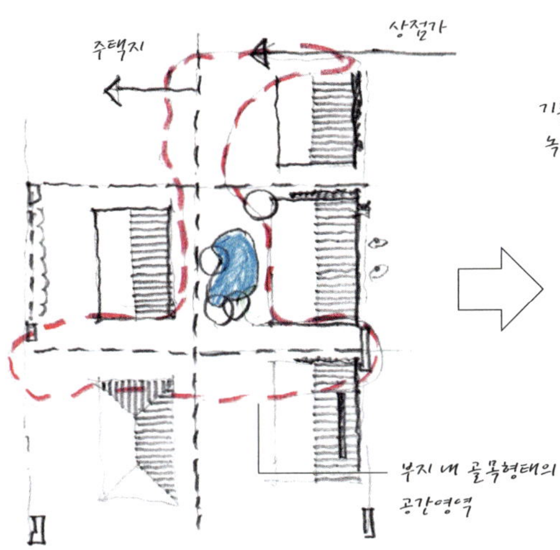

기존 골목을 활용하여……

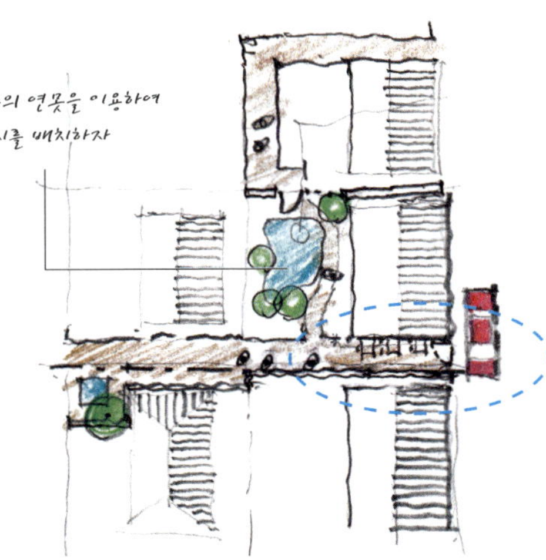

골목형태의 공간을 만들자

22 새로운 골목길을 찾아내어 지역에 활기를 불어넣어 보자

마을을 걷다보면 차로 이동할 때에는 눈에 띄지 않았던 골목을 발견하는 경우가 있지 않나요? 그 지역에 사는 사람들만 아는 은밀한 골목길을 걷다보면 두근거리는 설렘이 느껴지기도 합니다. 저기를 돌고나서 그 다음 골목에서 또 돌면「여기로 나오는구나!!」하고, 다시금 자신이 있는 위치를 확인했던 경험.

그런 모습의 골목이야말로 마을의 또 다른 자산이 될지도 모릅니다. 차량이 자유롭게 들어가지 못하는 길은 화재시나 천재지변이 발생했을 때 위험하다고 간주되고 있습니다. 그런 이유로 안전성 확보를 위해 최근 도로 폭원을 계속 확장시키기 때문에, 원래부터 있었던 마을의 은밀하고 특색있는 골목길들은 점점 사라지고 있습니다. 하지만 골목길은 차량에 신경을 쓰지 않고도 편안하게 걸을 수 있는 보행공간으로서는 대단히 귀하고 가치 있는 장소입니다. 따라서 이러한 공간 즉 골목길을 계획적으로 도입하거나 남겨두는 마을 만들기는 앞으로 더 필요할 것이라 생각합니다. 예를 들어 마을 안쪽 길에「골목 갤러리」를 계획해본다면, 분명 넓은 대로에서는 느낄 수 없는 친숙함과 편안함이 있는 휴먼스케일의 공간을 시민들에게 제공해줄 수 있을 것입니다. 골목길에 생긴 갤러리를 찾는 사람들이 늘어나게 된다면 그곳을 찾아드는 사람들을 위한 시설도 필요하게 되므로 지역의 새로운 커뮤니티 비즈니스의 탄생으로 이어지게 될지도 모릅니다.

토막 상식

골목길은 기본적으로 건축기준법에 도로라 인정되는 길입니다. 그런데 건축물이나 담장을 갱신하고자 할 때에는 도로중심선에서 2m 후퇴해야만 합니다. 그러나 갱신하지 않는다면 원상 그대로 골목길을 보존할 수 있습니다. 한국의 건축법에서는 4m 미만의 골목길도 정해진 규정 충족시 도로로 인정합니다.

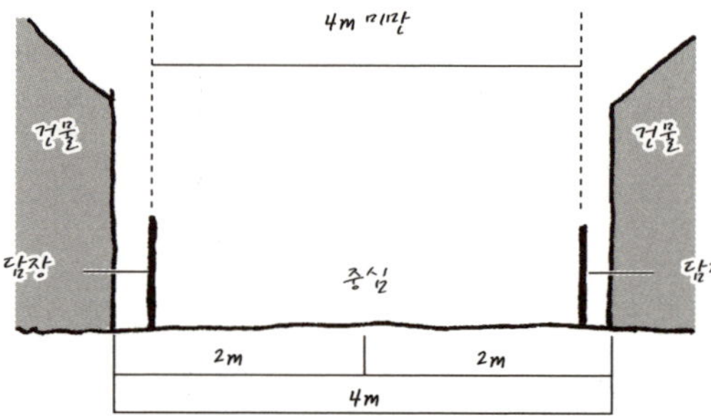

법에서 인정하는 도로 폭원이 4m에 미치지 못하는 도로

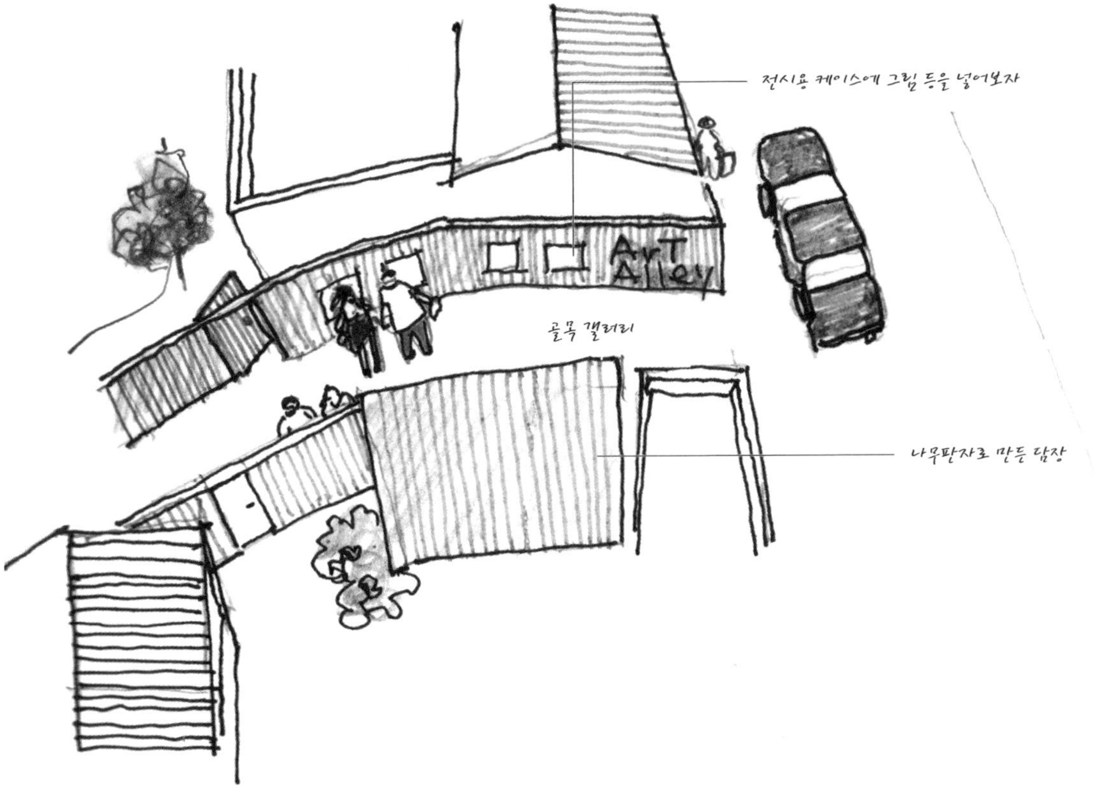

골목길의 담장을 갤러리로 만들어보자

해가 저물 때에는 스포트라이트(Spotlight)를 이용하여 갤러리를 즐겨보자

23 디자인된 생울타리로 명품오솔길을 계획해보자

원래 생울타리는 프라이버시 보호나 방범목적으로 만들어진 것입니다. 하지만 생울타리의 효용은 이것 뿐만은 아닙니다. 온난화 문제가 대두되고 있는 현재 식물로 인한 냉각효과는 확실하며, 도로로부터의 방진효과, 지진에 의한 담장 붕괴위험의 회피 게다가 미기후 조정 등 다방면에 걸쳐 생각할 수 있습니다.

게다가 높은 생울타리를 만들어놓으면 방화식재(防火植栽)의 역할까지도 가능합니다. 그런데 생울타리는 유지관리가 어렵다는 이유로 콘크리트 블럭 담장으로 온 마을을 조성해 놓으면, 만일의 경우에 예상하지 못했던 함정에 빠질 수도 있습니다. 혹시 담장이 무너지게 된다면 피난을 방해하게 되거나 구조 활동 자체를 어렵게 만들 수 있기 때문입니다.

그리고 생울타리의 형태나 구조를 좀 더 연구해서, 거리로 향하는 창문이 있는 독특한 생울타리로 만들어봅시다. 아마도 이 창문을 통해 개인주택의 담장 안쪽정원이 보일 것입니다. 그러니 자랑하고 싶은 자신만의 정원을, 마을에 제공하는 그림이라는 생각으로 멋지게 가꾸어보는 것은 어떨까요? 필시 정원 꾸미는 일에 힘쓰고 있는 자기 자신을 발견하게 될 것입니다. 게다가 생울타리 담장에 열고 닫을 수 있는 창문을 설치해둔다면, 시간을 한정시킨 형태의 다양한 연출도 가능할 것입니다. 이와 같이 「보고 보이는」 관계를 마을주민 모두가 마음을 모아 추진한다면, 어느새 이 지역은 「생울타리로 만들어진 창문이 있는 마을」로 유명해져 있을 것입니다.

토막 상식

생울타리 조성에 적합한 식물로는,
나한송(높은 생울타리에 적합하며, 바람에 강하며 특히 바닷바람에도 강하다),
꽝꽝나무(잎이 작아 질감이 곱고 섬세한 생울타리를 만들 수 있지만, 햇볕이 잘 들고 온화한 환경을 좋아한다) 등이 있습니다.

생울타리에 있는 창문을 열면, 안쪽의 정원이 하나의 그림이 되어 보인다

생울타리에 창문이 있는 거리가 조성되면 마을 활성화에 도움이 된다

24 도로와 부지 일부를 조정하여 보행공간이 넓어보이게 만들자

도로는 차도부분과 갓길로 구성되어 있습니다. 일반적으로 갓길에는 L형 측구나 U형 맨홀이라고 하는 도로의 배수기능을 가진 것 그리고 경계를 나타내는 말뚝, 경계 블록 등이 존재합니다. 요컨대 갓길은 원래 차량이 상시 지나다닐 수는 없는 공간입니다. 그럼 좁은 보행로를 넓어 보이게 하려면 어떻게 해야 할까요?

그것을 해결할 수 있는 최선의 장소가 바로 「갓길」 입니다. 그림에 나타난 바와 같이 갓길과 사유지의 일부를 동일한 포장재로 통일시켜 주는 것은 어떨까요? 분명 시각적으로 넓어 보이는 효과가 있을 것입니다.

그리고 여건이 허락한다면 차도 역시 같은 소재로 할 것을 추천합니다. 물론 도로와 상점 앞의 공간을 하나로 정비한다는 것이 쉬운 일은 아닙니다만, 함께 정비하겠다는 용기를 지역에서 갖는다면 도로와 부지의 경계가 사라지고 연계성이 생겨나게 될 것입니다. 실제로 이러한 작업을 시도했던 곳이 있기는 합니다만, 상점가 레벨에서 거기까지 정비가 이루어진 사례는 찾기 어렵습니다.

개인과 공공이 소유한 토지가 같은 소재로 포장될 수 있다는 것은, 곧 마을 전체가 어떤 종류의 「공공성」 을 공유하고 있다는 사실을 표명하는 것이라 하겠습니다.

토막 상식

갓길에는 또 하나 「보호 갓길」 이라고 하는 도로구조상 정의된 장소가 있습니다. 차도를 갓길 이상으로 지켜주는 장소라고 합니다. 그런데 그곳에는 나무를 심어도 되는 갓길입니다. 따라서 그 공간 즉 「보호 갓길」 을 이용하여 녹지대를 만들어보는 것도 권장할 만합니다.

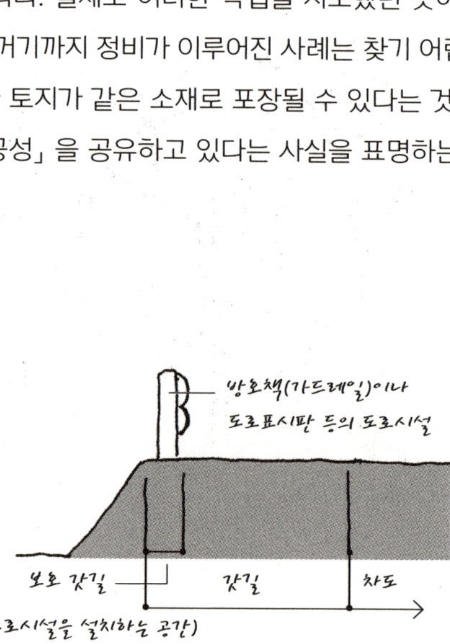

「갓길」 과 「보호 갓길」 의 관계

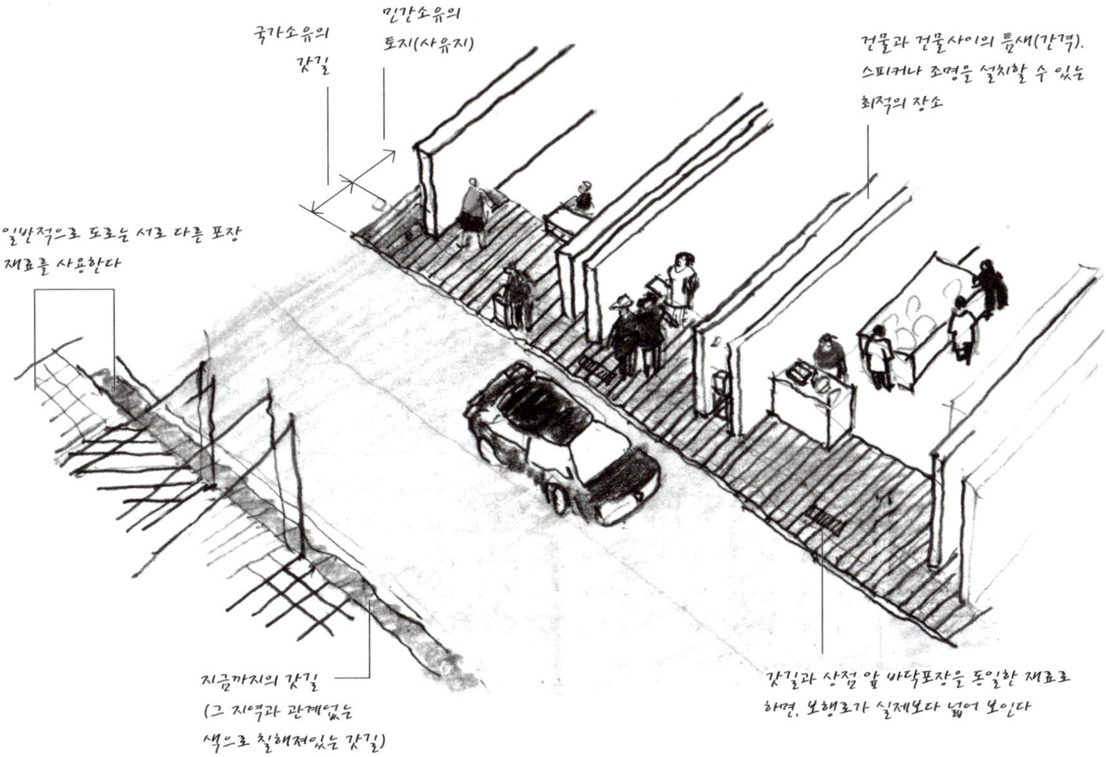

종래의 도로(좌측)와 갓길 그리고 사유지를 같은 소재로 포장한 가로(우측)

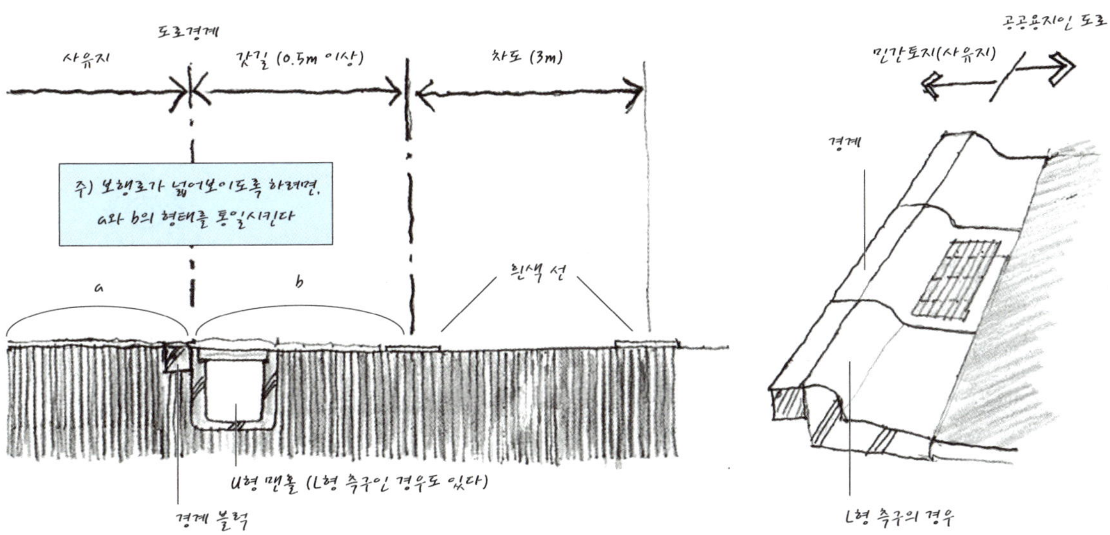

도로의 일반적 구조

25

쇠퇴해버린 상점가의 셔터거리를 극장거리로 바꾸어보자

이미 본격적인 쇠퇴화가 진행되어 「셔터 거리」로 변해버린 상점가라면 다음과 같은 아이디어를 신중하게 검토하여 도입해볼 것을 권유합니다.

먼저 중고 노트북과 프로젝터를 구입합시다. 다음에 재미있었던 영화비디오나 DVD를 집에서 찾아봅시다. 그리고 상점의 셔터를 열어젖히거나, 휘장이나 천 등으로 스크린을 만들어놓은 다음 상점 안에서 매일 밤 영화를 상영해봅시다. 물론 상점 앞에 의자와 탁자 등은 구비해 두어야 합니다.

만약 상점가에 문을 닫은 즉 셔터가 내려진 가게가 5개소 있다면, 이러한 시도를 통해 야외영화관 5개가 새로 탄생하게 될 것입니다. 그리고 각 상점마다 서로 다른 장르의 영상이 흐르고 있다면, 사람들은 걸음을 멈출 수밖에 없을 것 같습니다. 상점가 거리에 놓여있는 의자에 앉아 커피와 맥주를 한 손에 들고 옛 추억이 어린 영화이야기로 꽃을 피우게 될 것입니다.

사실 「로마의 휴일」에 나오는 오드리 헵번의 어여쁘고 가련한 모습은 말로는 표현하기 어려운 무언가가 있습니다. 이렇게 멋들어진 상점가가 있다면, 불현듯 그곳으로 가서 의미 있는 시간을 보낼 수도 있을 것입니다.

다만 저작권에 대해서는 명확히 해두어야 한다는 것은 덧붙여 놓습니다.

토막 상식

일반적인 형태의 셔터를 활용하여 극장을 만드는 것이 어렵다면, 그 즉시 극장 만드는 것은 포기하도록 합시다.
그 대신 투시형 파이프 셔터나 봉 셔터로 교체 설치하고, 영업시간 이후에도 조명을 켜놓는다면 방범 및 윈도우 쇼핑서비스에 도움이 될 것입니다.

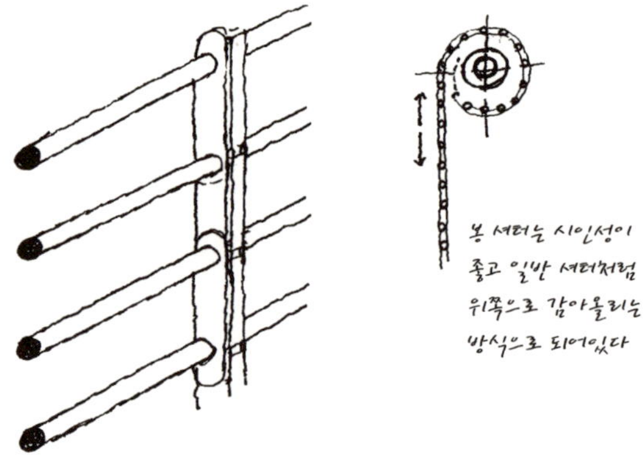

투시형 봉 셔터

평범한 일반 셔터를 사용하고 있는 상점가

봉 셔터를 도입하여 설치한 상점가

비어있는 상점을 극장으로 만들어보자

26 상점가의 쇼윈도를 활용하여 길거리 갤러리를 꾸며보자

아직 「셔터 거리」 까지 가지는 않았지만, 실제로 상점의 문이 열려 있어도 「과연 이곳에서 영업을 하고 있는 걸까?」 하고 의심되는 상점은 많다고 생각합니다. 과거 경기가 좋았던 시대에 상점가 쇼윈도에는 상품이나 신제품 등을 가득 채워 놓고 진열해왔으나 이제는 빈껍데기처럼 텅 비어 활용되지 못하는 광경을 자주 발견하게 됩니다.

이처럼 이용되지 못하고 있는 상점가의 쇼윈도를 길거리 갤러리로 활용해 보는 것은 어떨까요? 어느 지방의 상점가에서는 집집마다 장식물로 쓰였던 작은 인형들을 모아 상점가 쇼윈도에 함께 전시하여 유명세를 타게 된 경우도 있습니다. 그 덕에 찾는 사람들이 늘어나게 되어, 마을재생에 큰 역할을 한 경우도 있습니다. 예를 들어 상점가 행사시에 공동으로 크리스마스나 설날 거리장식을 계획하거나, 아트 이벤트에 전시하는 방식입니다. 그리고 작업과 판매에 사용했던 옛 추억이 담긴 도구 등 지금까지 별것 아니라 생각했던 것들을 모아 활용해본다면 의외로 가로경관에 활기가 생겨나게 될지도 모릅니다. 새삼스럽게 화려하고 진귀한 것을 전시해야 한다고 고민할 필요는 없을 것 같습니다. 그 지역이나 마을에서 생활하는 사람들 그리고 그곳을 방문하는 사람들이 서로 마주보며 대화할 수 있는 환경이 조성된다면, 그때부터 마을 만들기는 시작되는 것이기 때문입니다.

토막 상식

흑벽(黑塀) 프로젝트를 전개하고 있는 니가타현 무라카미(新潟県村上)에서는 향토 인형을, 미에현 이세(三重県伊)의 이세신사(伊勢神宮) 앞의 쇼핑거리에는 오카게 개(犬, 충견)와 마네키 고양이(招き猫)를 그리고 지역에서 생산되는 면으로 된 제품 등을 계절별로 진열대나 상점 앞에 전시하여 많은 사람들을 끌어들이고 있습니다.

셔터가 닫힌 쇼윈도나 오래전에 유리에 부착된 광고물이 눈에 띄는 상점가

상점가 쇼윈도에 계절이나 이벤트에 잘 어울리는 장식을 하여 갤러리로 만들어보자

27

일루미네이션으로 독자적이고 특색있는 아케이드를 계획해보자

한신·아와지(阪神•淡路)에서 발생한 대지진 이후, 지역부흥을 위한 이벤트 행사의 하나로 이탈리아에서 탄생한 루미나리에(Luminarie)라 하는 일루미네이션(Illumination)을 이용한 조명축제가 매년 고베(神戸)에서 시행되고 있습니다. 이러한 형태의 조명장식은 한때 도쿄(東京)의 도심에서도 볼 수 있었던 것이었습니다.

이 이벤트의 하이라이트는 거리를 걷는 사람들 눈앞에 몇 백 미터에 이르는 일루미네이션 조명이 펼쳐지는 것입니다. 거대한 일루미네이션 조명의 천정 아래에서 감동적인 빛의 아케이드를 체험할 수 있습니다. 게다가 일정 간격으로 설치된 빛의 조각이라고 불리는 아름다운 게이트가 차례차례 겹쳐져있어 시각적인 빛의 터널이 만들어져 있습니다. 천정 모두를 조명시설로 덮어버리지 않고도, 최소한의 광원으로 큰 효과를 얻어내는 효율적인 방법이기도 합니다.

사실 이같이 거창한 장치를 지역의 상점가에서 설치하긴 어려워 보입니다. 하지만 상점의 2층을 이용하여 거리 위에 장식조명을 걸어주거나, 각 상점에서 통일된 일루미네이션을 보행로 측에 내거는 형태만으로 아케이드처럼 보이게 할 수는 있지 않을까요? 다만 이 때 상점마다 각기 다른 일루미네이션을 사용하는 것보다는, 거리 전체가 일체감을 가질 수 있는 방식으로 계획한다면 상승효과가 발휘될 것입니다.

토막 상식

루미나리에(Luminarie)는 이탈리아어로 일루미네이션(Illumination) 입니다. 바로크시대에 유럽에서 빛을 이용한 축제나 장식예술의 하나로 탄생된 이후 이탈리아 남부에서 빛의 조각으로 변화하여 현재의 모습이 되었습니다.

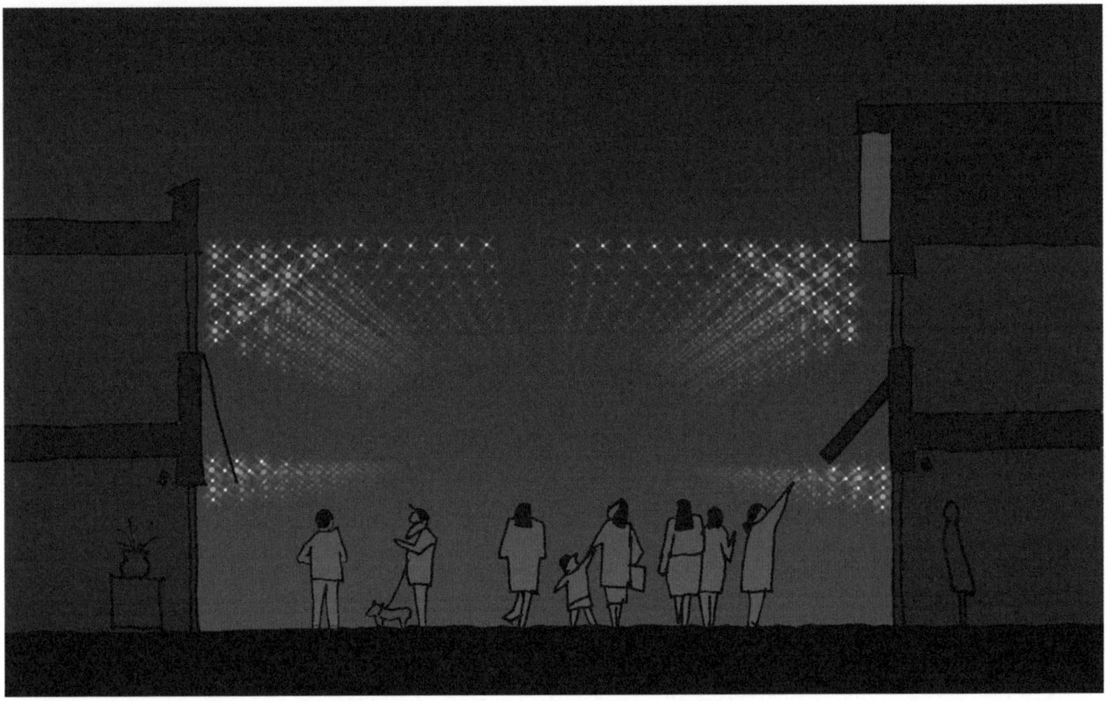

투시 형태로 보이게 하거나 빛의 터널과 같은 연출도 가능하다

조명의 설치간격을 조정하여, 상점으로 접근하는데 지장이 없게 하자

28

목재를 이용한 지그재그 형태의 가드레일을 만들어보자

가로경관을 정비하고 상점 앞 분위기를 개선한다 하더라도, 차량의 통행량이 많거나 특히 폭이 좁은 도로의 경우라면 사람들이 느긋하게 걸어 다닐 수 있을지는 의문입니다. 가드레일로 차와 보행자를 완전히 분리하는 방식을 「보차 분리」 라 하며, 차량의 속도를 제한해 연석이나 볼라드(막대형 차량 진입방지 시설) 등으로 유연하게 사람과 차를 나누는 방법을 「보차 공존」 이라고 합니다만, 이 경우에는 차량의 속도조정이 주요한 문제가 됩니다.

차량의 속도를 낮추는 방안으로는 속도억제를 위한 「노면 요철포장」 이나 「과속방지턱」 을 도로에 설치하는 방법을 생각할 수 있습니다. 그리고 그 외에도 도로에 백색 선을 구불구불하게 그어주어 도로폭원이 실제보다 좁아보이도록 만들어주는 즉 착시를 활용한 「지그재그 도로」 기법 등이 있습니다.

이 착시현상을 적용한 감속장치를 목재 가드레일로 만들어보는 것은 어떨까요? 나무 각재를 조합하여 지그재그 형태로 된 가드레일을 만들고, 그 구불구불한 선에 맞추어 가로수를 심는다면 나름 아름답고 흥미로운 거리로 정비될 것입니다. 그리고 가드레일의 높이를 적절하게 조정한다면, 사람들이 잠시 기대거나 걸터앉을 수 있는 벤치가 될 수도 있을 것입니다.

지그재그 형태의 가드레일은 보행자와 차량의 분리 그리고 공존의 중간단계를 겨냥한 목재를 이용한 가로시설물이자 장치가 될 것입니다.

토막 상식

최근에는 목재로 된 방호책 즉 목재 가드레일이 제작되고 있습니다.
삼나무 각재를 강관지주에 판으로 고정시킨 것, 낙엽송 각재를 강관지주로 고정한 것 그리고 낙엽송 통나무를 금속판으로 콘크리트 지주에 고정시킨 것 등이 있습니다.

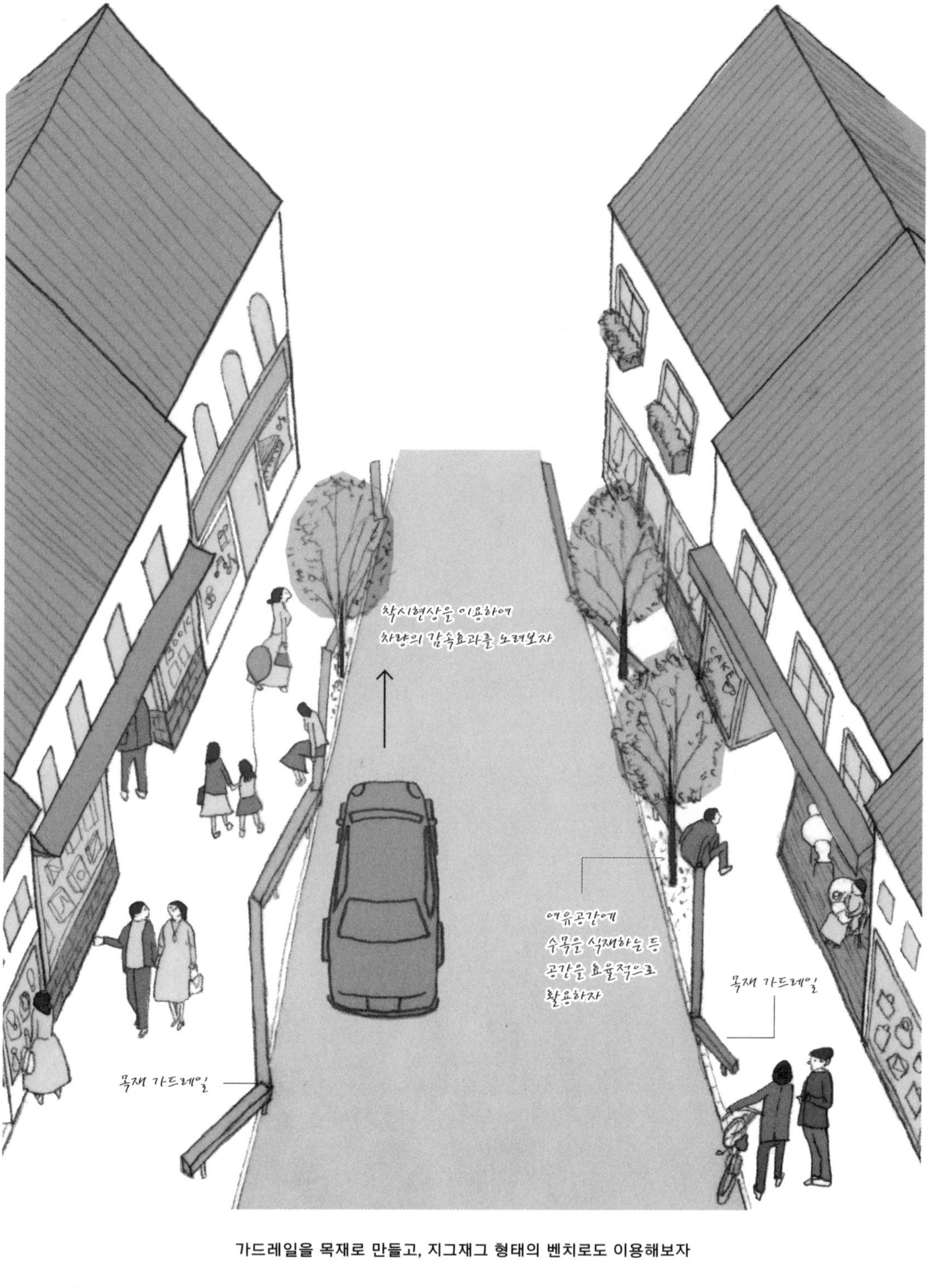

가드레일을 목재로 만들고, 지그재그 형태의 벤치로도 이용해보자

29 상점가와 참배길을 연계시켜 거리활성화를 도모하자

사찰 경내에 있는 길만 참배길(参道) 인 것은 아닙니다. 사찰로 가는 상점가의 길도 참배길에 포함되는 것이라 해석해 봅시다. 보통 사찰에는 잿날(齋日)이 정해져 있습니다. 수천궁(水天宮)은 매월 5일, 약사(藥師)는 8일, 관음(觀音)이라면 18일, 지장(地藏)은 24일, 부동존(不動尊)이라면 28일에 시장이 섭니다.

이렇게 정해진 잿날 사찰에 손님들이 방문할 것을 예상하여 상점가에 프리마켓이나 바자회가 개최되는 경우가 많습니다. 그러니 설사 사찰이 없는 마을이라 하더라도 작은 절은 있을 것이므로, 행사날짜를 미리 알아두고 활용해보는 것은 어떨까요? 콘셉트는 명쾌하고 날짜는 이미 정해져 있기 때문에 사전 홍보를 하지 않더라도 소문은 쉽게 날 것입니다.

그렇지만 행사가 있는 날에는 포장마차보다는 반상설적인 파고라 설치가 바람직합니다. 잿날에는 파고라 아래에 앉을 수 있는 공간을 만들고 판매할 상품들을 매달아두게 되면 시장이 형성될 것입니다. 낮에는 제비꽃 그림자로, 밤에는 매달려 있는 전구 등으로 파고라가 큰 역할을 하게 되겠지요. 게다가 커다란 파고라에 행사나 세일 판매를 위한 장막까지 드리워진다면 그날의 분위기를 한층 북돋아 주게 될 것입니다.

또 시장이 열리지 않는 날에는 상점가에 의자나 테이블을 놓아두고, 「길거리 카페」로 사용해보는 것은 어떨까요? 아마도 쇼핑객들이 상점가에 체류하는 시간을 늘려주는 부수적인 효과가 생겨나게 될 것입니다.

토막 상식

2005년 국토교통성 도로과에서 정한 「도로를 활용한 지역활동 활성화를 위한 가이드라인」에 의하면, 일정한 조건 하에서는 도로공간의 사용(오픈 카페나 새벽시장 등)이 가능하게끔 바뀌었다고 합니다.

파라솔도 작은 가로시설물의 하나입니다

반상설의 파고라를 설치해두면 사람들의 행동이 바뀐다

상점가의 시설 배치평면도

30 경관을 배려한 아케이드가 설치된 보행로를 계획하자

강기(雁木)란 니가타(新潟) 지방 등에서 볼 수 있는 방설 및 제설목적의 통로로, 눈이 많은 지방에서 도로변 상점의 처마 아래에 차양을 길게 달아 연결하고 그 아래를 통로로 사용한 것을 가리킵니다. 아오모리(青森)나 아키타(秋田)에서는 이것을 「고미세(小店, 적설 때 사람들의 통로가 되는 처마 밑)」라고도 부릅니다. 또 길에서 상점 안을 살짝 엿볼 수 있도록 했다는 의미로 「조금 보임(小見せ)」이라 부르기도 했다고 합니다.

에도시대(江戶)에는 사유지에 강기를 설치하고 일반인들에게 안전한 통행을 제공해주면 세금을 면하게 해주었다는 이야기도 전해옵니다. 한편 고도 성장시대에는 상점가 보행공간에 비를 막아주는 아케이드를 만들고 사용해왔습니다. 그리고 이것을 아직까지도 과거의 강기라 부르는 사람이 많습니다.

그런데 최근에 이 시설이 이곳저곳에서 문제가 되고 있습니다. 그 이유는 오래된 아케이드 철거를 위해 고액의 부담금이 상점에 청구되었기 때문입니다. 당초 아케이드는 상점가에서 협정을 통해 비용을 차출하고 설치했던 것이 대부분으로, 철거 시에도 그 비용을 각 상점에서 분담해야 한다는 것이 문제가 된 것입니다. 따라서 앞으로 아케이드를 설치할 때에는, 면밀히 검토해두어야 할 것입니다. 지역의 목재 등 소재를 활용하여 경관측면에서도 유효하면서 철거 역시 손쉽고 가격도 저렴한 것으로 계획할 필요가 있습니다.

토막 상식

1955년에 아케이드 설치기준 및 융자제도 등이 제정되었고, 고도성장기인 1965-1975년대에 상점가에 많은 아케이드가 설치되었습니다. 하지만 현재는 유지관리 및 노후화로 인한 철거 등의 문제가 심각해지고 있는 실정입니다.

과거의 아케이드

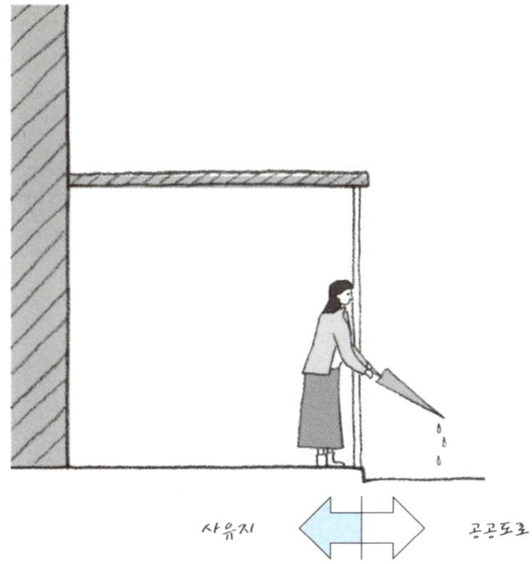

현재의 아케이드

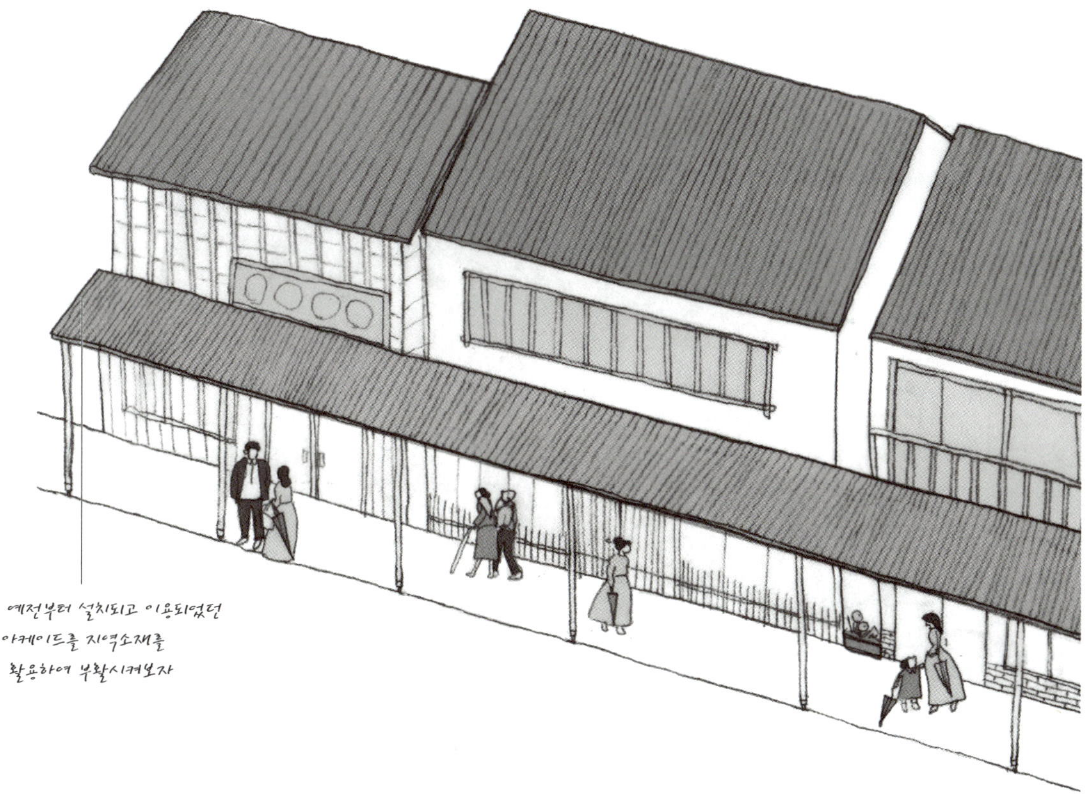

경관상 유효한 지역소재를 사용하여 아케이드를 만들어보자

31 통일된 어닝(Awning) 간판으로 경관만들기

상점 문 위에 설치되어 있는 천막 생지 등으로 된 햇빛가리개 겸용의 차양 형태 간판을 「어닝간판」 이라고 합니다.

「어닝간판」 및 「돌출간판」 이라 불리는 건물외벽에 설치되는 간판은 일정 조건을 만족해야 하는 것으로, 간판의 폭이 1m 이내라면 보행로나 차도를 침범하더라도 설치할 수 있습니다.

다만 그 경우 1년마다 설치사용료를 지불해야 합니다. 예를 들어 신주쿠(新宿)나 시부야(渋谷) 구에서 돌출간판 설치 시에 1㎡당 지불해야 하는 점용료 단가를 비교 계산해보면, 어닝간판은 그의 10% 정도에 불과합니다. 이처럼 어닝간판은 돌출간판보다 저렴하게 설치할 수 있다는 이점이 있습니다.

그러니 어닝간판을 흔하게 볼 수 있는 형태로 만들지 말고, 옷감이나 무늬를 잘 살리면서 높이와 돌출되는 폭 등을 맞추어준다면 상점가 전체에 통일된 파사드(Facade)로 만들어 낼 수 있을 것입니다. 게다가 이러한 형태의 간판은 비나 여름철 강한 햇살을 막는 아케이드 역할까지도 겸할 수 있습니다.

주의를 기울여 거리를 살펴보았더니 멋진 프렌치 레스토랑과 호텔 1층에는 이미 특징적인 어닝간판으로 만들어진 통일된 경관이 눈에 들어옵니다. 상점가에 설치되어 있었던 돌출간판을 포기하고, 그 대신 통일된 형태의 어닝간판으로 교체 설치하는 것이야말로 지금 바로 시작할 수 있는 경관만들기의 하나가 될 것입니다.

토막 상식

간판설치에 관계되는 기준이나 점용료는 각 지자체의 조례에 의해 정해져있습니다. 도쿄(Tokyo)에서는 보행로에 돌출간판이나 어닝간판을 설치하는 경우에 2.5m 이상의 높이에 설치하도록 의무화 되어 있습니다.

돌출간판은 고가이며 경관상으로도 바람직하지 않다

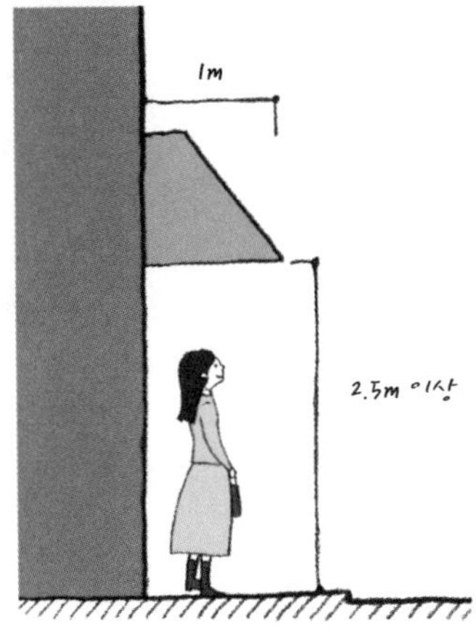

어닝간판은 저렴하게 설치할 수 있으며 멋있다

어닝간판의 돌출 폭을 일정하게 맞춘 처마공간을 만들자

32 환경장치의 하나로 마을에 있었던 옛 수로를 부활시키자

마을에 있는 도로의 대부분은 아스팔트로 포장되어 있습니다. 일반적인 바닥포장은 투수성도 없고 열을 대부분 반사시켜 버리므로 도시에서는 열섬(Heat island) 현상이 문제가 됩니다. 원래 도로의 주역은 사람이었으나 차량 중심의 사회가 되면서 언제부터인가 도시의 도로가 유지보수가 크게 필요치 않거나 아주 적은 비용으로 관리가 가능한 아스팔트로 바뀌어 버렸습니다.

예전에 마을의 길옆에 있었던 물길도 역시 어느새 유지보수 프리(maintenance free)의 ㄷ자 형태의 삼면 측구로 바뀌었고, 그 위에 콘크리트 덮개가 덮여져 수로(水路)는 갇혀버리고 말았습니다. 과거에는 마을길과 주택 사이에 있는 물길 즉 수로는 생활용수이기도 하고 지역경관의 일부이기도 했습니다. 생울타리에 꽃이 피면 그 꽃잎들이 수로를 따라 떠 내려가는 아름다운 풍경도 있었습니다. 동시에 물이 흐르는 소리가 우리들에게 휴식과 편안함을 가져다주기도 했습니다. 현재 하수도는 주로 합류식이 사용되고 있습니다만, 향후에는 우수(빗물)와 생활배수를 나누는 분류식 하수도의 정비와 도입이 이루어질 것입니다. 그러므로 마을에 다시 물길 즉 수로를 만들어서 우수는 여기에 흐르도록 하는 등 환경장치의 하나로 이용해보는 것은 어떨까요? 한 번 더 예전의 풍경을 되돌려보고 싶습니다.

토막 상식

예전에는 마을을 순환하는 수로가 있었으며 이것을 생활용수로 이용했던 「가바타(川端, 냇가)」라 불리는 공동 물터(水場)가 마을마다 있었습니다. 후쿠시마현 기타가타(福島県喜多) 시 구마쿠라(熊倉) 지구에서는 주택 아래에 있는 수로를 끌어와 생활용수로 사용하는 경우도 있었다고 합니다.

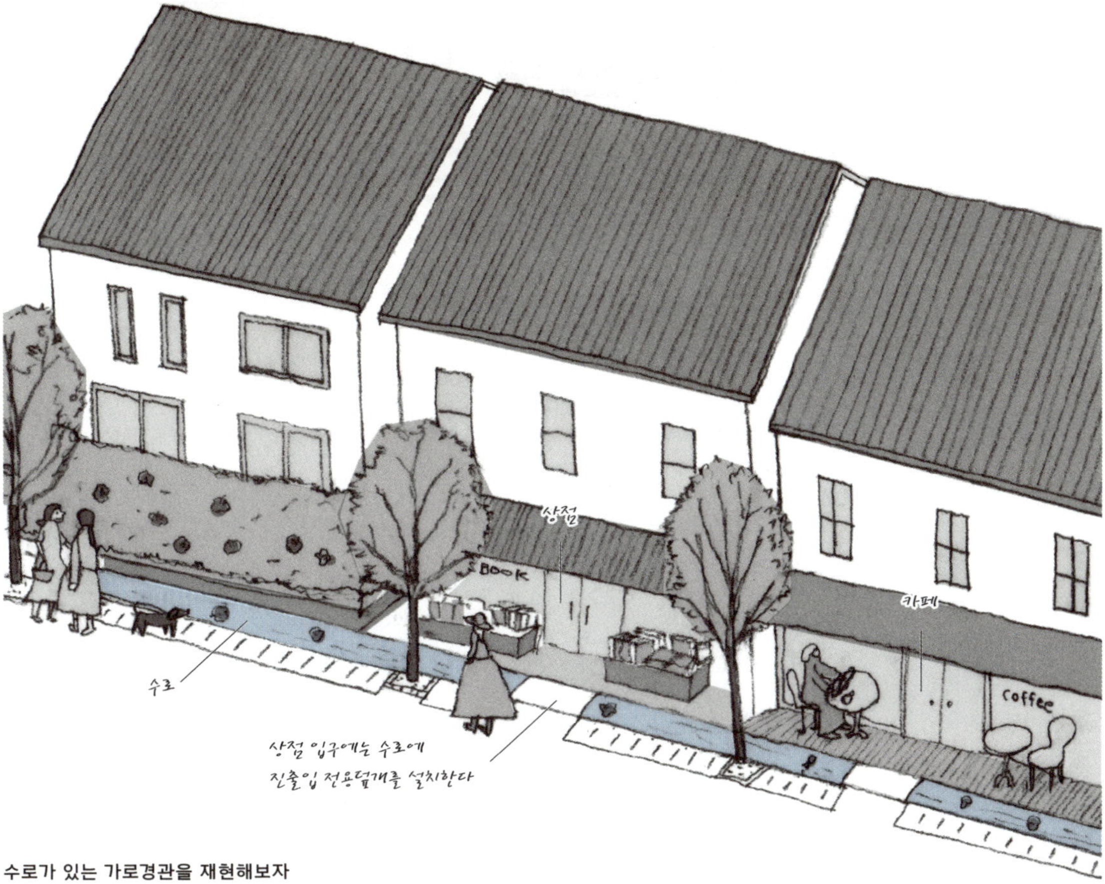

수로가 있는 가로경관을 재현해보자

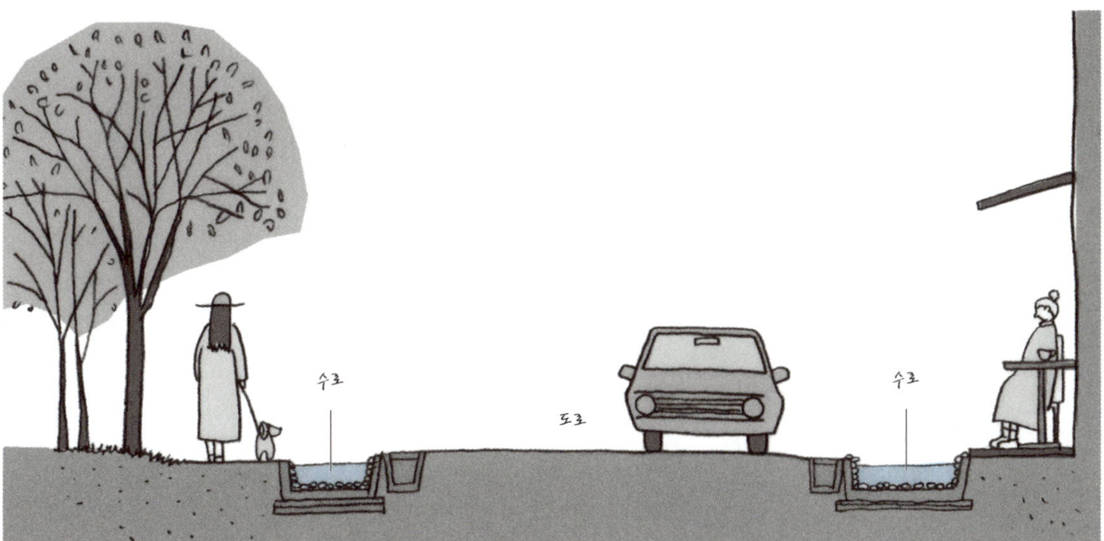

분류식 하수도 정비방식을 도입하여 수로를 살려내자

33 블럭으로 된 담장을 목재담장으로 바꾸어보자

전쟁 이후 콘크리트의 대량생산과 동시에 블럭담장이 빠르게 보급되었습니다. 그러나 1978년 미야기현(宮城県) 앞바다에서 발생한 지진 때문에 콘크리트 블럭담장이 붕괴되어 18명이 사망하는 사고가 발생한 이후, 블럭담장의 안전성 문제가 제기 되었습니다. 그럼에도 불구하고 개선이 이루어지지 않았고, 한신·아와지(阪神淡路) 대지진에서는 약 1,500 곳의 블럭담장이 붕괴되었으며, 동일본(東日本) 대지진에서도 다수의 담장들이 넘어가버렸습니다.

블럭담장은 내진성(耐震性)이 약하며, 또 몸을 숨기기 쉽기 때문에 방범측면에서 문제가 된다는 지적도 있습니다. 그리고 경관측면에서 보더라도 획일적, 폐쇄적, 회색의 무표정한 풍경을 만들어내는 경향이 강합니다.

이 블럭담장을 보강하는 방법으로는 담장에 보강벽을 추가하거나 철강재로 보강해주는 기법 등을 생각할 수 있습니다. 철강재로 보강하는 경우를 잠시 궁리해보면, 강재에 피스(못) 구멍을 내고 그곳에 삼나무 판자를 붙여준다면 눈 깜짝할 사이에 삼나무 담장으로 바꾸어줄 수 있을 것입니다. 아울러 그 위에 플랜터 박스를 놓아둔다면 경관적으로도 효과적일 것입니다. 또 다른 방법으로는 안전을 고려하여 우선 블럭 한단 정도의 높이만 남기고 담장 상단을 모두 철거한 후, 이 첫째 단을 철근으로 고정하고 측면에 구멍을 뚫어놓은 나무판자를 꽂아 넣어 서로 물리도록 한다면 쉽게 목재담장으로 바꿀 수 있을 것입니다.

토막 상식

콘크리트 블럭담장은, 일본 건축기준법 시행령 등에 배근과 기초형태, 안전성 확인을 위해 구조계산기준 등이 마련되어 있습니다.

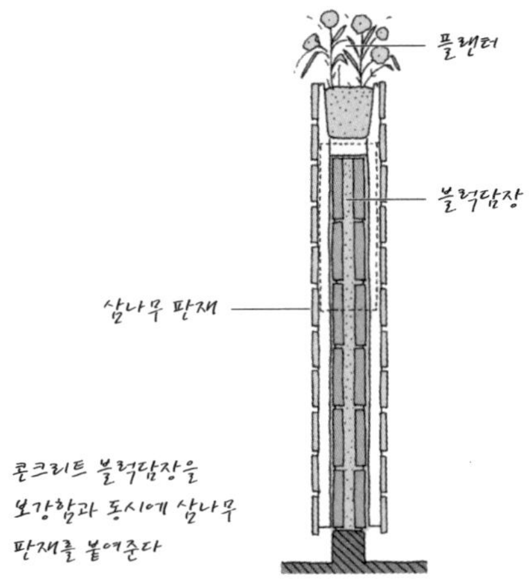

블럭담장 + 삼나무 판재 + 플랜터

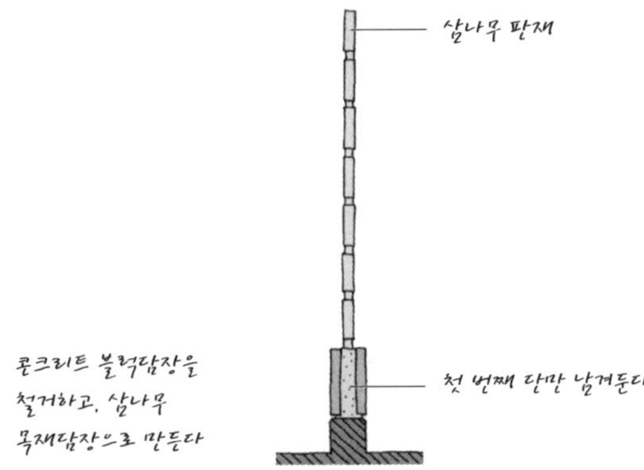

삼나무로 된 목재담장

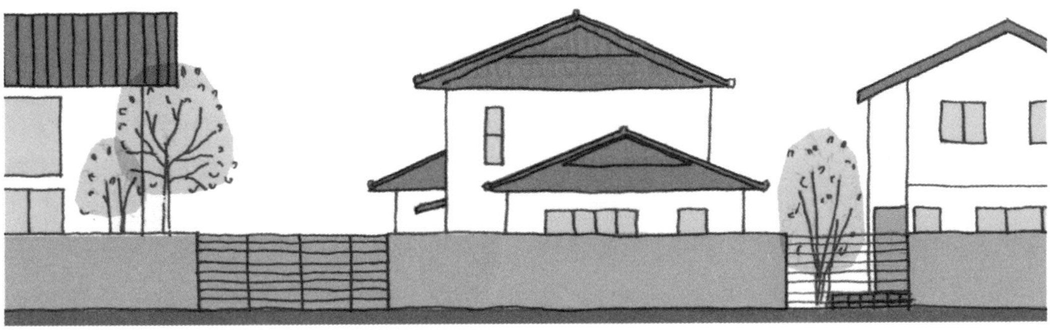

폐쇄적 분위기의 콘크리트 블럭담장

삼나무 목재담장으로 바꾸어주면, 따뜻한 이미지의 가로경관이 형성된다

34 골목공간의 애매모호함은 미닫이문이 만들어낸다

작은 상점들이 즐비하게 늘어서 있으며, 어깨와 어깨가 서로 부딪힐 것 같이 좁은 장소가 뒷골목입니다. 그곳은 상점 자체가 협소하기 때문에 테이블이나 의자를 바깥쪽에 내다놓거나 손님들 스스로가 골목으로 넘어가 있기도 합니다. 즉 안과 밖이라는 구분이 명확하지 않은 애매모호한 상태의 공간이 만들어지는 곳이 바로 골목입니다. 그런데 그 경계의 애매모호함을 가능하게 하는 것은 공간을 자유자재로 컨트롤하는 미닫이문 덕택입니다. 좁은 골목을 사이에 둔 상점들이 일체화되어 하나처럼 사용되거나, 교차로가 광장과 같은 역할을 하게 되는 것 모두가 골목의 미닫이문이 만들어내는 효과입니다.

그런 골목을 만들 수 있는 최적의 장소는 건물에 둘러싸인 모퉁이로, 진입폭이 좁고 안으로 깊이 들어가는 형상의 건축가를 난감하게 만드는 부지입니다. 골목이 서로 만나거나 교차되는 장소를 이용해도 좋을 것 입니다.

마을 만들기에서 골목은 3가지 효과를 가져다줍니다. 첫 번째는 소자본이 모이는 것이므로, 젊은이들이나 경제적 약자라도 점주의 꿈을 실현시킬 수 있는 장소라는 점입니다. 두 번째는 임시 가설적인 상점을 여는 것도 가능하며 장래계획의 연계기반으로도 사용된다는 것입니다. 세 번째는 왕래가 뜸해진 상점가에 활기를 가져다준다는 것이 포장마차가 있는 뒷골목의 강점이되겠지요.

토막 상식

문은 대개 벽체의 일부분으로 폐쇄적인 역할이 강한 창호입니다. 한편 미닫이문은 개방하는 것이 원칙입니다. 게다가 미닫이 문짝이 서로 겹쳐져 수납되는 형태로 되어있다면 개구부가 크게 열릴 수 있으므로 내외공간의 일체화를 강화시켜주는 장치로 작용하게 됩니다.

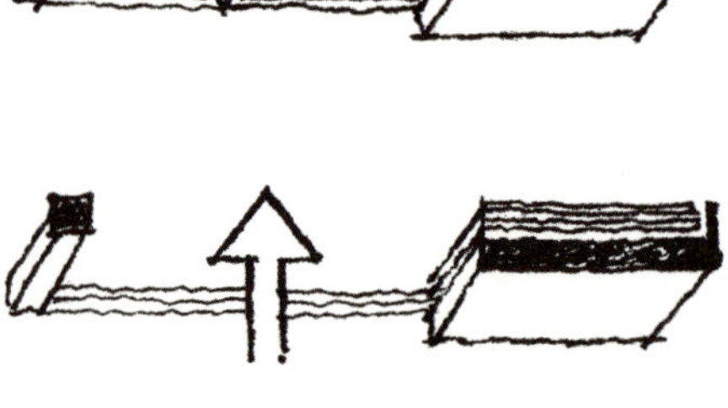

양문 수납형 미닫이 문

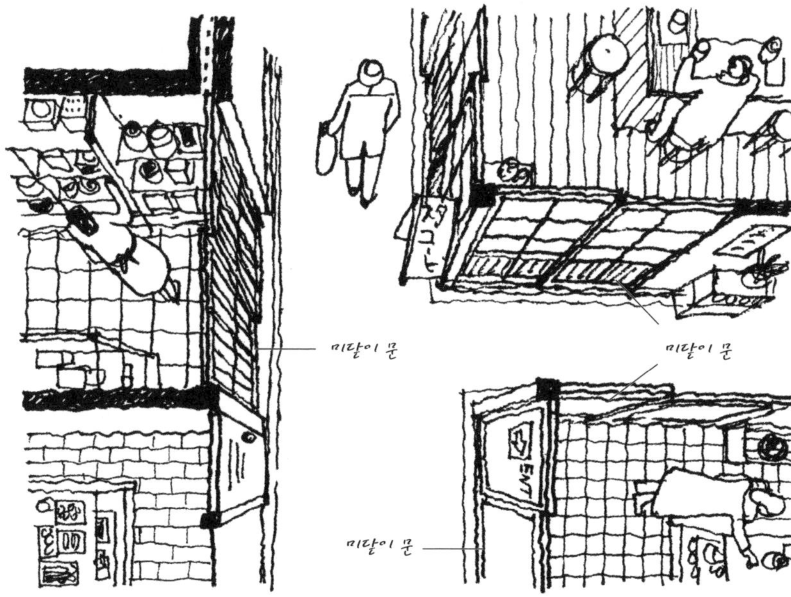

미닫이문은 여닫이문과는 달리 좁은 골목공간에서는 필수적 형태이다

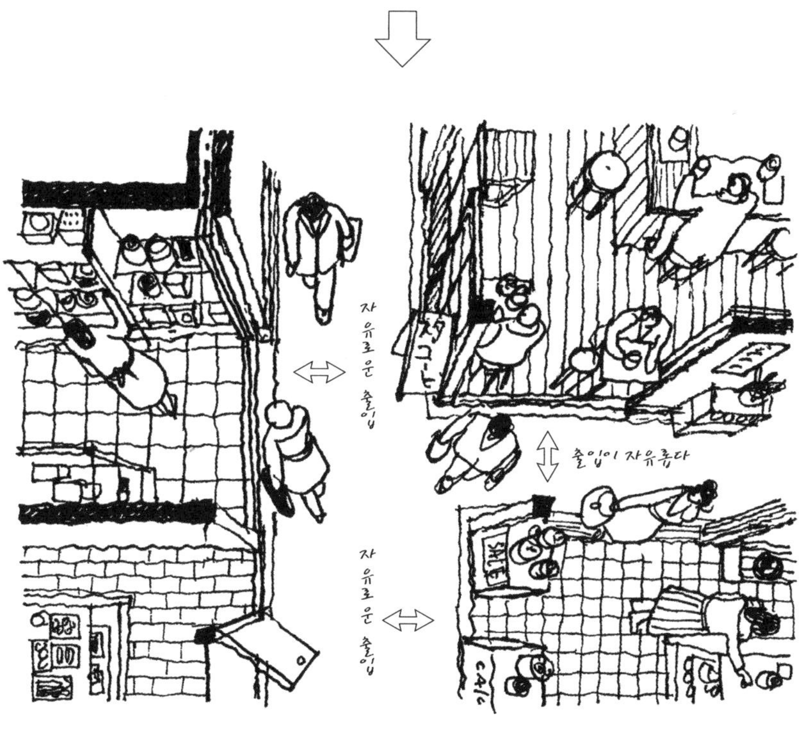

미닫이문이 열려진 상태로 유지되면, 진출입도 자유로워져 번화함이 생겨난다

35 대문 같기도, 담장 같기도 한 출입구를 만들자

역사적 가로경관이 유지되고 있는 거리는 대부분 도로 폭이 좁습니다.

예를 들어 그런 마을에 살고 있던 사람이 필요해서 경차에서 보통승용차로 갈아탔다고 합시다. 그런데 현재 살고 있는 집의 문이 작아 새로 구입한 차량이 들어가지 못한다는 것을 나중에 깨닫게 되어 당황했던 그런 경험은 없으신가요?

하지만 그 정도의 고민은 차량이 출입하는 문을 개량하는 것만으로 충분히 해결 가능할 것입니다. 차량의 회전반경을 고려하여 그 각도와 크기에 맞도록 도로와 접한 진입부를 확보하게 되면 편하게 차를 부지 안으로 집어넣을 수 있습니다. 물론 그렇더라도 그 지역의 경관 분위기와 맞지 않는 금속격자문이나 접이식 미닫이문으로 주변경관을 훼손시켜서는 안 됩니다. 그래서 한 번 더 궁리해서 만들어낸 것이 그림과 같은 구조로 되어있는 담장입니다.

이 대문 + 담장은 옆으로 열리도록 되어있습니다. 프레임은 알루미늄으로 만들고 여기에 목재판재를 붙이는 방식입니다. 안쪽 공간을 보여주고 싶지 않다면 판재를 조밀하게, 그렇지 않을 때는 듬성듬성 거칠게 부착합니다. 그리고 조금씩 옆으로 후퇴시키면서 작게 나누어주는 방식을 택한다면 작지만 녹지나 빈터를 제공할 수 있게 될 것입니다. 몇몇 거주지에서 같은 시도들이 이루어진다면, 이것은 이것 데로 어떤 유형의 특징적인 가로경관을 형성하게 될 것입니다.

토막 상식

통상적으로 일반승용차의 회전반경은 5.5m 정도라고 합니다. 즉 11m의 도로 폭원이 확보되어 있으면 한 번에 차를 180도 돌릴 수 있다는 계산이 됩니다. 이와 같은 회전반경을 표시한 궤적도식을 활용하면 차량의 동선계획을 쉽게 세울 수 있습니다.

목재담장의 미닫이문을 달아놓은 상태

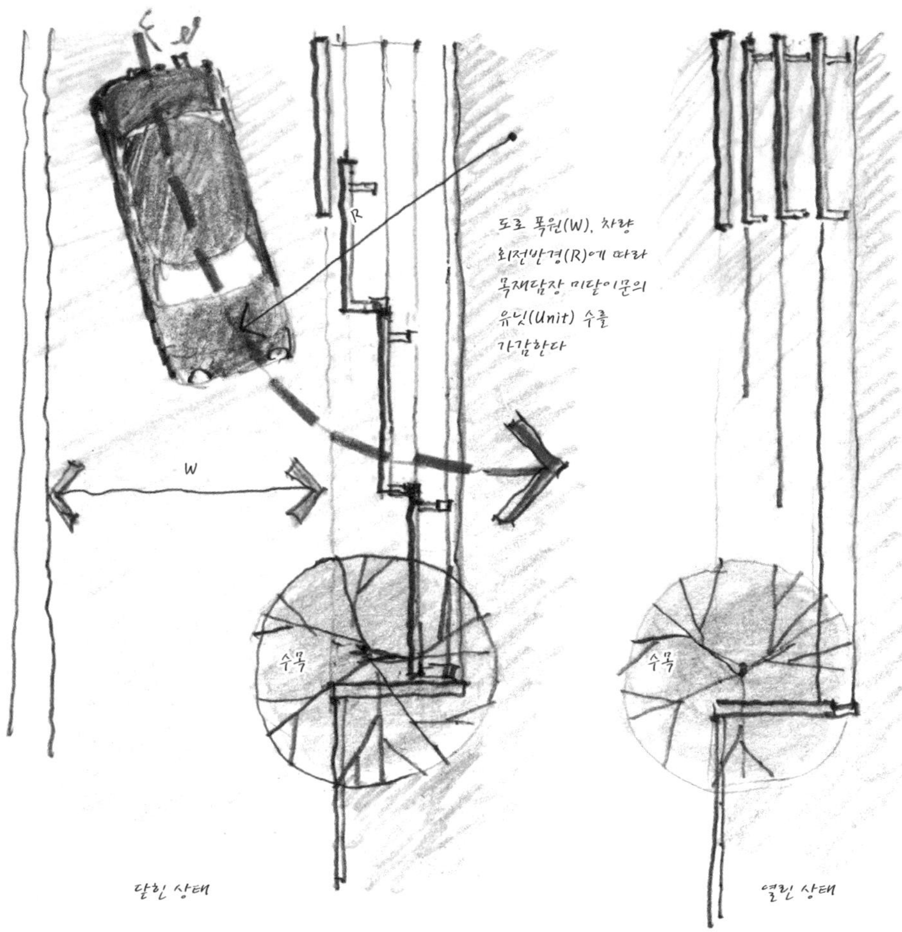

개폐시의 목재담장 미닫이문의 상태

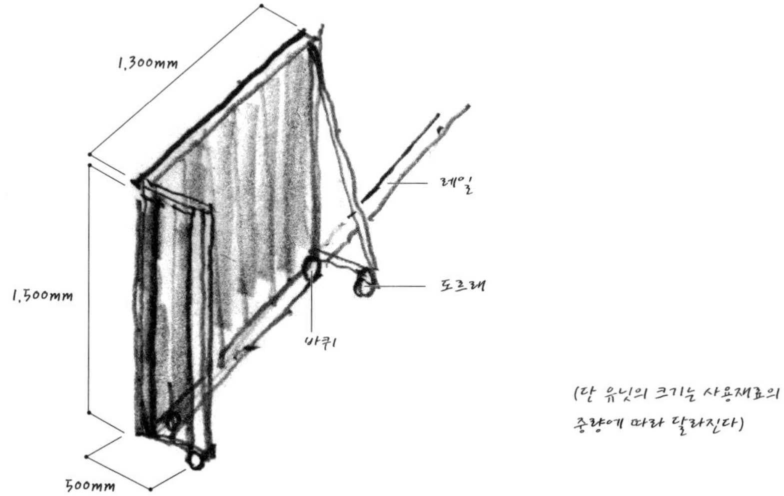

목재담장 미닫이문의 유닛

36 녹색 네트펜스를 나무판재로 된 펜스로 바꾸어보자

마을을 걷다 보면 대다수의 사람들은 자기 땅을 담장으로 경계지우는 것을 좋아하는 것 같다는 생각이 듭니다. 그래서인지 모르겠으나 아무리 작은 부지이더라도 반드시 담장이 쌓여있다는 것을 확인할 수 있습니다.

담장 대용품으로 가장 흔히 사용되는 것은 비닐로 피복된 녹색 철망의 네트펜스입니다. 가장 저렴하고 흔한 이 녹색펜스는 마을의 이곳저곳에 사용되고 있습니다. 그런데 색채전문가에 의하면, 철망에 사용된 녹색은 원래 자연계에는 존재하지 않는 인공 녹색이라 지나치게 눈에 잘 띄어서 거리풍경을 훼손시키고 이질감을 주는 요인의 하나가 된다고 합니다. 그래서 이 녹색 네트펜스를 어떻게 해보려는 생각은 경관을 소중히 여기는 사람이라면 누구라도 한번쯤 해보았을 것입니다. 그렇다면 이런 시도를 해봅시다. 우선 녹색 네트펜스를 검은색이나 짙은 회색의 유성페인트로 칠하고, 또 삼나무 판자에는 방부효과가 있는 도장제를 발라줍니다. 여기에 철사가 통과할 구멍을 뚫고 네트펜스의 기둥에 끼워 넣으면 목재펜스는 완성됩니다. 물론 작업진행에는 다른 방식도 있겠지만, 판자를 페인트로 칠한다는 것과 같은 색의 철사를 사용한다는 것이 계획 포인트입니다. 단 바람이 강한 지역에서는 펜스가 넘어가지 않도록 나무판자의 간격을 벌려주어 바람이 통과할 수 있도록 합시다.

토막 상식

시간이 걸려도 문제가 되지 않는다면 네트펜스를 가려주는 방법을 권장합니다. 즉 덩굴성 식물을 사용하여 펜스를 덮어버리는 방식입니다. 운페를 위해서라면 상록성 식물로 한정시키는 것이 바람직하며, 추천할 만한 수종은 마삭줄 입니다. 마삭줄은 별도의 유지보수가 필요치 않기 때문에 관리하기 매우 편리한 식물입니다.

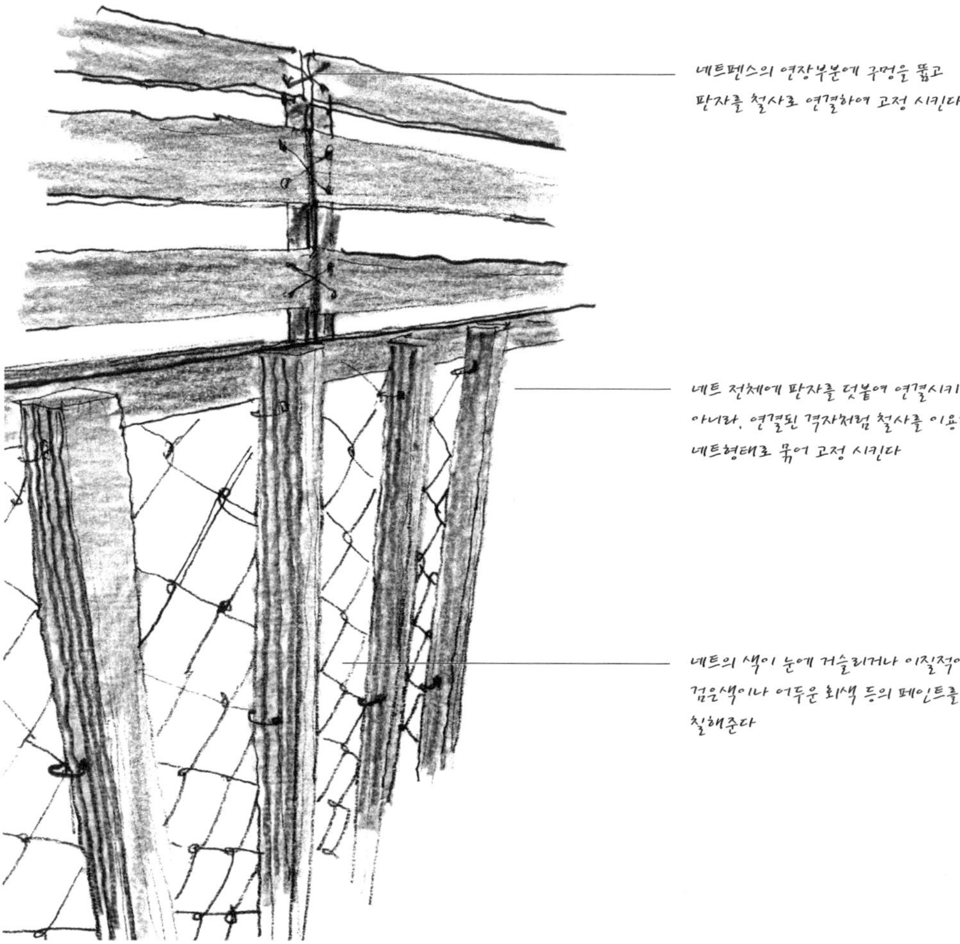

네트펜스에 나무판재를 덧붙이는 방법

네트펜스를 그대로 유지하는 경우

나무판재를 부착한 네트펜스의 경우

37

작은 등롱(雪洞)이 달린 이벤트용 전선을 설치해보자

전봇대에는 전기뿐만 아니라 전화나 인터넷 등 여러 가지 전선이 설치되어 있습니다. 물론 사회 인프라(infra) 시설인 전선설치는 기본적인 사항이지만, 특정 시기에 사람들을 즐겁게 해주는 유선방송의 전선이 불법적으로 설치되어 사회적인 문제가 되기도 했습니다. 하지만 곰곰히 생각해 보면 견고하게 그리고 규칙적으로 광범위한 지역에 배치되어 있는 전봇대를 모든 사람들을 위해 이용하는 것은 그리 나쁜 일은 아닐 것입니다. 다만 규정을 잘 만들어서 그것에 따르도록 한다면 인프라의 유효활용으로도 이어질 것입니다.

그렇게 생각했을 때 가장 먼저 머릿속에 떠오르는 것은, 축제 때 야간상점이나 민속춤(盆踊) 공연장에 설치된 작은 등롱(雪洞)이 매달려있는 이벤트용 전선입니다. 그러한 것들이 마을에 설치되어 있다면 거리가 즐거워지지 않을까요?

등롱을 행사나 계절별로 바꾸어가면서 즐기거나, 아이들이 그린 그림이 들어간 설동을 설치한다면 더더욱 분위기가 고조될 수 있을 것입니다. 게다가 최근에는 LED의 발달로 소비전력을 낮출 수 있기 때문에 에너지 부담도 그다지 크지는 않을 것입니다.

부디 이런 즐거운 이벤트에 전선을 합법적으로 이용할 수 있는 시스템이 마련되기를 기대합니다.

토막 상식

전봇대 사용허가를 받아내기 위해서는, 전선가공에 대한 신청을 전력회사에 제출하고 심사를 받아 허가를 얻어야만 합니다.
현재는 통신 등의 이용이 우선이기 때문에 조명에 이용하기 위해서는 먼저 제도의 정비가 필요합니다.

등롱이 연속적으로 설치된다면, 일루미네이션과는 다른 이미지 연출이 가능하다

마을에 어울리는 디자인을 수작업 콘테스트를 통해 찾아보는 것도 재미있다

제 3 장

면적인 요소를 활용한 마을재생 아이디어

자투리 공간 활용

38 마을경관을 고려한 형태의 주차장을 디자인하자

오랜 역사를 가진 전통마을의 경우에도, 새롭게 설치되는 주차공간으로 인한 경관의 훼손상태는 심각합니다. 유지 보전되어 왔던 거주지 경관의 연속성이 주차장으로 인해 단절되어 버리기 때문입니다. 그 해결책의 하나가 그림과 같은 전통형태의 지붕을 도입한 게이트를 계획하는 것입니다. 마을경관의 연속성 유지를 위해 차량출입에 지장이 없는 부분은 흰색 벽이나 격자로 가려주고, 벽에 붙는 접이식 의자 즉「툇마루(緣側)」를 설치합니다. 이 전통방식의 의자 명칭에 사용되는「緣(가장자리, 묶음)」이란 글자에는 사람과 사람을 연결한다는 의미가 담겨 있습니다. 따라서 그 곳에 접히는 툇마루 형태의 평상을 설치하는 것만으로, 지붕 아래 공간은 마을의 작은 사교장으로 바뀌게 될 것입니다.

여기서 경관개선 작업에는 흰색 벽이나 격자, 기와지붕 등 인근 민가에서 사용되고 있는 요소를 적극 활용하도록 하며, 특히 지붕은 옆집의 1층 차양높이를 염두에 두고 계획해야 합니다. 그 이유는 거주지에서의 연속성은 지붕선 연결에 좌우되는 경우가 많기 때문입니다. 격자형태를 도입하는 경우에는 격자의 크기나 간격 등 스케일을 반드시 고려합니다. 민가의 디테일에는 가구, 건물, 거리의 경관 모두에서 공통된 스케일이 적용되고 있습니다. 그러니 그 기본구조를 무시하고 임의로 조작하면, 형태는 닮아있더라도 실제로는 어울리지 못하고 겉돌게 됩니다. 따라서 스케일 선택에는 각별한 주의와 검토가 필요합니다.

토막 상식

거주지에서 경관의 연속성 및 균형조화 측면에서 중시해야 하는 것은 차양의 높이입니다. 정확히 찾아내어 적용한다면, 현대 건축에 있어서도 가로경관과의 정합성을 만들어내는데 도움이 될 주요한 원칙입니다.

주차장 입구에 조성된 전통형태의 게이트를 옆에서 바라보면...

주차장에 전통 지붕형태의 게이트를 만들어주면, 주변 마을경관과 조화를 이룬다

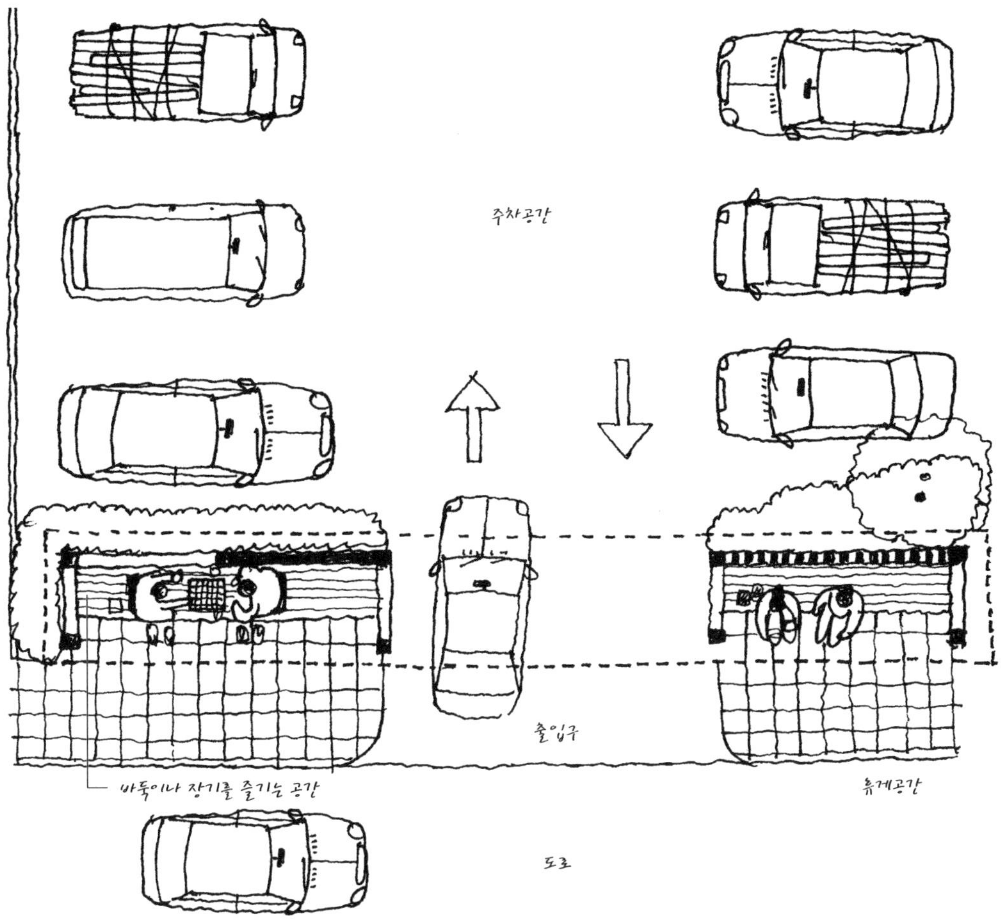

전통형태의 게이트를 만들어놓으면, 편안한 휴식공간으로도 사용 가능하다

39 상점가에 있는 주차장을 숲으로 조성해보자

요즘은 어느 상점가에 가더라도, 「여기는 주차장이 없어 불편하네. 그러니 장사가 잘 안될 것 같아」 라는 이야기들을 자주 합니다. 확실히 교외에 있는 아울렛의 경우에는 차량으로 둘러싸여 있는 것 같은 대규모 주차장이 확보되어 있는 경우가 많습니다. 그렇지만 한번 잘 생각해 보세요. 자동차가 그리 많지 않았던 시절에도 상점가는 나름 흥미롭고 매력적인 장소였지 않았던가요? 중요한 것은 차량 접근이 아니라, 그 장소가 흥미로운 곳인가 그렇지 못한가입니다. 사람들이 상점가를 방문하는 목적은 주차장이 아니기 때문입니다. 상점가에서 다양한 이벤트를 진행하면서 손님을 끌어들이고자 하는 이유가 바로 그 때문입니다. 결국 그 상점이나 마을에 매력이 없다면 아무리 편리하고 넓은 주차장이 마련되어 있다 해도 사람들은 모이지 않을 것입니다.

그런데 상점가 편의를 위해 주차장을 꼭 만들어야 하는 상황이라면, 어디에서나 볼 수 있는 형태가 아닌 매력적인 주차장으로 만들어 봅시다. 제안해보고 싶은 아이디어 중 하나가 숲 같은 주차장입니다. 사실 「실제로는 관리가 힘들기 때문에 그런 주차장을 만드는 건 어려운 일이야」 라고 반대할 것 같기도 합니다. 하지만 매력적인 주차장을 만드는 것이 그리 쉬운 일이 아니라는 것을 알기에, 역으로 나무로 우거진 숲 같은 주차장이 조성된다면 그 상점가는 유일무의한 장소가 될 것이라 확신합니다.

토막 상식

주차장에 나무를 심도록 계획한 경우라면 바닥은 투수성 포장으로 하는 것이 좋습니다. 나무는 땅속에 있는 물과 공기를 필요로 하기 때문입니다. 물론 장소나 넓이에 따라 달라지겠습니다만, 주위에 있는 배수용 U자 도랑을 투수형태로 만들어주는 것도 효과가 있을 것 같습니다.

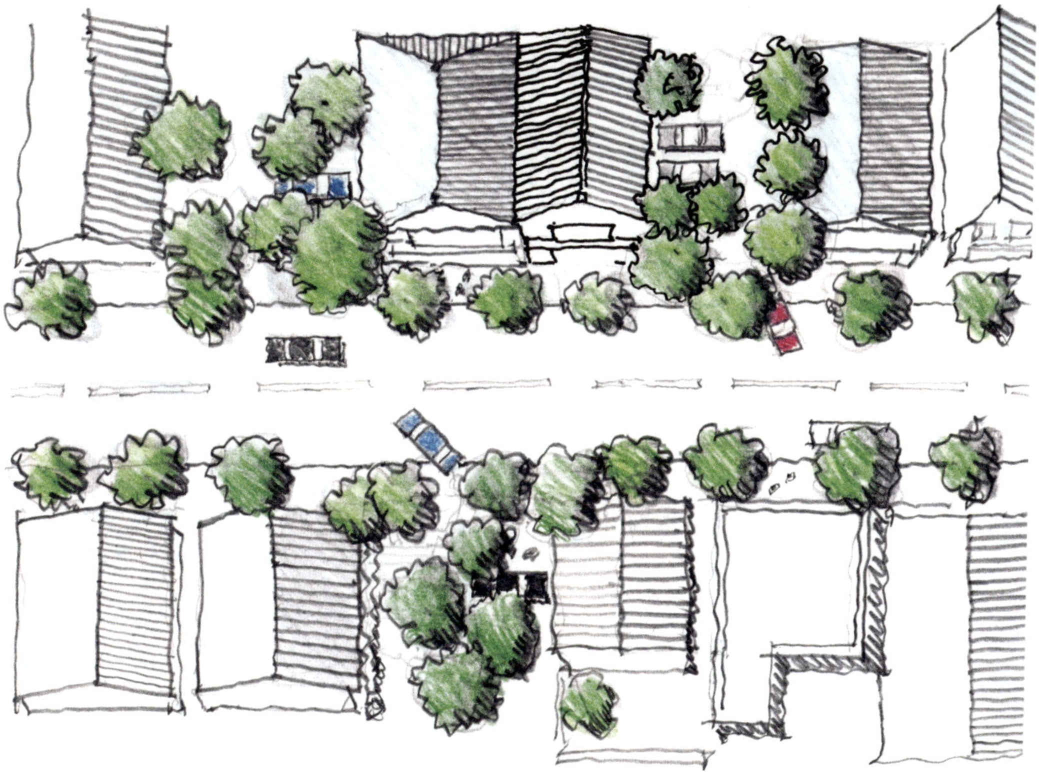

숲 같아 보이는 주차장의 배치평면도

상점가 한쪽에 위치한 나무가 우거진 숲 같은 주차장

40 마을의 표정을 만들어주는 광장을 교차로에 계획하자

동양에서 상점가들은 대부분 도로를 따라 선형으로 발전되어 왔습니다. 그래서인지 유럽에서는 흔히 볼 수 있는 광장과 같은 형태가 동양의 도시에는 없습니다. 그런데 교차로는 사방에서 사람들이 모여들고 만나기도 하는 곳입니다. 잠시 발걸음을 멈추고 휴식을 취하는 사람도 있고, 만남의 장소로 사용하는 사람도 있습니다. 그래서 교차로는 광장의 필요조건을 갖추고 있는 장소가 되기도 합니다. 따라서 약간의 조작만으로도 광장을 만들어 낼 수 있는 곳이 바로 교차로 아닐까요?

생각할 수 있는 조작이란 교차로에 있는 상점의 모서리 공간을 2m 정도 안쪽으로 잘라내는 것입니다. 교차로 모서리에 있는 네 개 상점 모두에 안모서리 공간이 생기면 작은 광장을 만들 수 있습니다. 가능하다면 모서리 상점은 유리 마감이 더 좋을 것입니다. 그 이유는 시야가 열려 광장이 실제보다 넓어 보일 수 있기 때문입니다. 그리고 그 공간에 나무를 심어주면 교차점 광장에서 계절 변화나 꽃향기를 느낄 수 있게 될 것입니다. 이 분기점에 교차광장이 만들어진다면 거리의 표정이 달라질 것 입니다. 교차로는 거리의 다채로움과 변화를 가늠하는 바로미터(barometer)가 된다고 합니다. 이렇게 교차로 광장은 마을의 표정을 바꾸어주는 귀중한 장소가 될 것입니다.

토막 상식

일본 에도시대(江戸)에는 많은 공고문들이 마을 모퉁이에 붙어 있었습니다. 그 대다수가 사거리에 있었으므로 「辻札(츠지후다, 팻말)」이라고도 했습니다. 「辻」란 현재의 교차점을 칭하는 것으로, 예전부터 사람들이 자주 모이거나 만나는 장소였던 것 같습니다.

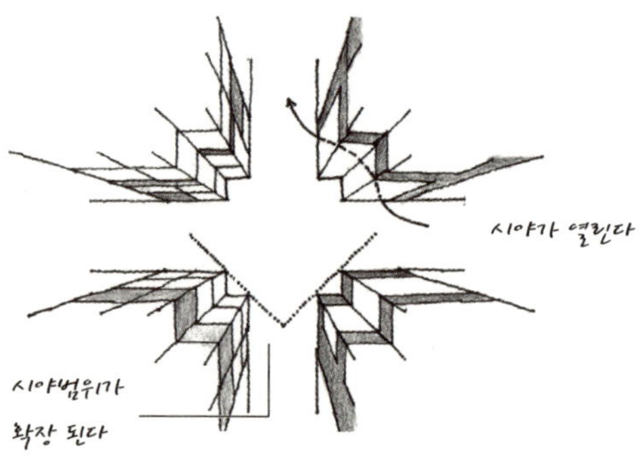

네 모서리의 공간을 조금씩 잘라내면, 네모난 형태의 새로운 공간이 생긴다.

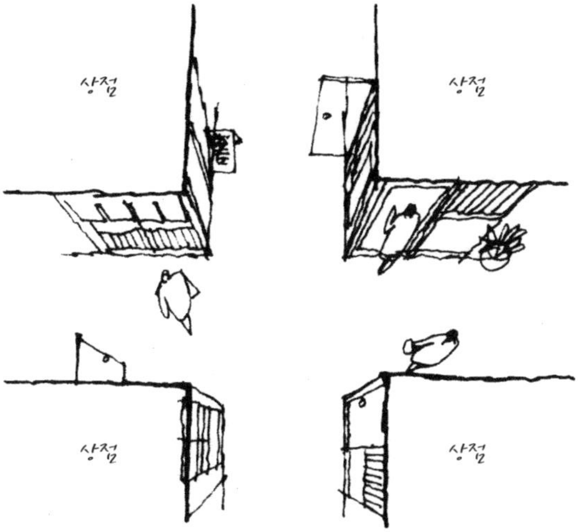

일반적인 네 모서리, 즉 직각형태로 되어있는 경우

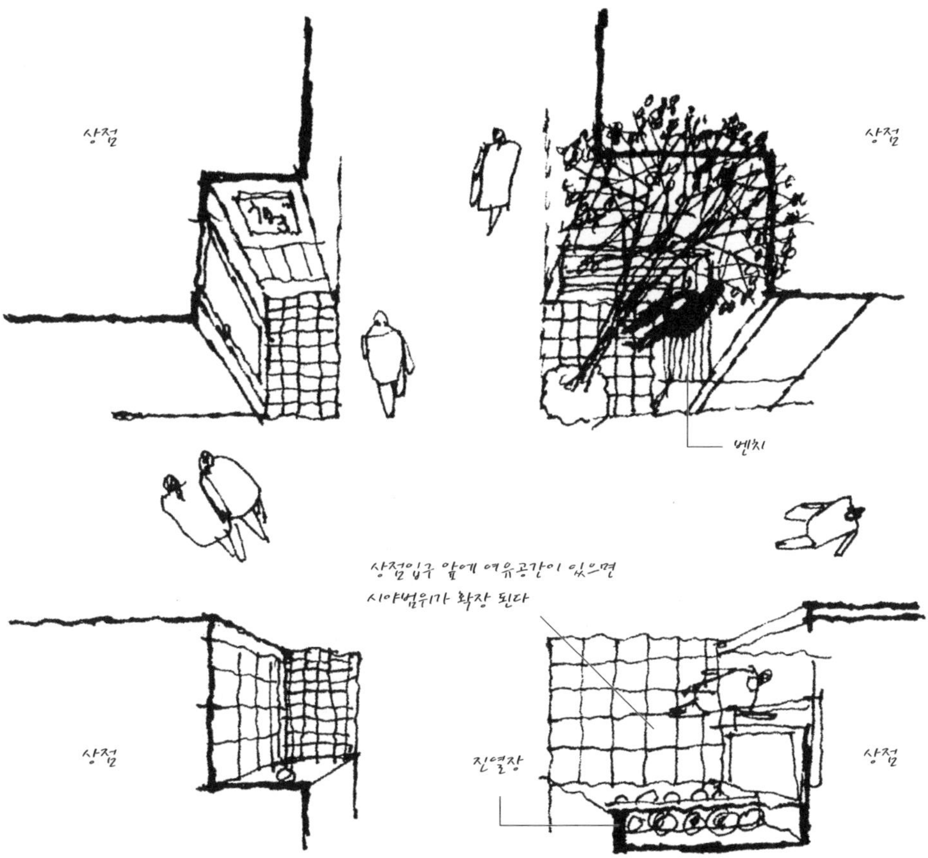

네 모서리를 조금씩 잘라내면, 작은 광장이 생겨난다

41 마을에 있는 자투리땅을 소공원으로 만들자

마을을 오가는 사람들이나 쇼핑객들에게 있어 잠시 쉴 수 있는 공간이 도로변에 있다면 매우 반가운 일일 것입니다. 게다가 마음대로 이동시킬 수 있는 의자나 작은 테이블까지 놓여있다면 더 그럴 것입니다. 마을에 그런 쉼터가 마련된다면 그곳은 혼자서 책을 읽는 장소가 되기도, 낯선 사람들끼리 가볍게 말을 거는 공간의 역할을 하게 될 것입니다.

마을 한편에 덩그러니 방치되어 있는 공터는 가설막이나 천막 등으로 가려두는 방식보다는 비록 짧은 기간이라도 이용하는 것이 좋습니다. 마을 사람들에게 개방하여 작은 광장이나 소공원으로 활용되도록 한다면 그 주변도 생기가 넘쳐나는 공간으로 바뀔 것입니다.

지금까지 눈에 띄지 않았던 옆 건물의 벽이나 창문 등을 멋지게 장식할 방법을 찾아봅시다. 또 공터가 되어버린 부지바닥에 목재블럭이나 투수성 소재 등을 깔고 꽃 화분 등을 놓아둔다면 그곳은 소공원 즉 포켓 파크(Pocket park)로 변신될 것입니다. 새로 정비된 소공원은 마을 축제나 상점가 행사 등에 사용하게 될 것입니다. 게다가 행정기관에서 이런 상태의 토지를 매입해준다면 공터 주위의 벽면도 원형 그대로 개수될 수 있으므로, 여유롭고 친밀함을 주는 장소로 유지될 것 같습니다.

토막 상식

W. H. White의 실천적 도시연구에 대한 저서 「도시라고 하는 극장」을 보면, 도시공원을 찾는 사람들은 그들이 앉을 장소 즉 의자를 결정하게 되면, 반드시 아주 조금이라도 그것을 움직여준다고 합니다. 이는 이용자 스스로가 위치를 조정하는 방식을 통해 비록 잠시라 하더라도 장소를 점유하고자 하는 심리 때문에 나타나는 행태특성의 하나입니다.

의자를 움직여서 본인이 편하게 머물 장소를 만든다

공터에 소공원을 만들어주면 자연스럽게 사람들이 모여 든다

42 건물 내부에 좁은 통로를 계획하자

일본에서는 옛길 즉 가도(街道)라 불리는 도로와 접하고 있는 상점의 경우, 건물의 전면 폭에 제한이 있었습니다. 그런 까닭에 대다수의 상점들은 정면 의 폭은 좁고, 1층 상품 판매부분과 2층의 거주부분이 하나로 된 건물들이 마을경관을 유지해오고 있습니다.

그러나 최근 들어 세대교체나 상점운영에 대한 유지관리가 불투명해짐과 동시에, 업종변경 등으로 가게 일부를 다른 사람에게 빌려주는 케이스도 늘어나고 있는 실정입니다. 사례를 들어보면, 지역의 경관특성상 상점의 건물외벽은 보전하면서 내부만을 개조해야 할 필요가 있었습니다. 당시 제기되었던 문제는 출입구와 계단의 배치로, 독립성 유지를 위해서는 상점 앞에서 2층으로 가는 전용출입문과 위층으로 연결되는 계단을 새로 계획해야만 하는데 상점의 공간구조상 이것을 구현해내는 것이 거의 불가능했습니다.

이때 생각해낸 것이, 건물 안쪽에 위층 주거공간으로 이어지는 좁은 통로를 만들고 그 뒤에 위로 올라가는 문틀과 계단을 마련한다는 계획이었습니다. 격자나 벽으로 상점의 판매부를 구분해주면 그곳 역시 훌륭한 실내공간이 될 것입니다. 그 외에도 가능한 수단을 총동원하여 지금까지 가꾸어왔던 전통마을의 경관을 무턱대고 훼손하는 일 없이 계승해가야 할 것입니다.

토막 상식

건물 내부에 있는 통로의 전형은 오사카(大阪), 교토(京都) 지역의 상점에서 볼 수 있는 「거리 정원」입니다. 이것은 큰 길과 접해있는 「상점 정원」에서부터 「현관 정원」, 부엌에 있는 냄새가 빠지는 「통과하는 정원」이 있고, 게다가 안쪽 깊숙한 곳까지 이어져있어 여름철에 시원한 바람이 지나가는 통로도 있습니다.

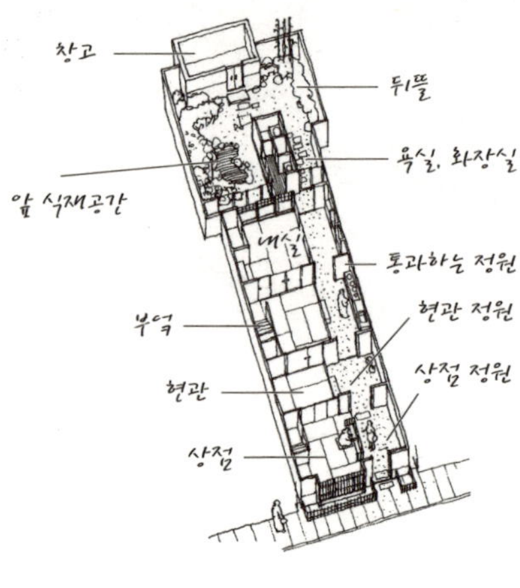

상점가 「거리 정원」의 구조

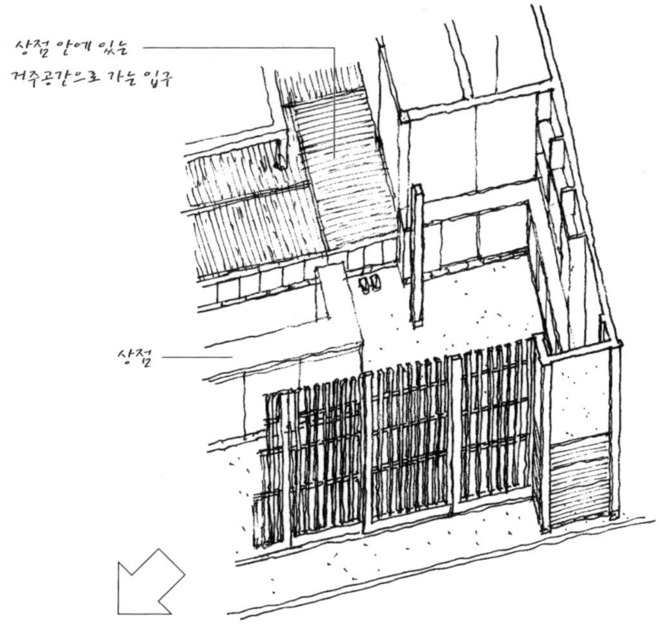

상점 개조 전

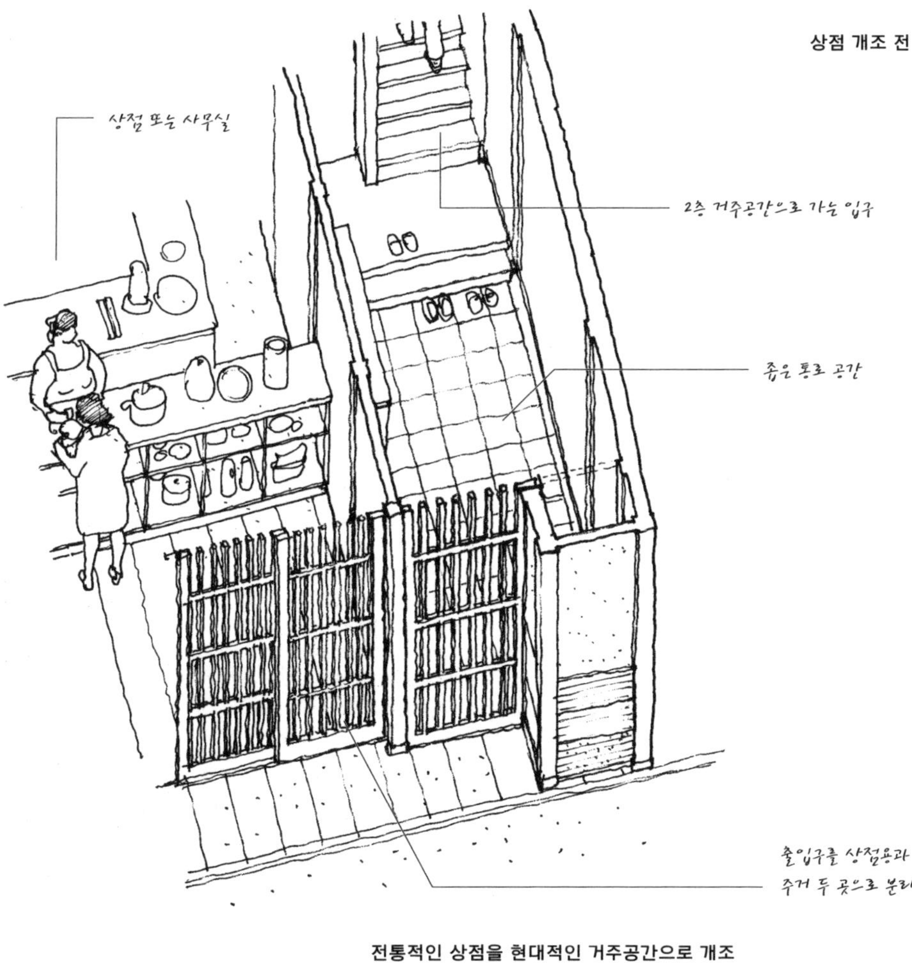

전통적인 상점을 현대적인 거주공간으로 개조

43 비어있는 가게는 공유상점(Sharing shop)으로 유효하게 사용하자

비어있는 가게를 활용해보기 위한 대책의 하나입니다. 폐업해버린 상점에 내려져있는 셔터는 상점가의 연속성을 손상시키기 때문에 활기가 없는 상가가 되어버리고 맙니다. 여러 사정이 있겠습니다만, 가능하다면 그곳을 상점가 전체에서 관리해보는 것은 어떨까요? 그러한 시도는 비록 짧은 기간이라도 좋을 것 같습니다. 우선 비어있는 상점을 청년창업을 위한 실험점포로 만들어 봅시다.

상점가에는 이미 가업을 이어가고 싶어 하지 않는 2대째, 3대째가 많다는 이야기가 무성히 퍼져있습니다. 젊은 세대들은 오래된 경영체질에 얽매여있는 자유롭지 못한 판매방식에는 매력을 느끼지 못하는 것 같습니다. 그러니 비어있는 상점에서 청년들만의 자유로운 방식으로 장사를 한번 해보도록 기회를 제공해줍시다. 청년들 스스로 기획하고 경영하도록 하는 것이지요.

어쩌면 그들의 참신한 시점에서 상점가를 변모시키는 기회가 될지도 모르겠습니다. 설령 성공하지 못하더라도 상점가에 잠시나마 새로운 바람을 불러들였다는 사실과, 그 청년들에게는 두 번 다시없는 인생경험이 되었다는 것은 틀림없는 일일 것입니다. 또 그저 청년들에게 상점을 맡길 수 없거나, 후계자에게 무턱대고 노점의 경제권만을 넘기고 싶지는 않다고 생각하는 경영자들이라면 반드시 이 방법을 시도해 볼 것을 권장합니다.

토막 상식

이 방법은 후계 문제뿐 아니라, 장사에 열의와 흥미를 가진 젊은 청년들과 쇠퇴해가는 상점가가 일체가 되어, 서로에게 기회를 제공해주고 제공받는 것과도 연관되는 시도입니다. 물론 그 정도로 깊은 역사를 갖고 있는 상점가라면, 문을 닫은 상점은 생겨나지 않을 지도 모르겠습니다만.

공유상점(Sharing shop)의 모습

비어있는 상점을 이용하되, 포장마차나 진열장 등을 공유한다

44 상점가를 주식회사로 만들어 비즈니스 기회를 제공하자

중국 장쑤성(江蘇省) 화시촌(華西村)은 마을을 하나의 주식회사로 만들어 성공을 이루어낸 곳입니다. 주요 산업인 철강과 방직 그리고 최근에는 관광개발 등을 이 회사에서 운영하고 있습니다. 일본에서는 도쿠시마현 가쓰우라군(德島県勝浦郡) 가미카쓰초(上勝町)의 「주식회사 이로도리」가 유명합니다. 인구는 약 2,000명, 고령자 비율 50%인 이 마을에서는 「요리에 곁들이는 채소나 해초」의 잎을 노인들이 PC를 이용해 출하하는 비즈니스로 연간 매출 26억원을 초과달성하고 있습니다.

이것을 본보기로 하여 상점 하나하나의 규모는 서로 다르지만 이 상점들을 합쳐 하나의 주식회사로 만드는 새로운 비즈니스를 모색해 보는 것은 어떨까요? 포인트는 상점가의 매력 재구축과 집적효과를 최대한 살려내는데 있습니다. 예를 들면, 상점가와 인접해 있는 교회에서 하는 결혼식 계획(Bridal plan)은 이 회사에서 기획하고 운영하는 것입니다. 거리를 브리덜 로드(Bridal road)로 계획하여 상점가 전체에서 흥이 돋아나도록 만들어주는 구조입니다. 상점가에 있는 레스토랑에서 피로연을 하고, 결혼반지는 보석상에서 준비하고, 드레스는 양품점에서 제작한다는 식으로 상점가 전체가 함께 진행하는 것입니다. 아울러 상점가 자체의 매력까지 더해지게 된다면 분명 상점가의 비즈니스 모델은 정착되어 갈 것입니다.

토막 상식

「주식회사 이로도리」는 요리에 곁들이는 채소 등을 중심으로 20년간 지역 비즈니스를 전개해오고 있습니다.
노인 스스로가 PC를 사용하여 시장정보를 마케팅하고 동료들과 서로 경쟁하면서 출하하는 형태입니다.

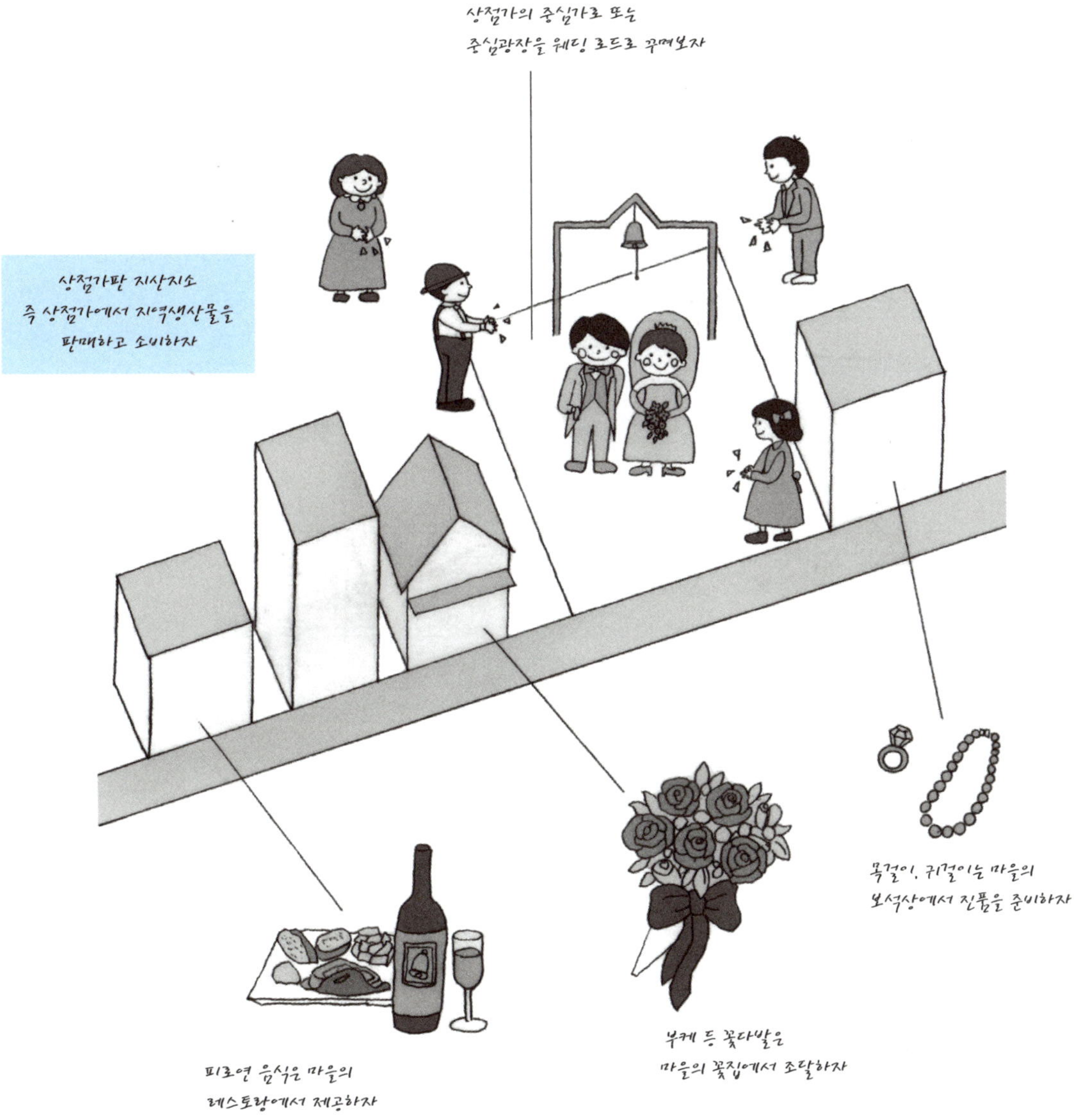

상점가 전체에서 결혼식 계획(Bridal plan)을 기획하고 진행하자

45 상점가 특유의 사운드 스케이프를 찾아보자

캐나다 출신의 작곡가 머레이 쉐퍼(R Murray Schafer)에 의해 제창된, 소리가 만들어 내는 풍경을 「사운드 스케이프(Sound scape)」라 합니다. 이것을 「소리경관」이라고도 칭합니다. 우리들이 산 속에 들어가 수풀에서 귀를 기울이고 있으면 새 울음소리나 나뭇잎이 흔들리는 소리, 강의 시냇물 소리나 벌레소리 등이 들려오는 것을 느낄 수 있습니다. 이와 같이 소리가 주위환경과 어우러져 만들어내는 경관, 풍광을 「소리경관」이라 합니다.

우리들이 생활하는 도시나 거리에도 사운드 스케이프가 존재합니다만, 걸핏하면 차량 소음으로 덮혀져 없어져버리곤 합니다. 하지만 예전에는 마을 사람들의 활기찬 소리가 거리에 가득 넘쳐났었습니다. 상점 앞에서 물건 파는 소리, 짐수레와 수레를 끄는 말의 말발굽 소리, 대장간에서 철을 제련하는 소리, 정겨운 풍경(風鈴) 소리 등.

실제적 적용 사례를 생각해봅시다. 상점가에서 작업 중에 생기는 독특한 소리를 찾아내고, 그 소리가 밖에서도 들리도록 작업공간을 길거리 쪽으로 이동시켜준다면 마을 고유의 사운드 스케이프를 만들어 낼 수 있을 것입니다. 상점가에서 하루정도만 소리를 테마로 이곳저곳을 다니며 조사해본다면 의외로 다양한 소리들을 찾아낼 수 있을 것입니다. 이제 사운드 스케이프를 마을의 주역으로 만드는 방법을 생각해 보는 것은 어떨까요?

토막 상식

사운드 스케이프는 건축 및 공원계획 모두에서 소리환경을 디자인하는 계기가 되기도 했습니다. 쉐퍼는 세계 각지의 소리환경에 대해 조사하고, 지역의 표식이 되는 소리를 「사운드 마크(Sound mark)」라 이름 지었습니다.

소리(Sound)라는 요소가 없는 상점가

상점가에 통합된 사운드 스케이프를 만들어보자

46 화이트 노이즈를 이용하여 소음을 지워버리자

맨해튼의 페일리 파크(Paley Park)는 포켓 파크의 선봉장으로 널리 알려진 장소입니다. 폭 13m, 깊이 30m의 작은 오픈스페이스입니다만, 특이한 것은 공원 안쪽 깊숙한 곳에 공원부지의 폭 전체를 사용하여 만든 벽천(Cascade)이 있다는 점입니다. 이 벽천은 높이가 6m 인데 여기서 바닥으로 떨어지는 물소리가 주위 마을에서 나는 소음을 덮어주어 차분한 소리환경을 만들어내고 있습니다.

소위 모든 주파수의 소리가 불규칙하지만 스펙트럼이 일정한 강도가 되는 범위의 소리를 「화이트 노이즈(White noise)」라 합니다. 그런데 이 화이트 노이즈는 독서 등 집중력을 높이는 효과가 있어 차분함과 침착함을 가져다준다고 합니다.

상점가나 마을의 길거리에 위치한 작은 광장이, 벽천에서 흘러 떨어지는 물이 만들어내는 소리로 인해 잡다한 소리 즉 소음에서 벗어날 수 있는 장소가 된다면 틀림없이 정취가 느껴지고 모두에게 친숙한 마을의 공간이 될 것입니다.

물의 흐름이 만들어내는 소리는 사람 신체의 70%를 차지하는 수분과 동조하는 자연의 소리라고 합니다. 근처에 작은 하천이나 샘물터 등이 있다면 마을 경관이나 광장의 공간디자인에 적극 도입하여, 소규모 폭포나 벽천, 분수 등으로 「화이트 노이즈」를 탄생시키는 궁리를 해보는 것은 어떨까요.

토막 상식

주파수에 반비례하는 성질을 가진 잡음. 높은 주파수의 소리일수록 약해지는 것 같은 잡음을 「핑크 노이즈(Pink noise, 1/f 유라기, 물리치료용 고주파의 일종)」라고 합니다. 이것도 저음역이 강조되는 폭포나 바람소리 등 자연계에 존재하는 소리로, 사람들의 긴장을 완화시키거나 편안하게 만들어주는 효과가 있는 것으로 알려져 있습니다.

벽천의 물 떨어지는 소리가 정취를 더해준다

힐링 파크 / 정면이 물이 떨어져 내리는 벽천이다

47 공터를 잠시 빌려서 녹색 악센트를 도입해보자

오늘날 마을 안에 비어있는 공간은 남아있을 리 없다고 생각하기 쉽습니다만, 사실 잘 찾아보면 공터는 얼마든지 있습니다. 어떤 지역이든 토지정리 사업이나 역전 개발 등 장기간에 걸쳐 추진되는 사업들이 있기 때문에, 그것을 위한 공터가 마을 여기저기에 산재해 있을 것입니다. 그 중에는 「OO구획정리 사업부지」 라는 안내판이 내걸린 상태로 수십 년 간 철조망에 둘러싸여 있는 이상한 땅도 있습니다.

물론 이 부지는 관할 행정기관의 관리 하에 있으므로, 정식절차를 밟는다면 사용은 가능할 것입니다. 또 당분간은 건물 같은 것들이 세워지지 않을 것이므로 이곳을 녹색 광장으로 만들어보는 것도 크게 문제되지는 않을 것입니다. 게다가 조성 초기라면 무단으로 사람이 들어올 가능성이 낮으므로, 식물의 초기 생육이나 관리 등은 더 쉬울 것입니다.

사실 잔디는 1년 정도만 사람의 출입을 금지하면 아주 잘 자랍니다. 그러니 그곳을 연간 수차례 주차공간으로 사용한다하더라도 잔디밭이 크게 훼손되는 일은 없을 것입니다. 따라서 지금까지 덩그러니 비어있던 장소에 우측 그림과 같이 조금은 색다른 나무 그늘을 제공해 보는 것은 어떨까요. 이렇게 마을 안에 녹색 악센트 공간을 만들어두면, 사업달성까지의 남아있는 기간 동안 그냥 방치되어 있던 공간을 마을 전체에서 이용할 수 있을 것입니다.

토막 상식

계획 추이로 인해 공터가 생겨나기 쉬운 사업으로는, 역 앞 재개발사업, 토지구획정리사업, 도시계획 도로사업, 시가지 재개발사업 등이 있습니다.
또 광역도시계획에서 사업이 결정된 도로 등도 상당기간 방치되어 있는 땅이라 하겠지요.

공터를 잠시 빌려 이용하는 녹색 광장

48 반려동물 전용시설도 마을 풍경의 구성요소로 만들자

반려동물과 함께 쇼핑이나 산책하는 것은 즐거운 일입니다. 귀여운 반려견의 모습을 보는 것도 마음의 긴장을 풀어주는 휴식시간이며, 거리를 활기찬 풍경으로 만들어 주는 요인이 되기도 합니다.

그러나 개 주인이 집에서 키우는 반려동물을 반드시 운동(Training) 시켜야 한다고 법으로 정해놓고 있는 나라는 많지 않습니다. 그런데 반려동물들은 상점 등 시설 내에서 차분하게 있는 것이 힘들기 때문에, 보건소 등 관할기관에서는 상점이나 레스토랑에 반려동물이 함께 입장하는 것을 아직은 금지하고 있는 실정입니다. 그런 까닭에 주인이 데리고 온 반려동물은 상점 밖의 전봇대나 안전펜스 등에 묶어두고 입장하고 있습니다. 이 경우 주인이 다르거나, 서로 낯선 동물들을 같은 장소에 묶어둔다는 것은 난감한 일이므로 서로 싸우지 않도록 간격을 띄어두는 방법을 사용하고 있습니다.

예를 들어 상점 앞에 간단한 울타리를 마련하거나 반려견의 목줄을 묶어둘 수 있는 봉이나 고리가 있다면 편리할 것입니다. 또 그 시설들이 다루기 쉬운 디자인과 견고한 재질로 제작되어 상점이나 광장 여기저기에 설치되어 있다면 반려동물을 데리고 편안하게 거리로 나설 수 있을 것입니다.

토막 상식

반려동물과 사람이 깊은 유대관계를 맺고 있는 독일에서도 반려동물을 슈퍼마켓이나 백화점 등의 식료품 매장, 빵집 등에 데리고 들어가지 못하게 하고 있습니다. 그 대신에 상점 앞에 「Hunde Parkplatz (Dog Parking Place, 반려견 주차장)」이 마련되어 있습니다.

상점 앞에 마련된 목줄 걸고리

반려동물의 목줄을 편하게 걸어놓을 수 있는 고리를 준비하자

실외 카페에서 반려동물과 함께 잠시 휴식시간을 보낸다

49 점두판매를 통해 새로운 요구를 발굴해내자

「처마를 빌려주면 안채까지 빼앗기게 된다」라는 말이 있습니다만, 최근에는 인터넷을 활용한 상점 앞의 잉여공간을 빌려주는 비즈니스가 등장하여 화제를 모으고 있습니다.

점두판매(店頭販賣, Over the counter sales)란 가게 앞에 좌대 즉 이동식 판매대를 놓고 인기상품 등을 판매하는 것을 가리키기도 하고, 또 군밤을 파는 포장마차 등 처마 밑 잉여공간을 빌려 판매하는 경우를 뜻하기도 합니다. 그러나 얼마전만 해도 이 처마 밑에는 자동판매기가 자리하고 있었고, 이곳의 상점 주인은 이미 셔터를 내려놓은 상태였다는 것을 늘 보아왔습니다.

그래서 이제는 이러한 건물 앞 여분의 공간을 상점가에서 조정하고 운용하는 것도 생각해야 합니다. 타 지역의 상점가나 농촌과 제휴하여 지역특산품을 시범 판매하는 안테나 숍(Antenna shop)으로 활용하거나 농촌직판장을 설치해도 좋을 것입니다. 젊은 세대들에게는 챌린지 숍(Challenge shop)으로 활용하게 하거나, 시간대를 바꾸어서 길거리 라이브나 퍼포먼스에 대여해주는 것도 생각할 수 있습니다. 과거 상점가에서는 이렇게 상점 앞에 있는 공간 모두를 활용하여 판매를 해왔기 때문에, 이를 「상점 입구판매」라고도 불렀습니다. 상점가에 활기를 되돌리기 위해서는, 이러한 상점 앞 여분공간을 효과적으로 이용해야 할 필요가 있습니다.

토막 상식

점두 중계사업 관련 서비스가 이슈화 되고 있습니다. 상점 앞이나 빌딩부지의 빈터를 이용하되, 장소와 시간을 조금씩 나누어서 빌려주는 사람과 빌리는 사람들을 중계해주는 이 서비스는 상점가에 새로운 사업기회를 만들어내고 있습니다.

셔터가 내려진 상점 앞에 여러개의 자동판매기가 놓여있는 모습

상점가 전체에서 처마 밑 잉여공간을 활용해보자

50 민간신앙인 귀문(鬼門)의 의미를 기억에 남기기 위한 방법

오랜 역사가 있는 마을에 가보면 대를 이어 내려오는 상점의 안쪽 모퉁이 공간이 비워져있는 것을 발견할 수 있습니다. 그건 상점의 동북쪽(음양도에서 꺼리고 피하는 귀신이 드나든다고 믿는 방향) 구석에 있는 귀문(鬼門)을 피하기 위해 의도적으로 마련해놓은 장소입니다. 생각해보면 그 공간은 얼마 남아있지 않은 기억의 장소로 지역의 소중한 자산입니다. 그러니 귀문이라는 의미가 우리의 기억에서 사라져버리기 전에, 어떤 형태로든 남겨 후세에 전해져야 합니다.

먼저 3㎡ 정도의 공간에 귀문봉쇄를 위한 석상을 놓아 사람들의 관심을 끌어 봅시다. 그 아래쪽에 초화류를 심어 밝고 편안한 분위기를 연출하면서, 귀문의 의미나 뜻이 새겨진 석판을 측면에 추가하여 역사를 알리는 구조로 만들어 봅시다. 뒤편에 있는 진열장과 게시판의 L자 형태는 귀신의 침입을 막는 주술을 디자인화 한 것으로 차후 상점을 개조하게 되더라도 귀문의 기억을 남겨둘 수 있는 구조로 계획해 놓은 것입니다.

이것은 상점가를 오가는 쇼핑객들이 「귀문이 뭐야?」라는 질문을 자녀들에게 받았을 때, 이야기해주고 계속 전해내려 갈 수 있게 해주는 시설이자 장치가 될 것입니다. 이러한 노력은 살아 있는 역사의 현장을 존속시켜 간다는 뜻에서 더할 나위 없이 소중한 행위가 될 것입니다.

토막 상식

교토(京都)의 교토교엔(京都御所) 동북쪽에는 「사루가츠지(猿が辻)」라 불리는 귀문을 지키는 사당이 있습니다. 귀문을 없애준다는 의미로 흙 담장의 안쪽 모서리 일부를 허물고 그곳에 작은 공터를 만들어놓았습니다. 그곳에 원숭이 신을 모시고 있는 이유는, 도깨비가 원숭이를 싫어하기 때문에 접근을 막고자 함이라 합니다.

귀문(鬼門)을 위해 만들어진 작은 사당

귀문이 있던 장소는 유효하게 이용하도록 하자

귀문이 있는 상점의 시설 배치도

51 부가가치를 높여 쾌적하고 친숙한 공공화장실을 제공하자

공공화장실이 마련되어 있는 상점가는 매우 많습니다.

그런데 마을의 공원에 있는 화장실은 뭐라 말로 표현하기는 어려우나 너무 흔하고 저렴해 보이는 모티브가 사용되어 쾌적함이 느껴지지 않습니다. 그런 까닭에 주변 환경과 어울린다고 보기는 어렵습니다. 현재 화장실에 쓰이는 위생도기의 기능이나 디자인이 눈부실 정도도 진화되어 있다는 점을 감안해본다면 공공화장실이 왜 그런지 정말 불가사의한 일입니다.

공공화장실은 고령자나 장애인 또는 어린이들이 활발하게 마을을 돌아다니는 거리 생활(Street life)을 고려함은 물론이거니와 재해시의 긴급설비로서도 빼놓을 수 없는 매우 중요한 공공시설 입니다.

예전에 대도시의 공공화장실은 노숙자들이 모여드는 장소가 되어 본래의 사용목적과는 다르게 사용되는 등 그 일대를 오염시키는 존재가 되었던 적도 있었습니다. 그래서 오랫동안 마을에서 소외되었던 것 같습니다.

하지만 부가가치를 높여 세련된 디자인이나 소재를 선택한 공공화장실을 만들어준다면, 누구든 그곳을 손쉽고 쾌적하게 이용할 수 있을 될 것입니다. 그리고 마을 안에서 사라져가는 공중전화 부스도 화장실 옆에 다시 설치해준다면 지금까지와 다른 공적인 시설로 사용될 가능성이 높아질 것입니다.

토막 상식

17, 18세기까지 유럽의 도시에는 집에 화장실이 없었고, 「운반용 변기」가 사용되었다고 합니다. 게다가 그 오물을 창에서 도로 쪽으로 던져 버렸다고 합니다. 하이힐이 발명되었던 이유도 그 오물을 피하기 위한 것이며, 때때로 남성도 오물을 덮어썼었다 합니다.

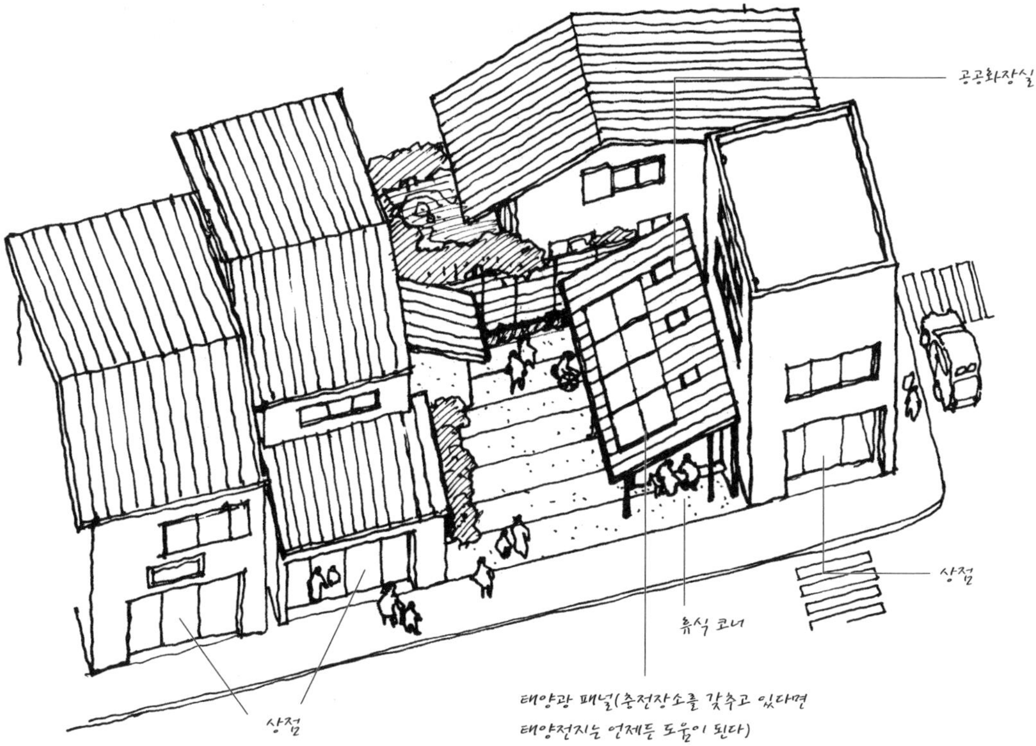

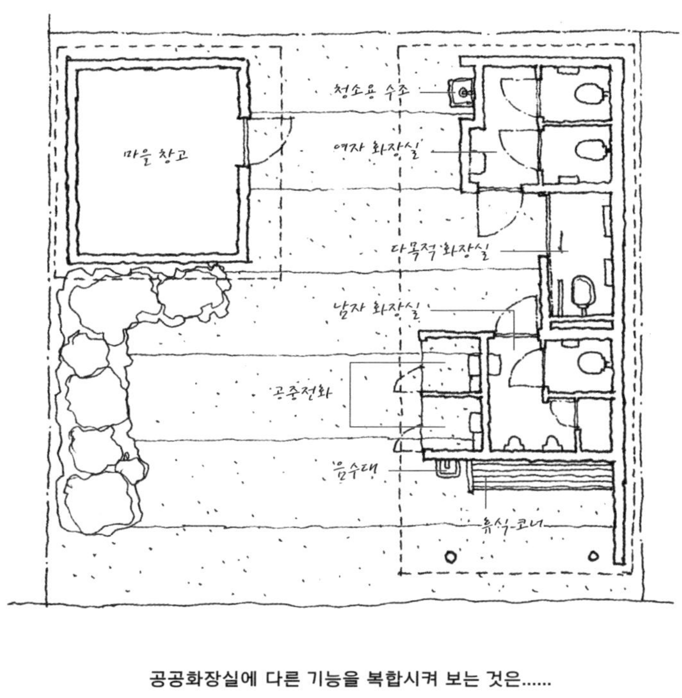

공공화장실에 다른 기능을 복합시켜 보는 것은......

52 전화 부스를 거리의 미니 스폿(Spot)으로 활용하자

밤새도록 불이 켜져 있는 전화 부스를 빛이 적은 교외나 심야의 불빛이 줄어드는 거리에서 만나게 되면 왠지 모르지만 안심하게 됩니다.

최근에는 그 수가 부쩍 줄어들었습니다만, 지난번 지진이 일어났을 때 휴대전화 연결이 끊어져버리게 되자 공중전화부스에 줄이 길게 생겼던 일은 기억에 새롭습니다. 그러니 전화 부스에 보다 다양한 기능을 부여하여 「거리의 안심 부스」로 만드는 아이디어를 제안합니다.

평상시에는 전화부스에 컴퓨터를 설치하여 인터넷을 이용할 수 있는 기능이나 휴대전화를 충전할 수 있는 설비를 갖추어 둔다면 사람들의 이용 빈도가 높아지지 않을까요? 그리고 비상시에는 누구나 이것들을 사용할 수 있도록 인프라를 갖추어둔다면, 전화 부스는 비상시에 지역에서 활용가능한 사회기반시설(Life line)이 될 수 있을 것입니다.

관광지의 경우에는 지역특산물을 부스 디자인에 사용하고, 스티커 사진촬영 기능을 넣고 그 사진을 전송할 수 있게 만들어준다면 재미있고 흥미로운 전화 부스가 될 것입니다. 게다가 화상전화기능을 확대시키고 스카이프(Skype) 등을 이용할 수 있게 된다면 더 편리할 것입니다. 이렇게 다양한 기능으로 버전업 된 전화 부스가 마을 거리에서 밤새도록 빛나기를 희망합니다.

토막 상식

전화 부스를 포함한 공중전화는 감소추세에 있습니다. 그러나 유선전화는 무엇보다 안전하고 확실한 연락수단이므로, 그것을 없애서는 안 될 것 같습니다. 전화는 재난 시에는 무료로 사용할 수 있게 되어 있답니다.

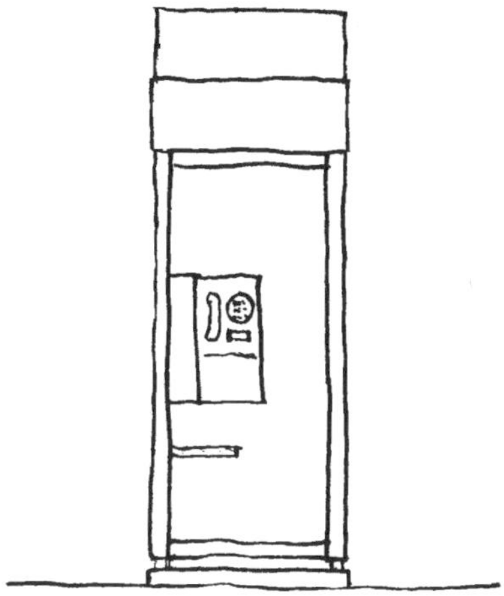

평상시에 잠금장치가 부착되어있는 전화 부스

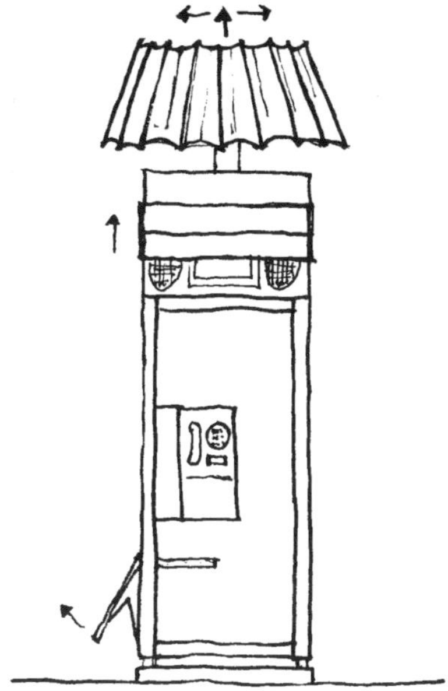

비상시에는 잠금장치가 자동적으로 개방 된다

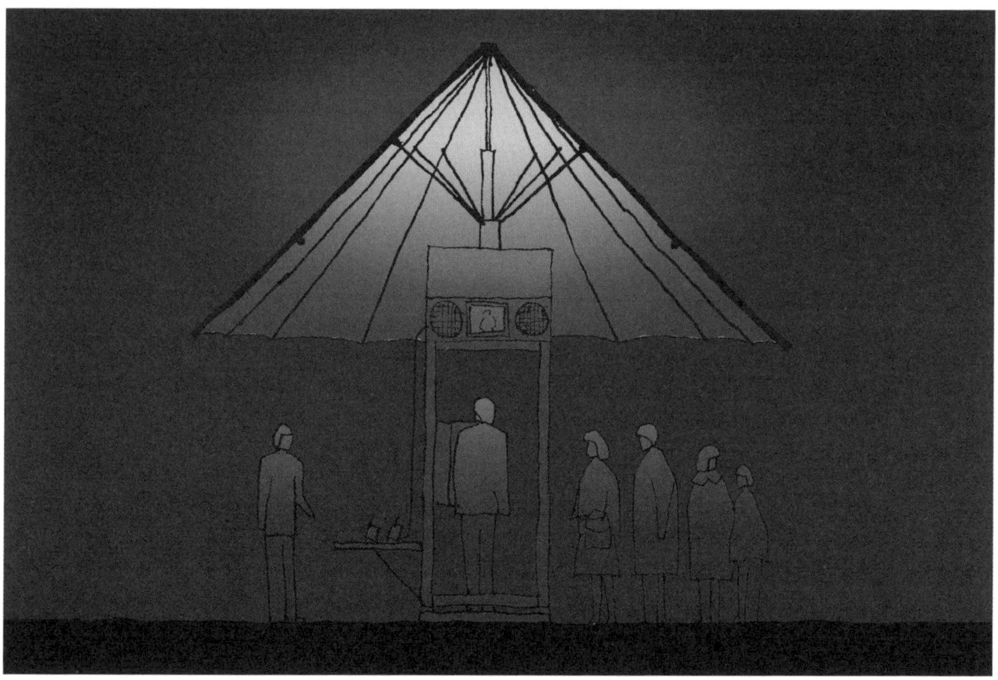

비를 피하는 우산과 조명, 휴대전화 충전기, 공공 TV, 공공 라디오를 내장

53 가설상점이나 포장마차를 배치하여 상점가를 활성화하자

포장마차는 신기한 매력을 갖고 있습니다. 어릴 적 잿날(縁日)의 기억이나 오래된 추억이 남아있기 때문일지도 모릅니다. 잿날이 되면 왠지 날씨가 좋을 것 같고 설레는 기분이 되었던 것 같습니다.

지금은 국수를 파는 포장마차는 줄어들어 찾기 힘든 반면, 좋은 시설을 갖춘 상점들이 거리의 대부분을 차지하게 되어버렸습니다. 그런데 포장마차의 가장 큰 매력은 언제든지 어디든지 이동이 가능한 가설상점이라는 점 그리고 일시적으로 존재한다는 찰나적인 부분이 좋았을지도 모르겠습니다. 아무것도 없는 호젓한 길에 포장마차 불빛을 발견하고 안도했던 기억이 있는 사람들도 있을 것입니다.

옆에 소개된 그림은 베니어판을 사용하여 간단하게 포장마차를 만드는 방법입니다. 상점가에서 이러한 포장마차를 몇 대 준비해두고 세일 등의 행사시에 대여하는 것도 좋을 것 같습니다. 일반인에게도 대여하고 비어있는 상점 앞에서 바자(Bazaar) 등을 열도록 권유하는 것입니다. 물론 사용하는 장소나 판매하는 업종, 시간 등의 규칙은 제대로 만들고, 사용하는 사람에게도 정확하게 공지하여야 합니다. 일종의 간단하고 쉬운 빈 상점에 대한 보완대책이 될지도 모르겠습니다.

토막 상식

식품위생법상 포장마차에서 판매할 수 있는 식음 물품은 제한되어 있으며, 판매 등을 위해서는 행정절차를 밟아야 합니다. 또한 도로교통법 등을 위반하는 일이 없도록 꼼꼼하게 검토해 두어야 합니다.

빈 상점 앞에 임시로 설치되어 있는 가설상점

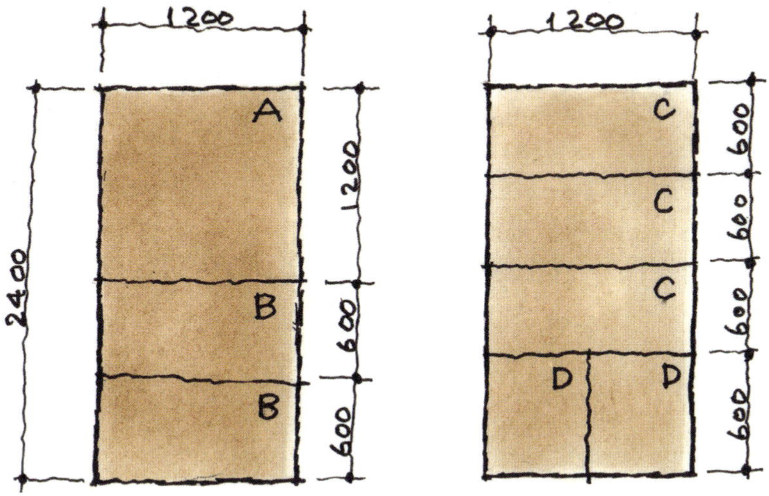

4×8 합판 (두께 12mm), 사용재료의 절단선

(4×8 합판 2장을 준비)

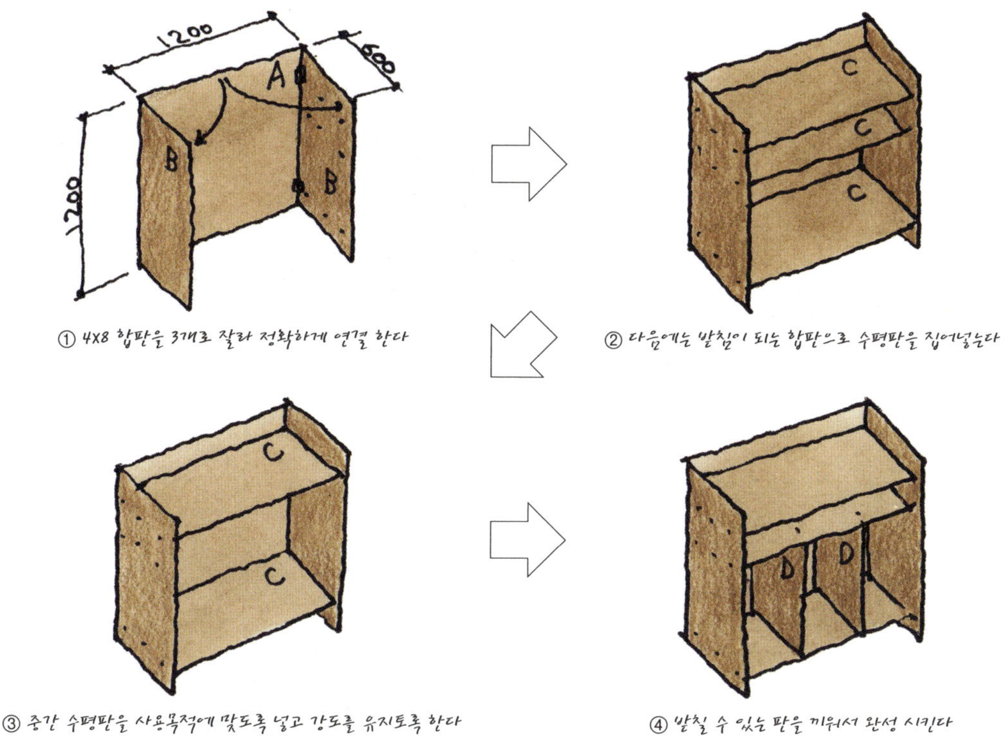

임시 포장마차의 구성 및 조립설명도

제 4 장

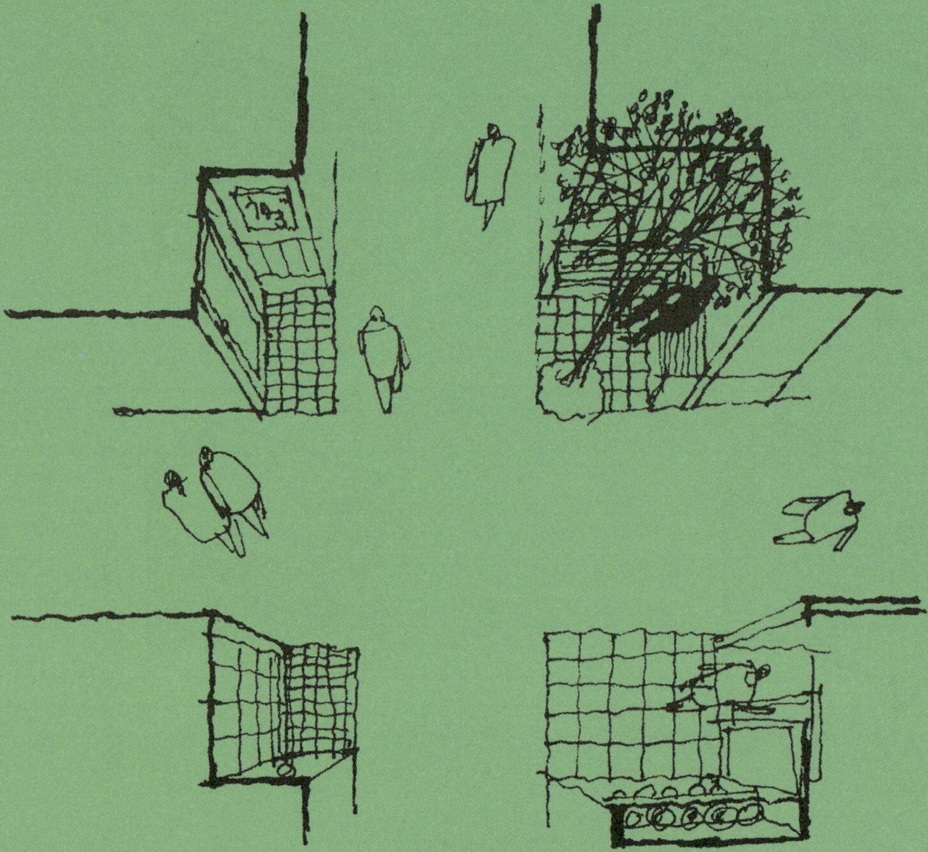

빛과 녹지를 활용한 마을재생 아이디어

적정량에 대한 검토

54 거리의 빛을 억제하여 조명효과를 높여주자

시야범위 내에 눈부신 물체가 있으면, 주변이 전혀 보이지 않았던 경험은 누구나 있을 것입니다. 그건 눈부심 때문에 동공이 수축되어 눈에 들어오는 빛의 양이 줄어들었기 때문입니다. 그런데 빛을 확산시키는 형식의 가로등에서도 이와 비슷한 현상은 일어납니다. 따라서 가로등의 눈부심만 두드러지는 상황이라면, 거리의 모습은 보기 어려워질 것입니다. 도로방향으로 쳐다보면 가로등들이 서로 겹쳐 보이게 되므로, 사실 거리모습은 가로등의 반짝거림만 우리들의 기억에 남게 되어버립니다.

거리의 모습을 있는 그대로 보여주기 위해서는, 우선 가로등의 눈부심을 없애는 작업부터 시작하도록 합시다. 구체적인 방안으로는 아래쪽으로만 빛이 퍼지는 형태의 가로등으로 바꾸어주는 것입니다. 거리에 있는 기존 가로등에 빛이 아래로만 비춰지도록 차광판을 붙이고 테스트해서 그 효과를 살펴보도록 합시다. 조금 떨어져 바라보면 가로등의 눈부심은 사라지고 거리의 모습도 또렷해지는 것을 확인할 수 있을 것입니다. 이와 같이 때로는 여분의 빛 즉 과다한 빛을 없애거나 줄여주는 것만으로 얻어낼 수 있는 효과도 있습니다.

하지만 이렇게 조명의 눈부심이 사라지게 되면, 거리가 이전보다 어두워진 것 같다고 불만을 토로하는 사람이 나타날 수도 있습니다. 그 경우에는 현재의 조명시설과 변경 후 조명시설의 조도분포도 비교를 조명제조업체에 의뢰하여 거리가 정말 어두워졌는지 여부를 확인해보는 절차도 필요합니다.

토막 상식

조도분포도(照度分布圖)는 조명기구 제조업체에 의뢰하면 작성해 줍니다. 조도분포도는 빛의 밝기를 나타내는 정도 즉 조도가 등고선처럼 표시된 그림입니다. 각기 다른 조건들이나 보는 방법 등을 잘 습득해 두어야 합니다.

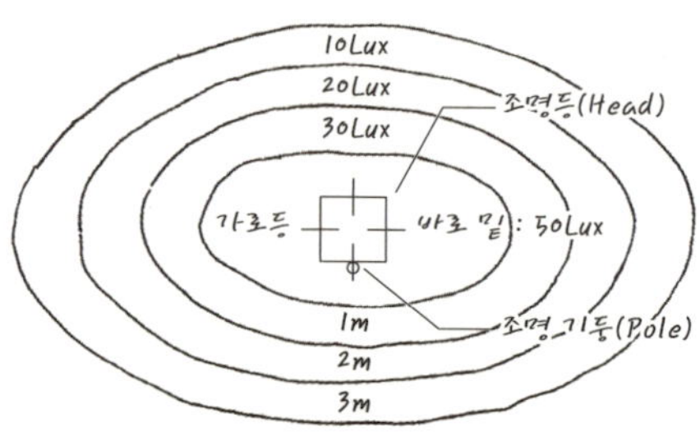

바닥면의 동일한 조도분포도 예시 (1-3m)

조명기구의 눈부심은 야간의 거리모습을 보기 어렵게 만든다

아래쪽 방사형으로 퍼지는 빛은 눈부심이 적기 때문에 거리모습이 잘 보인다

55 마을 전체의 불빛 색들을 정돈해보자

야간에 공동주택단지를 쳐다보면 각 주택의 거실 조명색은 흰색 빛이나 노란색 빛이 혼재되어 있는 상태여서 통일된 느낌을 주지 못한다는 사실을 확인할 수 있습니다. 그 주된 원인은 가정마다 사용하고 있는 전등의 종류가 다르기 때문입니다. 색온도(Color temperature)가 높은 형광등을 사용하는 가정의 창문은 희게 보이고, 전구나 색온도가 낮은 형광등을 사용하는 가정은 노랗게 보입니다.

상점가의 경우도 마찬가지일 것입니다. 따라서 전등의 색온도를 통일하는 것만으로도 상점가 야간경관의 모습은 크게 달라질 수 있습니다. 예를 들어 전구로 조명색을 통일시키면 안정감 있고 고급스러운 느낌의 가로경관이 만들어집니다. 그러나 색온도가 높은 빛으로 조명을 통일시키면 현대적인 이미지의 가로경관이 만들어질지도 모릅니다. 어느 쪽이든 조명의 색으로 이미지를 통일시키는 것이 중요합니다.

최근에는 전구형 형광등이나 LED 전구가 보급되고 있으며, 전구도 다양한 유형이 있어 색온도를 선택할 수 있도록 되어 있습니다. 또한 상점에서 사용하는 불빛의 색뿐만 아니라, 거리에 접해있는 건물의 모든 창문에서 새어나오는 빛에 주의를 기울이는 것도 중요합니다. 만약 주변과 조명의 색을 맞출 수 없는 경우라면, 창문에 색유리를 붙여 외부로 흘러나오는 빛의 색온도 즉 조명의 색을 조정하는 방법도 있습니다.

토막 상식

보통 조명으로 사용되는 색온도는, 전구의 색 또는 백열등색은 3000K, 백색은 4200K, 주백색 5000K 입니다.
그 이외에 온백색은 3500K 그리고 주광색은 6500K 등 입니다.

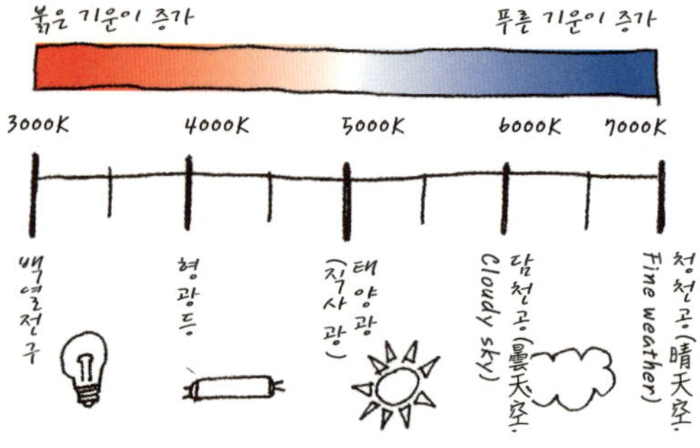

색온도

주백색, 백색, 전구색 등 다양한 조명의 색이 통일감을 훼손시킨다

형광등, LED, 전구의 색온도를 모두 전구색으로 통일시키면 일체감이 생긴다

56 마을에서 조명의 위치, 즉 빛의 무게중심을 낮추자

「빛의 무게중심(重心, Center of gravity)」이라는 말이 있습니다. 이것은 인간의 시야범위 내에서 빛이 어느 영역에 분포하고 있는가를 나타내는 용어입니다. 실내에서 천장에 조명기구가 갖추어져 있는 공간은 빛의 무게중심이 높은 장소라 합니다. 반대로 낮은 플로어 스탠드가 사용되고 있으며 천장에 조명이 없는 공간은 빛의 무게중심이 낮은 장소입니다. 일반적으로 빛의 무게중심이 낮은 공간에서는 차분하고 침착한 느낌이 납니다.

실내에서도 실외에서도 조명의 위치를 높게 두는 것은 광범위한 장소를 적은 수의 조명기구로 밝히기 위한 것으로, 인간이 조명을 도입하게 된 본연의 목적에 근거한 것이라 보기 어렵습니다. 따라서 야간에 편안하고 안정된 이미지의 가로경관을 연출해내려면, 우리들이 예전부터 사용해왔던 모닥불이나 이로리(囲炉裏, 화로), 난로, 초롱, 스탠드 등 인간레벨에 맞는 빛의 도입이 필요합니다.

그런데 그러한 조명들은 그다지 밝지 않다는 이미지를 갖고 있습니다. 하지만 그러한 유형은 에너지 절약으로도 이어지는 빛이며, 게다가 인간레벨에 가깝다는 의미에서 볼 때 빛의 중심이 높은 조명형식에 뒤쳐진다고 보기는 어렵습니다. 게다가 요즘은 LED 조명의 발달로, 크기는 작더라도 효율이 높은 광원의 실용화가 진행되고 있습니다. 아무쪼록 사람들에게 보다 가까운 장소 그리고 편안한 형태로 빛을 되돌려 놓을 방법을 궁리해주기 바랍니다.

토막 상식

기본적으로 낮은 색온도, 낮은 조도, 낮은 무게중심은 차분함이 있는 빛 환경입니다. 반대로 높은 색온도, 높은 조도, 높은 무게중심은 활동적인 빛 환경입니다. 이것은 하루 동안의 태양광 변화에 깊이 관련되어 있습니다.

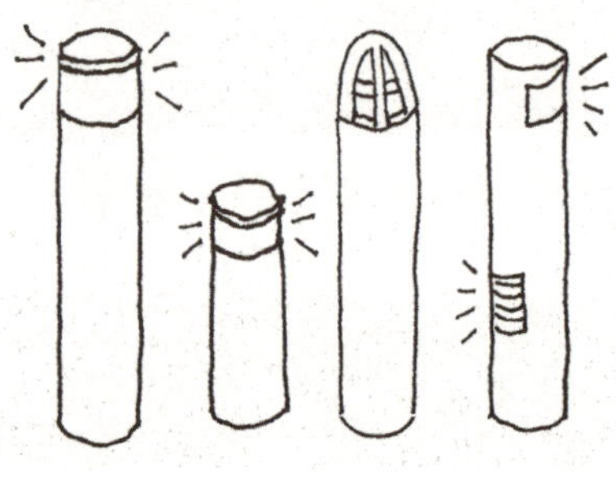

다양한 형태의 볼라드 조명 (Bollard light)

가로등 조명으로 대표되는 무게중심이 높은 빛 환경

볼라드 조명을 사용한 무게중심이 낮은 빛 환경

57 조명을 효과적으로 연출하여 귀가 길에 야간 쇼핑 즐겨보기

근래 대형 상점이나 교외 아울렛 등의 영향으로 기존 상점가에 폐점하는 곳이 늘어나고 있습니다. 그 결과 항상 셔터가 닫혀있는 「셔터 거리」 가 사회적 문제로 제기되고 있습니다. 그러므로 지역에 있는 상점 모두가 셔터를 내려버리기 전에 대형 상점이나 교외 아울렛 등에서는 찾을 수 없는 매력을 만들어 넣는 대책마련이 시급합니다.

상점가는 지역의 생활도로를 겸하고 있는 경우가 대부분이므로, 우선 그 부분을 장점으로 활용할 수 있는 방법부터 생각해 보기로 합시다. 만약 야간에 상점가 셔터가 열려있고 상점 내부에 조명이 밝게 켜져 있다면, 귀가 시 그 앞을 지나는 사람들은 상점가의 활기와 활력을 느끼게 될 것입니다. 그리고 그러한 감각과 기억이 사람들을 상점가로 불러들이는 주요한 요인이 되기도 하는 것입니다. 게다가 조명이 켜진 상점 내부에 세일이나 이벤트 등의 정보를 담아 둔다면 홍보 효과도 있을 것입니다.

최근에는 LED 조명 덕분에 효과적이고 매력적인 연출을 하면서도 에너지 절약까지도 도모할 수 있습니다. 매달 나오는 전기세가 광고비의 일부라 생각한다면, 그 비용은 저렴한 수준일 것입니다. 물론 보안측면에서 고려해야 할 과제도 있습니다만, 한 개의 점포에서만이 아니라 상점가 전체에서 기획하고 추진한다면 문제 해결은 물론이거니와 상승효과까지도 기대할 수 있을 것입니다.

토막 상식

LED는 Light Emitting Diode의 약자로,
발광하는 반도체를 말합니다.
LED를 기존 전구와 비교하면 10~40배의
수명과 3~5배의 효율이 있으며,
형광등(螢光燈, Fluorescent light)이나
방전등(放電燈, Discharge lamp)과 비교해도
2~10배 정도 수명이 긴 것으로 나타납니다.

스포트라이트로 투시되고 있는 상품들이 상점가에 번화함을 만들어낸다

스포트라이트를 눈에 띄지 않는 위치에 설치한다면, 상품이 효과적으로 보인다

58 스포트라이트로 마을의 매력이 담긴 스토리보드를 비춰보자

마을에는 그 토지고유의 역사나 일화, 옛이야기 등이 존재합니다.

일본 시인 가네코 미스즈(金子みすゞ)의 고향인 야마구치현 나가토(山口県長門) 시 센자키(仙崎) 및 시모노세키(下関) 시 카라토(唐戸)에는, 그녀의 시를 비석으로 만든 것에서부터 마을 사람들이 베껴 적어 거리에 내건 것까지 다양한 형태로 그녀의 시와 만날 수 있습니다. 그래서 그곳을 걷고 있으면 마치 그녀가 생활했었던 당시의 마을을 걷고 있는 것 같은 기분이 듭니다.

나가노현 오부세(長野県小布施)에는 마을의 옛이야기를 그림연극(紙芝居, 카미시바이, 길거리 그림 공연)으로 제작하고, 그것을 관광객들을 볼 수 있도록 만든 그림연극의 간판이 설치되어 있습니다. 이와 같이 마을의 매력이 담긴 스토리보드(Storyboard)를 상점가에 조명과 함께 전시해보는 것은 어떨까요? 상점의 벽이나 내려진 셔터에 마을의 역사나 일화 등을 기록하고 스포트라이트(Spotlight)로 비추어주는 방식으로 말입니다. 야간이나 먼 거리에서는 그것이 라이트 업(Light up) 되어있는 벽처럼 보이지만, 가까이 다가가 보면 문자와 그림이 있고 스포트라이트를 따라 가다 보면 하나의 이야기를 다 읽어낼 수 있습니다. 또 조명의 점등방식을 구분해줌으로써 서로 다른 이야기를 하나의 스토리보드에 함께 부착 배치하는 전시방식도 가능할 것입니다.

토막 상식

야외용 스포트라이트(집중조명)는 가격이 저렴한 조명기구로 몇 만원만 주면 구입할 수 있습니다. 배선이나 벽에 부착하는 작업도 스스로 할 수 있고, 콘센트에 타이머를 추가하면 시간제어도 용이해지기 때문에 다양한 장면연출이 가능합니다.

스포트라이트로 마을의 매력 포인트를 만들어보자

스포트라이트와 스토리보드의 조합

마을이나 상점가에 깃든 역사나 일화를 기록한
스토리보드를 상점가에 걸고
스포트라이트로 비춰보자.
그 스토리보드를 눈으로 따라가면서
쇼윈도 쇼핑까지 즐기게 되는 구조는
마을의 활성화로 이어질 것이다

59 소형 스포트라이트로 서로서로를 라이트 업

유럽에서는 역사적 가치가 있는 기념적인 건축물 등을 인접 건물에서 서로 조명을 투사해주거나, 마을조합 차원에서 라이트 업으로 연출하는 방식을 자주 사용합니다. 다만 상점가에 있는 건물들은 도로와의 부지경계에 아슬아슬하게 붙어 세워져 있는 경우가 대부분입니다. 그래서 이 상태에서 라이트 업을 시행하려면, 조명기구를 도로 쪽으로 돌출시킨 형태로 건물에 부착한 후 그것이 대상건물을 비추도록 만들어주어야 합니다. 그런데 이러한 형식이라면 상점의 얼굴이 되는 건물정면에 스포트라이트가 부착되는 상태가 되므로 디자인적으로 바람직하다고 보기는 어렵습니다. 게다가 이렇게 가까운 위치에서 빛을 비추게 되면 짙은 그림자가 생기게 되어 효과적인 라이트 업이 되지 않습니다.

이럴 때 마을조합에서 논의한다면, 서로 마주보는 위치에 있는 상점들이 각기 상대편 쪽으로 빛을 투사해주는 방식으로 계획하고 시도할 수도 있을 것입니다. 간판은 물론이거니와 개별 건물들의 특징적 부분이나 상점 앞 노면에 조명을 비춰주는 것도 효과적일 것입니다.

그 때 상점가 규모에서는 여러 개의 소형 LED 스포트라이트를 사용하되 세심한 계획을 세워준다면 눈부심도 억제되어 아름다운 밤거리가 연출될 것입니다. 마을의 그림은 굵은 붓이 아니라 가는 붓으로 꼼꼼하게 그려내야 하므로 섬세한 라이트 업이 될 수 있도록 주의합시다.

토막 상식

도로 경계선을 침범하여 조명이 설치되는 경우에는 도로관리자 및 경찰의 허가를 필요로 합니다.
교통사정상 허가되기 어려운 경우도 많을 것이라 생각됩니다만, 이제부터는 지역 활성화 차원에서 관계부처의 이해와 협력이 필요한 사안입니다.

작은 스포트라이트 불빛은 오가는 사람들에게 눈부심을 주지 않고도 투시 가능하다

상품이나 간판 등 강조하고 싶은 부분을 집중적으로 연출해주자

60 폐유양초를 활용하여 하이브리드 조명시설을 만들어보자

최근에는 환경에 대한 배려차원에서 튀김요리 등의 폐유가 비누나 비료 등을 재활용하는 일이 늘어나고 있습니다. 폐유양초도 그 중 하나로, 식물성 기름이 원료라는 점에서 재생가능 리사이클 에너지로 자리 매김하고 있습니다.

이것을 마을의 빛으로 간편하게 그리고 안전하게 이용할 수 있는 방법을 고안해낸다면 「여유로움, 호젓함」이 있는 치유의 불빛을 일상에서 즐길 수 있을 것입니다. 게다가 정전이 되었을 때 비상조명으로 사용하는 추가 혜택도 누릴 수 있습니다. 또한 양초는 연료로 이용도 가능하기 때문에 일석이조의 효과를 기대할 수 있습니다.

구체적인 사례로 거리에 양초를 점등할 수 있는 나무격자 조명등을 계획해 보도록 합시다. 평시에는 전기로 조명을 켜고 정전 시에는 촛불로 불을 밝히는 방식입니다. 게다가 이 시설이 양초 보관창고의 역할까지 겸한다면 비상시에 난감한 일은 발생하지 않을 것입니다. 비상시의 이용뿐만 아니라, 주말마다 촛불을 켜놓고 밤 거리에서 「여유로운 빛」을 즐길 수 있게 해준다면, 이는 조명시설을 정기적으로 점검하는 작업으로 이어지는 부수적인 효과도 얻어낼 수 있을 것입니다. 「미리미리 준비해두면, 걱정할 일이 없다」는 말처럼, 비상시에 사용하는 것과 일상적인 것이 상호 접목되는 구조를 만들어낸다는 것은 매우 중요한 일입니다.

토막 상식

폐유 양초는, 폐유를 달여 응고용재와 향기를 넣는 방향재(Aroma) 그리고 색을 만드는 크레용 등의 색 소재를 섞은 후, 심지가 들어있는 용기에 부어넣어 응고시켜 만듭니다.

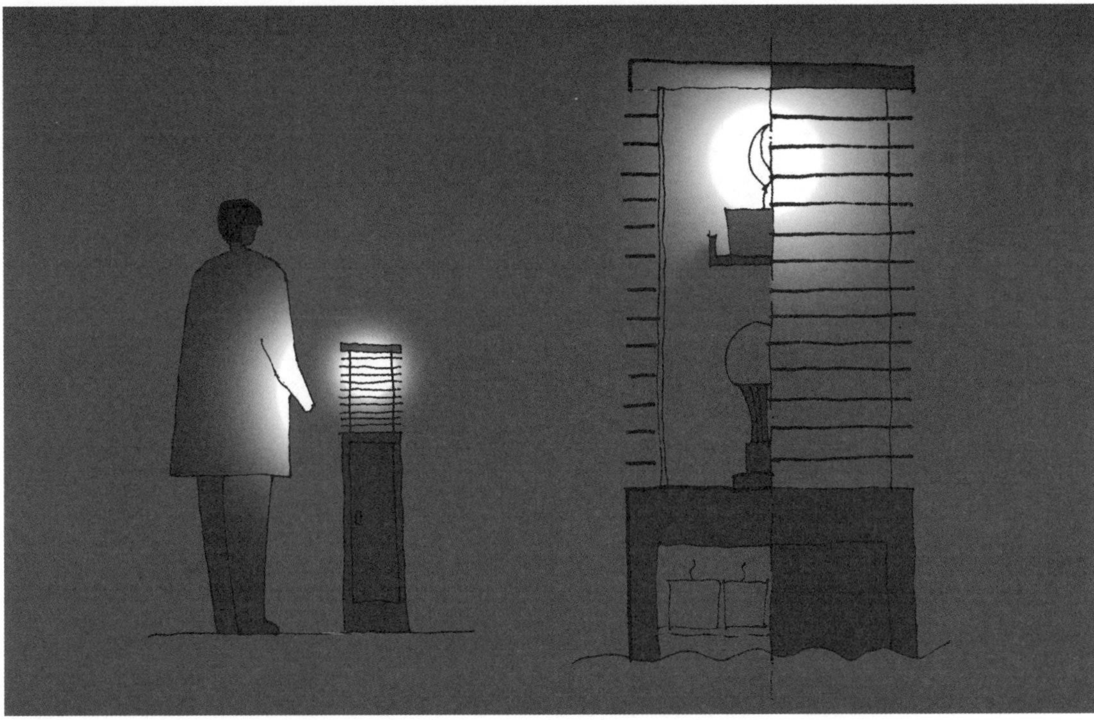

양초로 불을 켜놓은 모습. 나무격자 조명등 아래에는 양초가 보관되어 있다

나무격자 조명등. 위에는 양초를, 아래에는 LED 전구를 설치한 조명시설

61 조명으로 마을의 색을 연출해보자

2000년 조명 프로젝트가 시행된 영국 글래스고(Glasgow)의 뷰캐넌(Buchanan) 거리는 오렌지색 조명을 푸른색 조명으로 변경한 이후 범죄가 줄어들었다는 이야기로 유명한 곳입니다. 원래 이 사업은 뷰캐넌 거리의 대리석 바닥포장을 파란색 빛으로 투시하고, 그 반사광이 거리를 환상적인 모습으로 만들어주는 것을 의도한 디자인적 발상에서 시작되었던 것이라 합니다.

최근에는 사람들의 다양한 생활상에 적합하도록 색을 바꾸어주는 천정조명(Overhead, Celling lights)이 유행하고 있습니다. 이것은 색에서 느끼는 인간들의 심리적 영향을 이용한 상품으로, 색의 표현과 연출이 용이한 LED가 대중적 조명으로 보급되면서 상품화가 가능해진 것입니다.

색이 들어가 있는 빛을 일상생활에서 실외조명으로 사용한다는 것은, 세간에 뉴스거리가 되는 일 일지도 모르겠습니다. 그러나 이미 컬러연출이 가능한 조명기구와 그것을 제어하는 장치는, 예전처럼 특수한 기술을 필요로 하는 것이 아니라 컴퓨터에 대한 지식이 조금이라도 있다면 누구라도 제어가 가능한 정도입니다. 따라서 우선은 그러한 색 조명 기자재를 이벤트 차원에서 소규모로 도입하여 사용해봅시다. 그리고 사용효과를 점검해본 후 점차 사용빈도를 높여가면서 구입량을 늘려주고 상설적인 연출 장치로 설치해가는 단계적 도입방식이 적절할 것 같습니다.

토막 상식

실외 LED 컬러를 연출한 선구자는 컬러 키네틱스(Color kinetics) 사의 컬러 프로스트(Color frost) 입니다.
제어장치는 컴퓨터로 복잡한 장면설정이 가능한 타입과 컴퓨터 없이 간단히 사용할 수 있는 타입이 있습니다.

색이 있는 조명과 그렇지 못한 조명을 조화롭고 능숙하게 사용한 조명디자인

건물 안쪽 벽면에 색 조명을 사용하면, 상점의 이미지 형성에 도움이 된다

62 양초의 부드러운 불빛을 정겨움을 전하는 조명으로 사용해보자

최근 계단식 경작지에 무수히 많은 양초를 층층이 쌓아놓거나, 흰색 눈으로 만든 많은 사당(祠)에 불을 밝히는 등 지역의 특성을 활용한 빛 이벤트가 각지에서 이루어지고 있습니다. 이제는 하지(夏至)에 시행되는 야간 촛불행사 역시 사회적으로 정착되어가고 있습니다. 물론 재해나 사고의 추도용도로도 양초의 촛불은 빠뜨릴 수 없는 요소입니다.

양초의 부드러운 불빛은 왜 그런지 이유는 모르겠으나 사람의 마음을 끌어당기는 효과가 있습니다. 아마도 인간은 태고부터 불을 품고 빛을 취하거나 따뜻한 열을 얻고 식사를 해 왔기 때문일 것입니다. 예전에는 늦가을에 길모퉁이에서 낙엽을 태우는 모습을 자주 목격할 수 있었습니다. 또 감자를 구워먹거나 하면서 즐기기도 했습니다만, 최근에는 불을 사용하는 그러한 일들은 지방자치단체에서 환경을 배려한다는 차원에서 금지시키고 있습니다.

그렇다면 그 대신 지역의 정이나 인연을 견고하게 이어주는 장치로 수많은 양초들을 모아 쌓아놓는 장소 즉 「코몬 캔들 플레이스(Common candle place)」를 마을의 비어있는 공간에 만들어 보는 건 어떨까요? 빈 상점을 이용하는 방법도 가능할 것입니다. 그 외에 가끔 많은 사람들이 모여 활기찬 번화함을 만들거나, 또 어떤 때는 조촐하고 차분하게 보낼 수 있는 유연성 있는 장소가 마을 한편에 마련되어 있어도 좋을 것 같습니다.

토막 상식

코몬(Commom)이란 「공통, 공유」라는 의미로 쓰이고 있습니다.
코몬 스페이스(공유 공간) 또는 코몬 트리(Common tree, 지역의 상징물 즉 랜드마크가 되는 수목) 등에 자주 언급되는 용어입니다.

평범한 형태의 캐스케이드(Cascade) 분수

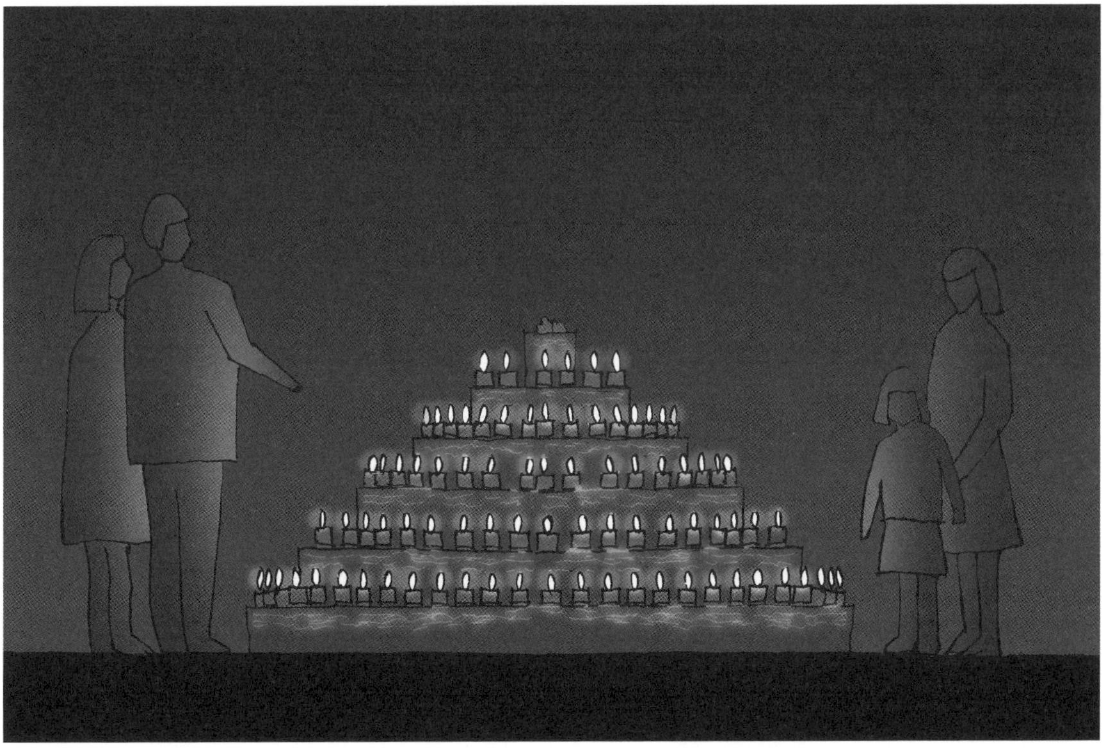

이벤트 기간에는 촛불을 켜둔다. 물이 빛 효과와 방화에 도움이 된다

63 축제가 열릴 수 있는 마을의 마당 같은 주차장을 만들어보자

상점가에 많은 사람들이 모이는 기회가 그리 흔치는 않습니다. 그런데 무언가를 하고 있는 「마을」이란 당연히 흥미로운 장소일 것이며, 본래 활기란 그러한 상태를 상정하는 것일 겁니다. 주차장이 없으면 흥행하기 어렵다는 상점 주인들의 주장이 있기는 하나, 한편으로는 지금까지 말에 휘둘려 상점가의 주차공간에 대해 진중하게 궁리해본 적도 없는 것이 아닌가 싶습니다.

차량 한 대가 주차하기 위해서는 약 15~30m²의 넓은 면적이 필요합니다. 물론 주차 및 진출입 공간을 모두 고려한 면적입니다. 따라서 그 넓은 공간을 다양하게 사용할 수 있는 방법을 찾아내야만 합니다. 예를 들면 평소에는 주차장으로 사용하지만, 특별한 날에는 다른 용도 즉 마을주민들 모두의 마당처럼 사용하는 것 등입니다. 그러니 주차장을 축제를 여는 상징적인 장소로 계획하고 포도덩굴로 된 그늘시렁을 만들어보는 것은 어떨까요? 여름철에는 주차된 차량을 뜨거운 열로부터 지켜주기도 하고, 계절에 맞추어 이벤트 공간으로 계획하여 장소를 활성화 시켜주도록 합시다. 초여름에는 그림그리기, 봉투나 자루걸기, 가을에는 추수감사제, 겨울에는 바비큐 파티나 수목전정 등 여러 가지 이벤트를 기획합시다. 식물의 유지보수도 서로 조율하여 협조해 간다면 마당 같은 주차장은 마을 활성화에 지극히 유효한 장소가 될 것입니다.

토막 상식

그늘시렁에서 수확을 기대할 수 있는 식물로는 포도류, 키위, 으름덩굴, 배 등이 있습니다.
단 키위는 수주와 암주가 별도로 있어야 합니다. 그 외에 선반 형태를 조정하여 키울 수 있는 작물로는 여주, 조롱박 등의 일년생 풀과 복숭아, 사과 등이 있습니다.

주차장에 계획된 그늘시렁에는 수확 가능한 식물을 준비하자

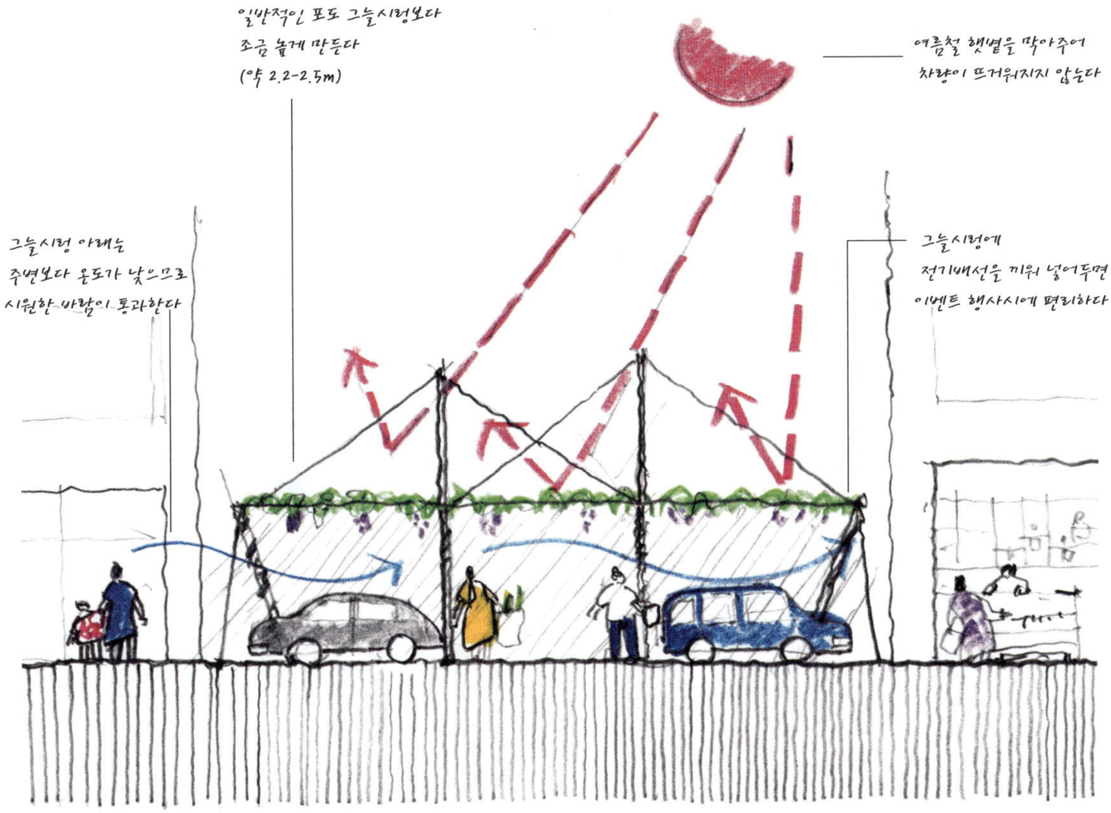

포도 그늘시렁이 있는 주차장의 단열효과

마을 축제 등 이벤트를 기획 구성한다

64 정형식 수목을 이용하여 새로운 외부공간을 꾸며보자

나무는 원래 고유의 자연적인 형태를 가지고 있습니다. 하지만 정원이나 공원 등에 사용할 때는 그 공간의 규모에 맞추어 가지를 치거나 수형을 다듬기도 합니다. 이른바 전정(剪定) 작업이 바로 그것입니다. 특히 수목관리에는 과거부터 사용되어 온 다양한 전정기법이 있는데, 그 대부분은 자연풍광의 재현을 위해 탄생된 수법으로 최대한 자연을 모델화 하는 것에서 비롯되었습니다. 하지만 반드시 있는 그대로의 자연을 만들어내기 위한 작업은 아니었기에, 상당한 양의 전정이 이루어지기도 했습니다.

그러한 전정방법은 그 당시에는 적합한 시스템이긴 했으나, 지금은 「도시」라는 테마를 다룰 수 있는 새로운 전정기술이 요구되고 있습니다. 그 중 대표적인 것이 「정형식 전정」 입니다. 이 방법은 수목을 기하학적인 형태로 전정하는 것으로, 넓은 면적이나 기하학적으로 만들어진 조경 부지에서는 건축이나 정원과 잘 어울립니다. 게다가 유지관리도 용이하며 어려운 전정기술을 습득할 필요없이 관리가 가능하다는 잇점이 있습니다. 따라서 이러한 전정기법을 사용한다면 새로운 외부공간을 쉽게 만들어 낼 수 있습니다. 제시된 그림은 그 일례로, 2층에는 녹색 카펫, 1층에는 녹색 천정이라는 흥미로운 공간을 출현시켜준 것입니다.

토막 상식

사실 일본에도 정형식 전정기법이 있습니다. 그 대표적 예로는 가가와(香川)현의 리츠린공원(栗林公園)에 있는 「하코마츠(箱松)」라 불리는 것입니다. 이 소나무는 정원의 입구 등 다소 정취가 다른 정원들을 묶어주는 「틀」과 같은 역할을 하며, 정원의 악센트 요소로써도 작용합니다.

「녹색 천정」과 「녹색 카펫」의 이미지

정형식 수목이 만들어내는 「녹색 천정」 아래의 휴게공간

65 거리에 우수를 재활용하는 살수시스템을 도입하자

일본의 도로 포장률은 거의 100%에 이릅니다. 게다가 도쿄 도심부는 토지의 20% 이상이 도로라 합니다. 열을 발산하는 건축물 외의 도로도 대부분 아스팔트로 포장되어 있다고 본다면, 여기에 모아지는 「열」이 지역의 미기후에 영향을 미칠 것은 틀림없는 사실입니다.

그렇다면 이에 대한 해결책의 하나로 보행로 밑에 우수저수탱크를 설치하고, 태양광으로 작동하는 물길을 만드는 시도를 해보는 것은 어떨까요? 수원은 오염된 도로의 우수는 피하고, 주변 건물의 지붕에서 내려오는 빗물(우수)만 사용하도록 합니다. 우리들이 사용하고 있는 도로 밑에는 우수배수관이 있는데, 주변지역의 빗물이 모두 여기로 모여 강으로 흘러들어가는 구조로 되어 있습니다. 다시 말하자면 빗물의 대부분은 땅으로 스며드는 것이 아니라 배수관을 통해 바다까지 흘러가버리는 것입니다.

일반적으로 지상에 내리는 비의 약 70%는 지상에서 증발·증산작용으로 발생된 수분이라 합니다. 결국 지상에서 수분을 제공받지 못하면 그 지역은 사막화가 일어날 수밖에 없는 것입니다. 빗물이 스며들 수 있는 토지를 남겨둠과 동시에 게릴라성 호우에 대한 대책까지도 겸할 수 있는 「살수시스템이 도입된 도로」를 만들어 도시의 사막화를 피할 수 있는 방법을 생각해 봅시다.

토막 상식

여름철에 바닥에 물 뿌리기는 더운 대낮에는 효과가 있을 것 같습니다만, 사실 그건 잘못된 상식입니다. 날이 더울 때 물을 뿌리면 수분이 급격히 증발하기 때문에 기화열을 뺏을 수 없습니다.
아침이나 저녁의 시원한 시간대에 물을 뿌려주어 천천히 기화열을 발산시켜주는 편이 효과적입니다.

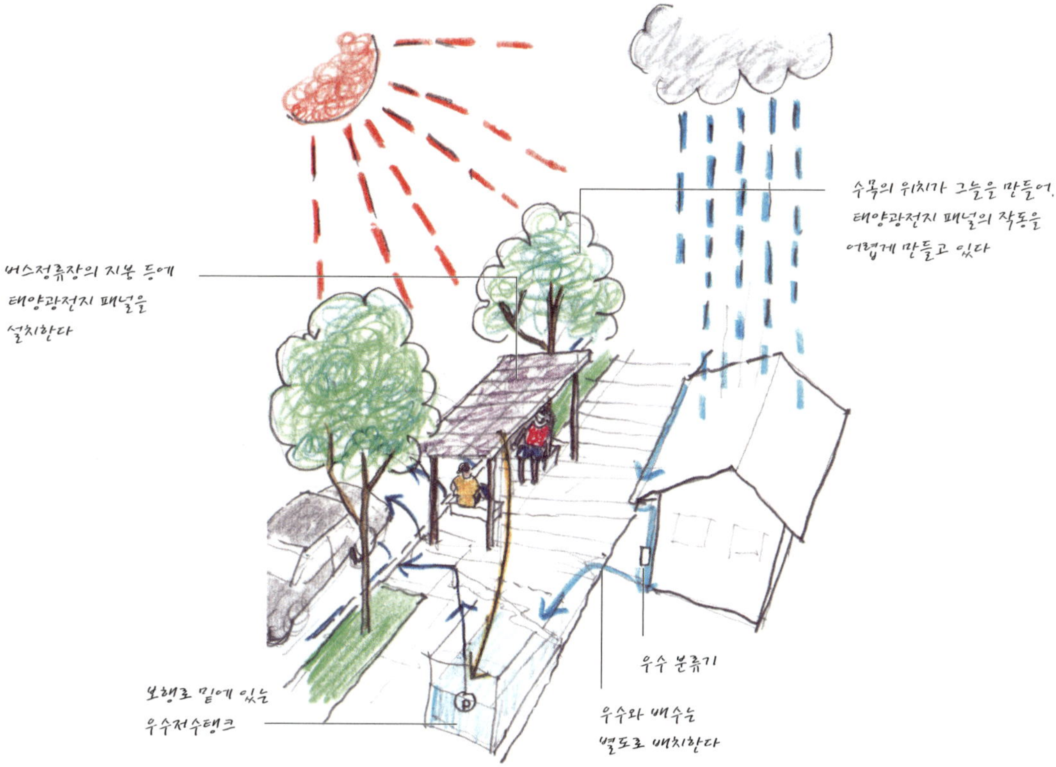

우수의 순환을 이용한 살수시스템의 이미지

살수시스템이 있는 가로. 시간대를 정하여 물 뿌리기를 하자

66 이론뿐만 아니라 실제 방범기능에 맞는 조명을 설치하자

통상적으로 거론되는 방범목적의 조명설치 방법에는 3가지 학설이 있습니다. 첫 번째는 수평면 또는 수직면의 조도를 확보하는 방법입니다. 두 번째는 밝기의 농담을 만들지 않는 것 그리고 세 번째는 색온도가 높은 광원 사용하는 것입니다. 이 조건들을 만족하는 조명은 전반적으로 밝은 백색 빛 환경입니다만, 사실 사람들에게 마음이 편안한 음영을 주면서 안정감을 느끼게 하는 따뜻한 빛 환경과는 정반대되는 것입니다.

만일 색온도가 낮은 빛이더라도 사람이 숨어들 가능성이 높은 장소를 정확히 투시만 해준다면 범죄를 예방할 수 있을 것입니다. 또한 사람과 가까운 위치에 설치되는 정원등과 같은 불빛은 사람의 모습을 효율적으로 비추어준다는 장점이 있습니다. 그래서 이것을 가로등 불빛의 그림자 부분에 설치해 놓는다면 매우 큰 효과를 볼수 있습니다.

요컨대 「방범목적의 빛」 그리고 「사람에게 편안한 기분 좋은 빛」의 밸런스를 고려하여 빛 즉 조명을 도입하는 것이 중요합니다. 지나치게 이론에만 충실한다면 어디에서든 같은 조명이 되어 버릴 것입니다. 그러므로 그 지역의 거리 특색을 살릴 수 있는 조명설치 방법을 찾아내는 것이 중요합니다.

토막 상식

사람의 눈은 어두운 곳에서는 푸른빛에 대한 감도가 높고 시인성에도 도움이 됩니다. 이것을 「푸르키니에 현상」이라 합니다. 푸른색 빛에 방범효과가 있다고 하는 이유는, 침정(沈靜) 효과가 있음과 동시에 푸르키니에 현상도 하나의 요인으로 작용하는 것 같습니다.

단순히 연속적인 가로등 설치만으로는 어두운 그늘이 생겨버립니다

어두워지는 장소에 빛을 설치하면 방범효과가 높아집니다

제 5 장

기억과
재해부흥을 위한
마을재생 아이디어

모두 함께 다시 시작

67 마을의 지형 구조를 파악하여 재해부흥에 활용하자

동일본 대지진에서 발생한 피해의 대부분은 쓰나미에 의한 것이었습니다. 그런데 재해 직후 동북지역의 어촌에 있던 낡은 비석이 화제가 되었습니다. 그 중에서도 이와테현 미야코(岩手県宮古) 시 아네키치(姉吉) 지구에 있었던 「거대 해일 기념비」는 1896년과 1933년에 일어났던 재해 발생 이후 해일이 올라왔던 위치에 설치되었던 것입니다. 이 기념비에는「이 위치보다 아래쪽에는 집을 짓지 마세요」라고 쓰여 있는데, 이는 재해 당시 이재민들의 이야기를 전달하는「보틀 메시지(Bottle Message)」라 볼 수 있을 것입니다.

또 지명이나 사찰 명칭을 조사해보면, 쓰나미 이후의 생존자들이 모여 만들었다고 하는 잔곡(殘谷)이라는 마을과, 869년 조간지진(貞觀地震) 때 쓰나미가 피해갔다고 전해지는 나미와케(波分) 신사 등을 발견할 수 있습니다. 아울러 예전부터 사람들이 거주해왔던 어촌마을에는 해일 발생시 몸을 피하기 위한 수많은 언덕길이 마을에 존재한다는 사실도 확인되었습니다.

최근 추진되고 있는 재해 부흥계획에서는 어촌마을을 높은 구릉지로 이전하거나, 해안가에 엄청나게 높은 슈퍼제방 건설 등이 검토되고 있습니다. 하지만 어업이나 수산가공업을 다시 부흥시키려면 어촌마을의 지형 구조를 읽어낼 필요가 있습니다. 마을의 역사나 군락의 명칭, 구릉이나 언덕의 이름 그리고 담겨있는 의미 등을 조사하여 마을복원 및 부흥의 근간을 만들어 내는 것이 필수적인 작업이 될 것입니다.

토막 상식

동일본 대지진의 피해는, 사망 15,841명, 행방불명 3,493명(2011년 12월 9일 현재 통계국 자료)입니다.
그리고 피해의 90% 이상이 쓰나미(Tsunami, 해일)에 의한 것이라 보고되고 있습니다.

마을의 공간구조를 읽어내자

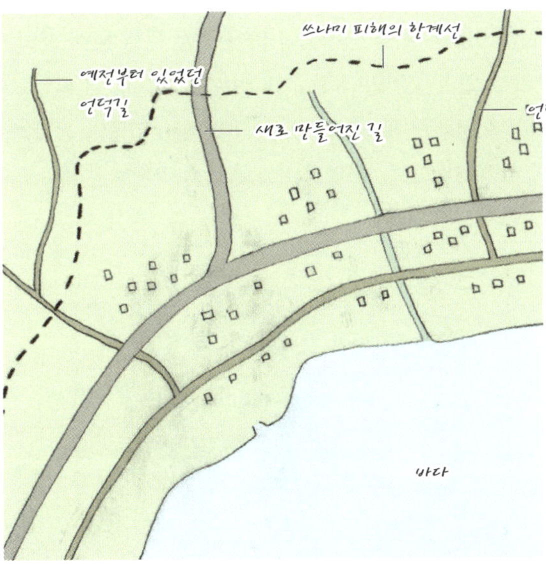

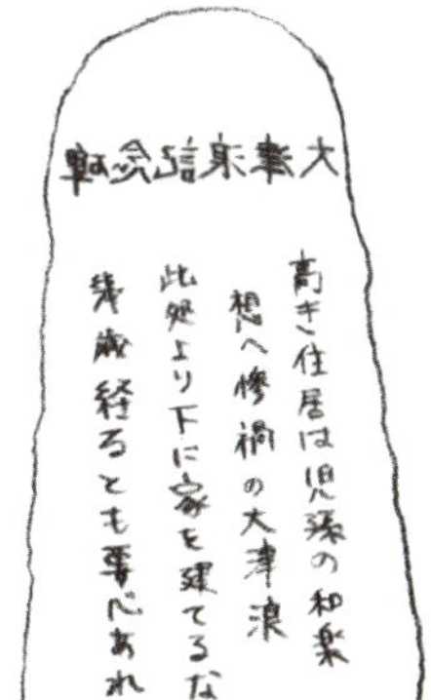

거대 해일 기념비

높은 지역에 거주해라.
다시 말해 손자와 단란하게 살아가고 싶다면
자연재앙인 거대 해일이 도달하는 한계선보다
아래쪽에는 집을 짓지 말아라. 이 이야기는 설사
오랜 세월이 흐른 뒤라 하더라도 반드시 유념하고
기억해야만 한다.

마을의 기원이나 형성과정을 조사해보자

68 마을 이름에서 지역지형의 역사를 읽어내자

동일본 대지진이 발생했을 때, 원래 지반이 단단하다고 알려져 있었던 동북지역의 도심에서 3,000채 정도의 주택이 완전히 파괴되는 일이 일어났습니다. 그런데 조사를 해보니 그곳은 약 10만 년 전에 호수였었다는 사실이 뒤늦게 확인되었습니다. 23,000년 전까지는 진흙이 가득 차 있었고, 그 중 일부지역은 습지로 남아있었다 추측되는 곳이었다고 합니다.

피해가 컸던 장소는 과거 호수였던 그래서 진흙이 퇴적되어 있었던 지역으로, 이 범위를 벗어난 주변부의 경우에는 재해피해가 거의 없었다는 보고가 있었습니다. 당시 지진피해가 심각했던 중심부를 살펴보면, 지명에 호수나 물 그리고 둑이나 제방이라고 하는 물에 얽힌 이름이 붙어있다는 사실을 확인할 수 있습니다. 그런데 그곳이 50년이나 100년 전의 지형이라면 자료조사를 통해 당시의 모습을 추측할 수 있을지도 모릅니다만, 수천, 수만 년 전에 형성된 것이어서 당시의 지형을 알아내기 어려웠을 것이라 생각됩니다.

하지만 우리 선조들은 이렇게 지역 명칭이나 마을 이름 등을 통해 땅의 옛 모습을 후손들에게 전하고 있었던 것입니다. 근래에는 군, 시, 읍, 면 통합으로 마을 이름이 바뀌어버리는 경우가 많습니다만, 이 기회에 우리들이 생활하는 장소의 지명, 지역명칭 등에 흥미와 관심을 가져보는 것도 의미 있는 일일지 모릅니다.

토막 상식

이 책에 소개된 장소는 후쿠시마현 코리야마(福島県郡山) 지역입니다. 원래 지반이 단단하다고 여겨졌던 장소입니다만, 지진재해로 인해 많은 건물들이 완전히 부서져버렸습니다. 하지만 이 지역은 지도를 잘 살펴보면 물과 관련된 지명 즉 水(물), 沼(호수), 池(연못), 堤(제방), 沢(늪, 습지)라는 의미의 글자가 비교적 자주 발견됩니다.

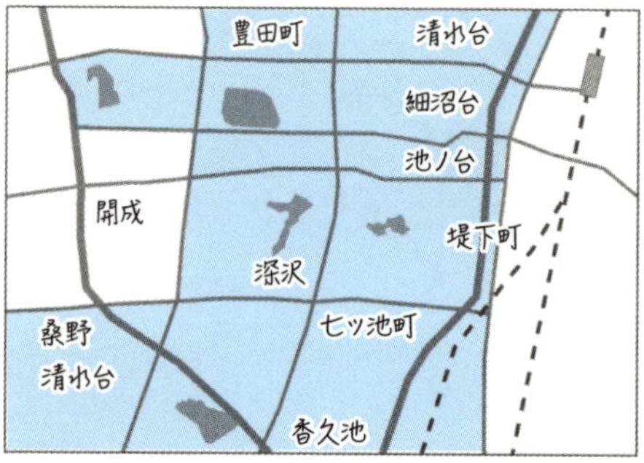

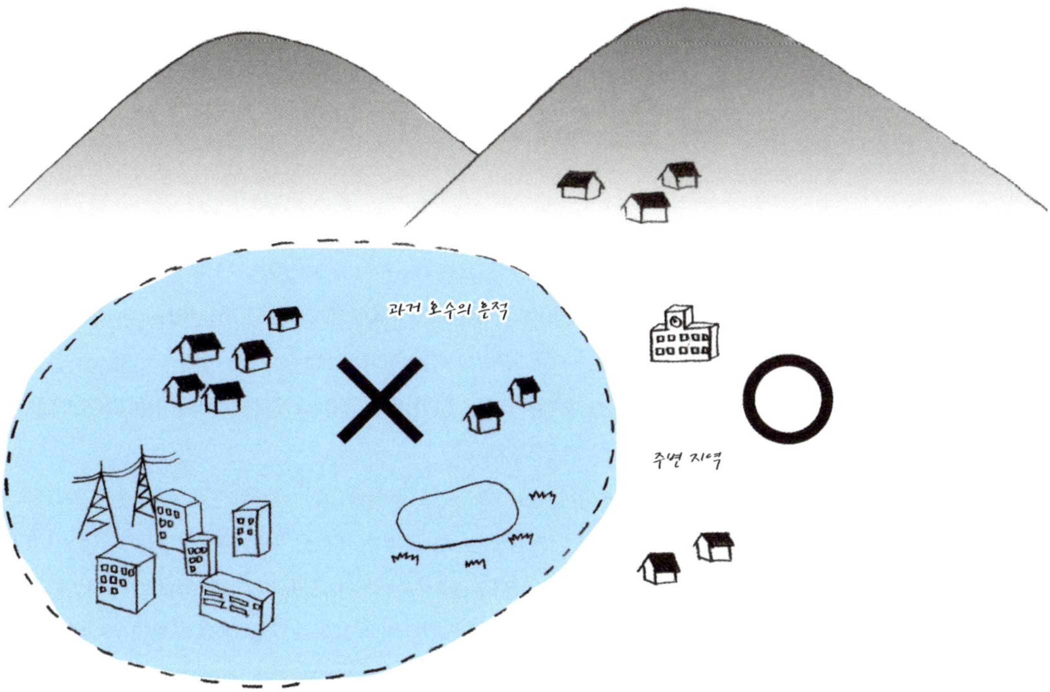

예전에 호수였던 장소에서는 지진 피해가 집중적으로 발생했다

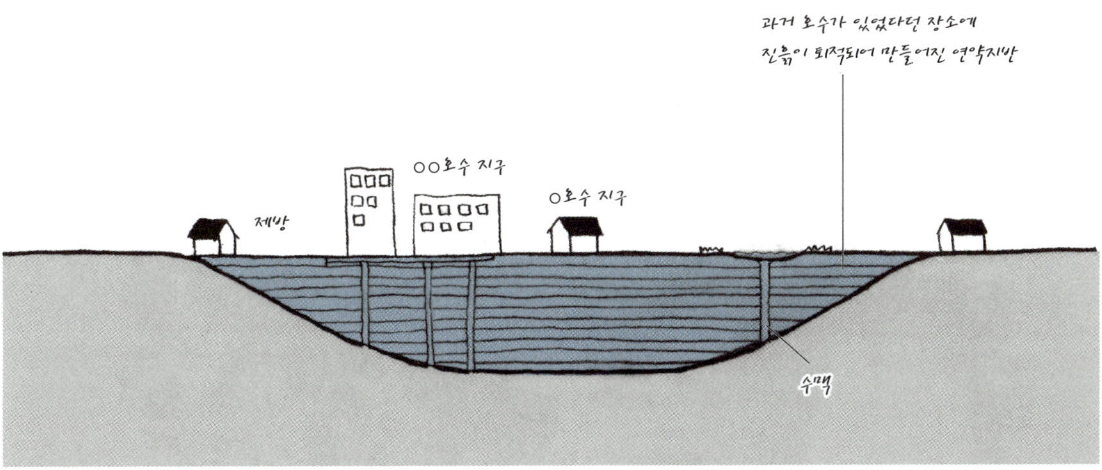

지형과 지역의 명칭에는 관련성이 있다

69 잊혀져있던 장소나 거추장스런 것들을 되살려보자

마을의 이곳저곳을 잘 살펴보면 잊혀져있거나 거추장스럽다고 여겨지는 장소가 반드시 있습니다. 뒷산에 대나무 숲이 있다거나, 마을 한쪽에 지역주민만 알고 있는 벚나무 거목이 있는 등 찾아보면 여러 가지가 있을 것입니다. 그런데 별것 아닌 것 같더라도 평가의 관점이나 견해를 바꾸어본다면 마을의 훌륭한 자원이 될 수 있습니다.

예를 들어 마을 뒤편에 있는 커다란 벚나무 주변공간을 봄철 일주일간만 결혼식 기념촬영 연회장이나 야외 파티장소로 이용하도록 해보는 것입니다. 간단한 목재 데크(deck)정도 설치해둔다면 그 나름대로 사용할 수 있을 것입니다. 그리고 일단 조성만 해둔다면 평상시에도 은밀한 휴식처로 사용될 수 있을 것 같습니다. 또 거추장스러워 경관의 방해꾼 같은 존재였던 상점 뒤편의 대나무 숲도 한번 활용해보도록 합시다. 대나무 숲을 약간 정리하고 한쪽에 작은 정자를 세워 상점과는 격리된 별도의 공간으로 사용하는 계획입니다. 분명 대나무 숲에서는 시원한 바람소리가 들려와 거리에서 발생하는 소음들을 덮어줄 수 있을 것입니다. 이곳을 늦은 달밤에 풍류와 정취를 즐기기 위한 출장 뷔페(Catering services) 장소로 활용한다면, 음식점에 가지 않더라도 회의나 상담의 장소로서 역할을 하게 될 것입니다. 이렇게 감추어져 있거나 잊혀져가는 장소를 재생·활용한다면 그곳이야말로 마을의 새로운 명소로 새롭게 태어날 것입니다.

토막 상식

대나무를 심을 때는 지상에서 1m 정도 깊이까지 방근시트를 넣어 뿌리가 다른 곳에 침범하는 것을 막아주어야 합니다.
또 벚나무는 답압에 약한 나무입니다. 따라서 벚나무 주변에서 사람들의 활동이나 이용 등이 예상될 경우에는, 뿌리가 눌려서 손상되지 않도록 데크 등을 적절하게 설치하여야 합니다.

마을 뒤편에 있는 커다란 벚나무를 활용하여 마을의 자원이 되는 「장소」를 만들어보자

정원 뒤쪽의 대나무 숲에 정자를 세워놓고, 상점과 떨어진 별도의 시설로 활용해보자

70 민가주택의 마당을 이용하여 통과도로를 만들어보자

상점가는 큰길만으로 구성되는 것은 아닙니다. 옆길, 샛길, 뒷길 등 다양한 단계와 형태가 있습니다. 골목 안쪽에 있는 은신처와 같은 레스토랑, 막다른 골목의 선술집 등은 상점가 대로에서는 느낄 수 없는 독특한 개성이 담겨있는 곳입니다. 따라서 이 좁은 거리의 다양함과 풍요로움은 상점가에서는 필수 불가결의 요건이 됩니다.

그래서 조금 불가사의한 통과도로 계획을 소개해보고자 합니다. 이것은 민가주택의 마당을 지나는 길을 의미하는 것으로, 빌딩 내부를 통과하는 도로의 주택 판에 해당되는 것입니다. 주택을 공개하는 경우에는 보여줄 수 있는 부분과 보이고 싶지 않은 부분이 존재할 것입니다. 따라서 입구마당(현관), 안뜰(중정), 나가야(長屋, 교토지방의 전통형태의 긴 건물)의 문들 중에서 프라이버시 침해가 적은 부분을 이용해 통과해야 합니다. 이러한 통과도로 즉 샛길을 계획하게 되면, 마당에서는 옛 추억이 어린 화덕이나 우물을 즐기거나, 중정에서 세숫물을 이용한 수금(水琴, 유수를 이용한 음향장치)의 음색에 귀 기울이거나, 뒤뜰에서는 흙벽으로 된 창고 흔적인 초석을 감상하면서 뒷길로 빠져나가는 추억어린 체험이 가능해집니다. 조금 여력이 있다면, 흙벽창고의 초석 위에 데크를 설치하여 음료나 간단한 음식 서비스 또는 일손이 불필요한 무인판매 등을 계획해도 좋을 것입니다. 마치 시간터널을 통과해 나가는 것 같은 새로운 길에 대한 제안입니다.

토막 상식

오른쪽 페이지의 위쪽 그림은, 어떤 마을의 통과도로 계획을 공개하고 있는 사례입니다. 물론 집주인의 이해나 지역주민들의 관리 등 상호협조와 노력이 있어야 가능한 일입니다. 계속 지속 유지되기 위해서는 무인판매 등을 통해 경비의 염출을 도모할 필요가 있습니다.

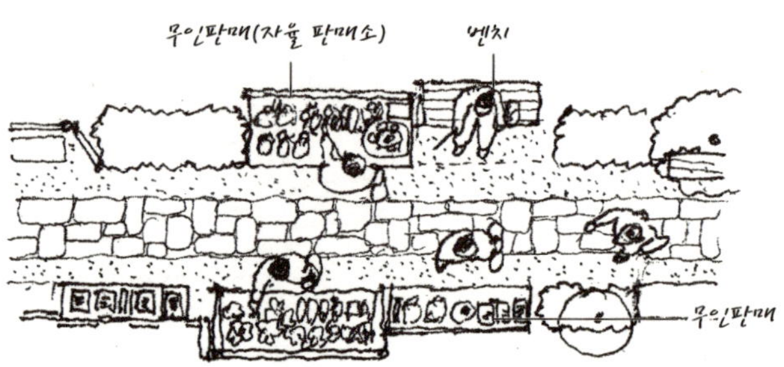

통과도로와 접하는 상태라면 상품판매도 가능하다

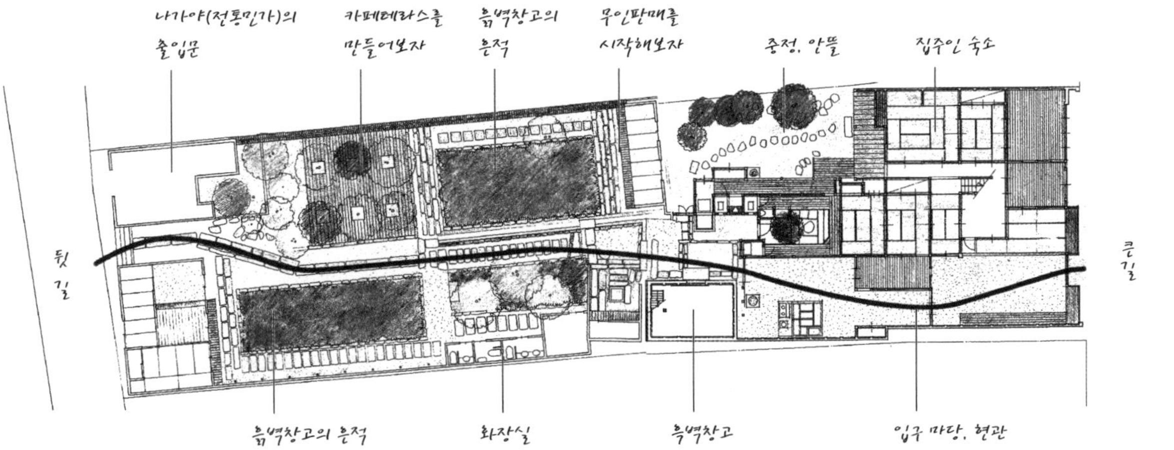

민가주택 안에 만들어진 통과도로. 큰길 쪽에서 뒤쪽 좁은 도로까지 연결되는 길

통과하는 길에서도 소규모 판매는 가능하다

71 흙벽창고를 활용한 지산지소(地産地消) 마을 만들기

생산지를 확인할 수 있는 땅에서 재배된 야채나 슬로푸드(Slow food) 등 지역의 풍토식품 등이 요즘 환영받고 있습니다. 새벽시장에서 농촌의 할머니들이 야채를 파는 모습이나, 신선한 식재료로 만들어진 음식을 파는 레스토랑은 상점가의 새로운 얼굴이 되고 있습니다. 그 때 그 장소와 잘 어울리는 풍경 만들기도 마을의 이미지를 결정하게 되는 매우 중요한 요소입니다. 그런 맥락에서 지역경관자원으로 권장하고 싶은 것이 바로 흙벽창고입니다. 흙벽창고가 갖는 분위기와 외관은 새벽시장이나 슬로푸드 레스토랑의 풍광과 잘 맞아떨어지기 때문입니다.

흙벽창고를 배경으로 나무를 심고 그늘에 데크를 설치하면 훌륭한 새벽시장이 완성될 것입니다. 말주변 좋은 할머니들의 다소 과장된 판매행위는 구매자들에게 색다른 즐거움을 북돋아 줄 것입니다.

한편 흙벽창고의 두꺼운 벽은 슬로푸드에서 필요로 하는 조용하고 차분한 시간의 흐름을 연상시켜 줄 수 있을 것입니다. 레스토랑 내부는 젊은이들에게 창업의 기회를 주기 위해 자본력과 능력에 맞춘 경영이 가능하도록 포장마차처럼 작은 부스형태의 점포로 구성해놓는 것도 좋을 것입니다. 지역의 생산물을 지역에서 소비한다는 지산지소(地産地消)에서는 자본력이 낮은 고령자나 젊은 청년들이 참여할 수 있는 시스템을 궁리해내는 것이 중요합니다.

토막 상식

최근에는 슈퍼, 자동판매기, 홈쇼핑 등 사람끼리의 대화가 개입되지 않는 침묵경제가 주를 이루고 있습니다. 그런데 물건의 좋고 나쁨이나 요리법 등의 설명을 들으면서 물건을 사는 수다스럽게 떠드는 요설(饒舌) 경제에도 커뮤니티를 지탱하는 나름의 힘이 있습니다.

흙벽창고가 있는 마을의 경관

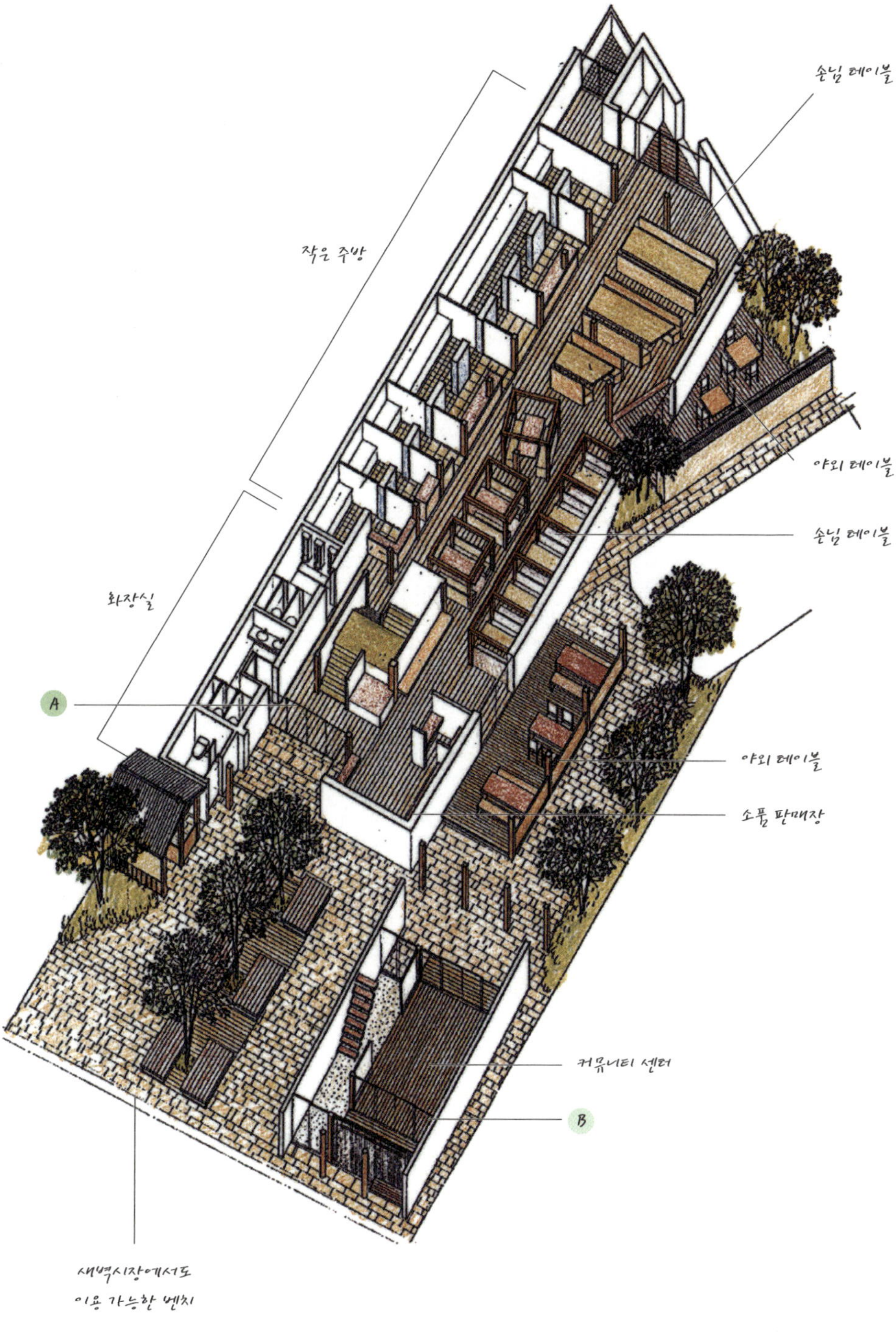

흙벽창고 A를 개조하여 슬로푸드 레스토랑으로 만들자

72 마을이 한 눈에 들어오는 전망 포인트를 확보하자

대중들 앞에 서는 직업을 가진 사람들은 외모에 더 신경을 쓰게 된다고 합니다. 마을의 경우도 마찬가지일 것입니다. 이런 관점에서 자신들의 마을을 한 눈에 조망할 수 있는 장소를 확보해 두는 것은 매우 중요한 일입니다. 마을을 내려다볼 수 있는 장소를 마련해두면, 고향을 찾은 사람들은 추억어린 마을의 풍경을 지그시 바라본다거나 관광객들은 마을의 경관 사진을 찍을 수 있을 것입니다. 게다가 마을전체의 모습을 점검하는 것도 가능합니다.

「저 지붕의 색이 지나치게 눈에 뜨이네」 라고 하는 경관적인 점검에서부터, 때로는 「**씨 집 뒷산의 흙이 심하게 노출되어 있네」 라던가, 「저기서 연기가 나고 있어!」 등 방재측면에서의 점검까지 가능합니다. 아울러 「저 도로의 옹벽 콘크리트는 어떻게든 조치를 해야 하지 않을까?」 라는 행정기관에 대한 요청까지 할 수도 있습니다.

결과적으로 마을을 한 눈에 전망할 수 있는 장소는, 자신들의 마을을 살펴보는 거울과 같은 기능을 하는 곳입니다. 게다가 그곳은 거울의 역할을 해야 하므로, 스스로가 결코 눈에 뜨이는 장소여서는 안 될 것입니다. 그 마을에 녹아들어 있으며, 보고 보이는 관계 속에 자리하고 있어 그 존재가 아름다운 마을의 일부분이 되지 않는다면 의미가 없기 때문입니다.

토막 상식

전망이라는 관점에서 보면, 「차경」 이라는 정원 조성방법을 생각할 수 있습니다. 작은 정원이라도 주변 풍경을 배경으로 포함시키게 되면, 전망이 좋은 넓은 정원이 만들어집니다. 근경·중경을 염두에 두고 차경을 도입해볼 방법을 검토해봅시다.

마을을 한 눈에 조망할 수 있는 전망 포인트

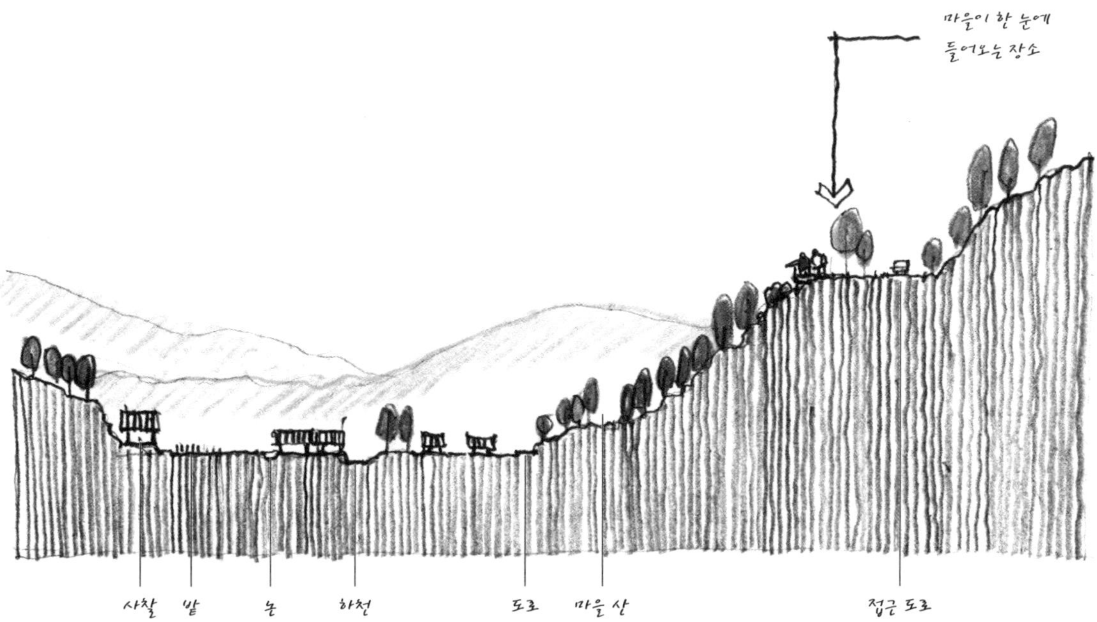

마을을 한 눈에 내려다 볼 수 있는 장소는 마을의 거울이기도 하다

73 가설주택의 공간배치를 궁리하여 부흥주택으로 활용하자

응급 가설주택에서의 방 배치는 2DK를 사각격자(田)로 구성하는 것이 가장 일반적인 형태입니다. 이는 장방형식의 주택이 옆으로 여러 채 이어지는 배치구성이 됩니다만, 조립식으로 만들어진 종래의 가설주택은 예를 들면 결로의 문제, 이웃집과의 소음문제, 단열문제나 베리어 프리(Barrier free), 협소 공간 문제 등 현재까지 많은 문제들이 지적되어 왔습니다.

동일본 대지진 이후에 조립식으로 공급된 주택규모는 5만호 이상이며, 조립식 이외에 현지 시공업자들에 의한 목조 가설주택도 많이 만들어졌습니다.

분류해보면, 조립식 기존형을 목조로 바꾸어놓은 목조 연속형(그림 ①), 목조 단독주택형(그림 ②), 이와테(岩手) 현에서 건설된 스미다식(住田式) 주택 등이 있습니다.

2가구를 하나의 건물로 만든 목조 2가구 1동형(그림 ③), 종래의 연속형에서 인동간격을 확보하여 독립성은 유지하면서도 지붕을 연결시켜준 목조 비연속형(그림 ④) 등도 등장했습니다.

단독주택형은 그대로 부흥주택으로 바꾸어 사용할 수 있다는 강점이 있습니다만, 면적확보 측면에서 많은 문제가 남습니다. 그러나 2가구 1동 형식은 옆으로 연결해주는 것만으로 부흥주택으로서의 면적확보가 가능합니다. 또 층을 쌓아올려 2층으로 만드는 방안도 후쿠시마(福島) 현에서는 등장했습니다.

토막 상식

위의 설명은 동일본 대지진의 피해지역에서 복구대책으로 제시되었던 사례입니다. 비연속형 목조건물은 분리하여 해체시키는 것을 원칙으로 하고, 부흥주택 이외로는 시민 주말농장의 숙박시설로 사용하는 방안 등을 생각할 수 있습니다.

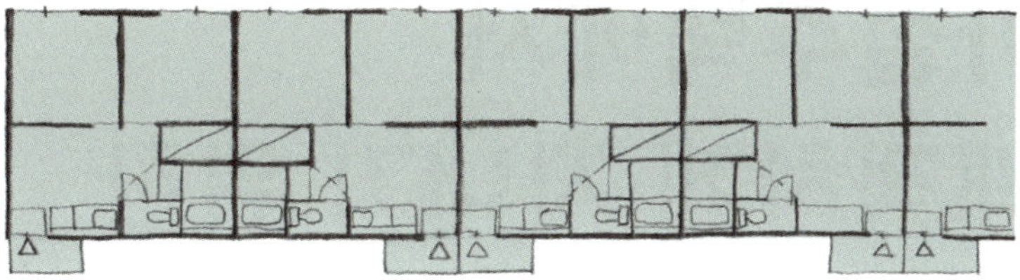

① 조립식 기존형·목조 연속형

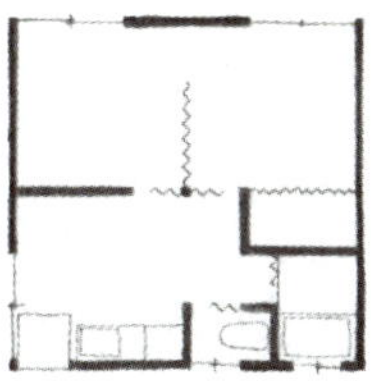

② 목조 단독주택형

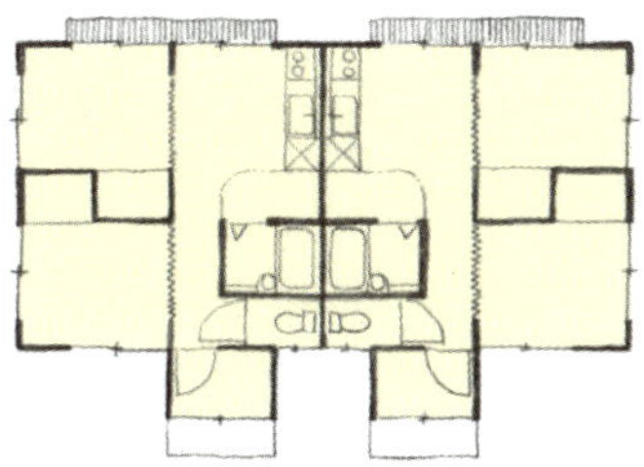

③ 목조 2가구 1동형

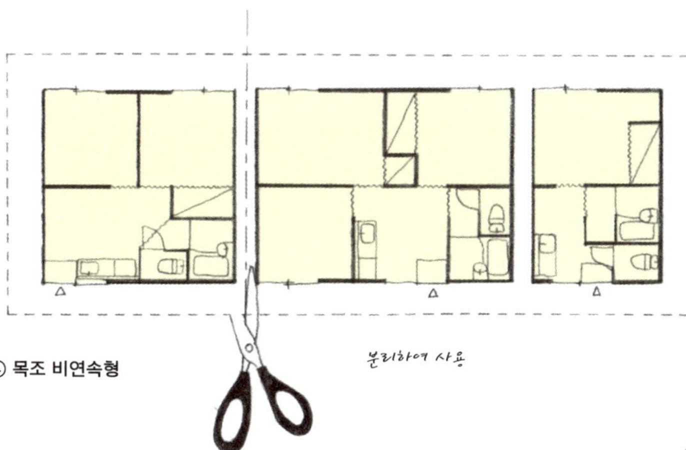

④ 목조 비연속형

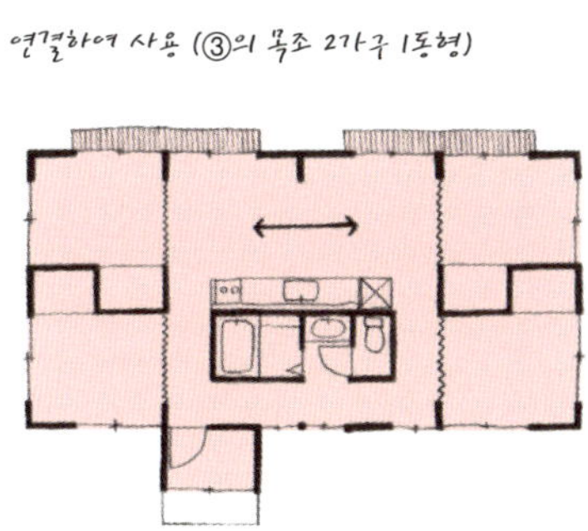

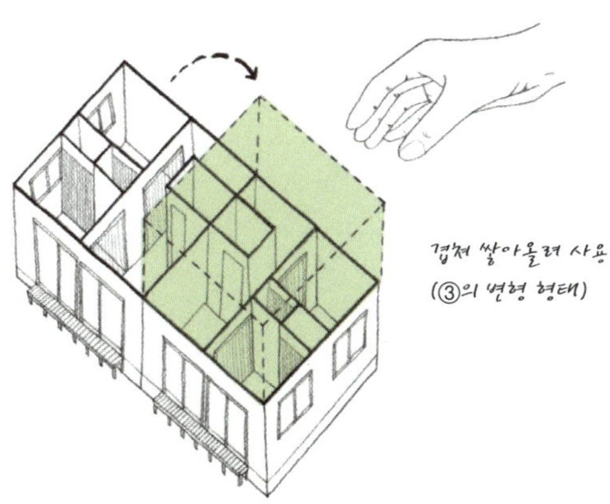

⑤ 가설주택을 부흥주택으로 활용

74 가설주택에서 쾌적하게 지내기 위한 방법을 찾아보자

응급 가설주택에서 가장 문제가 되는 것은 거주환경에 대한 것입니다. 특히 단열 및 차열의 문제가 가장 큽니다. 한신·아와지(阪神 · 淡路) 대지진때 건설된 조립식 가설주택에서는 여름철 실내온도가 50도까지 올라갔다는 사실이 기록되어 있습니다. 한편 동일본 대지진 때 만들어졌던 가설주택에서는 창가에 플랜터를 두고 수세미 등을 키워 열 차단을 시도했던 사례도 있었습니다만, 사실 플랜터를 이용한 수세미 재배에는 한계가 있습니다.

이에 대한 개선책으로 가설주택의 창 밖에 작은 밭을 만들고 네트를 걸어주는 방법을 추천하고자 합니다. 밭은 차열성이 있는 수세미나 여주의 잎 생육에 도움을 줄 것입니다. 또 밭 작업을 통해 인근주민과 서로 돕는 행위들이 이루어지면서 지역 커뮤니티를 만들어내는 계기가 될 것입니다.

혹시 가능하다면 원래 살던 곳에 있던 식물을 가지고와서 길러보는 것도 좋을 것 같습니다. 지붕에 농업용 차열 시트를 덧대어 설치하면 금속지붕에 차열이 되기도 하고, 접은 철판지붕의 경우에는 접혀 들어간 부분이 통기층으로 작용하게 되어 열이 빠져나갈 수 있게 해줄 것입니다. 겨울에는 이 차열 시트를 수세미가 시들고 난 후 네트에 부착 설치한다면, 방풍네트로도 작용하게 될 것입니다.

토막 상식

대다수의 조립식 가설주택은, 철골기둥에 단열 패널을 끼워 넣는 방식이기 때문에 철골기둥이 외부온도를 그대로 전달해 버립니다.
그래서 겨울철이 되면 결로가 일어나게 되는데, 이것을 열교(Heat bridge)라 부릅니다.

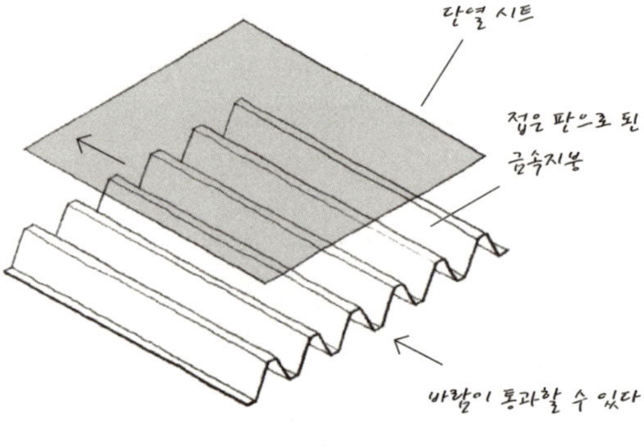

접은 판의 금속지붕과 단열 시트의 조합

차열네트를 깔아 지붕의 열을 차단하고, 방풍네트+수세미를 햇빛가리개로 활용

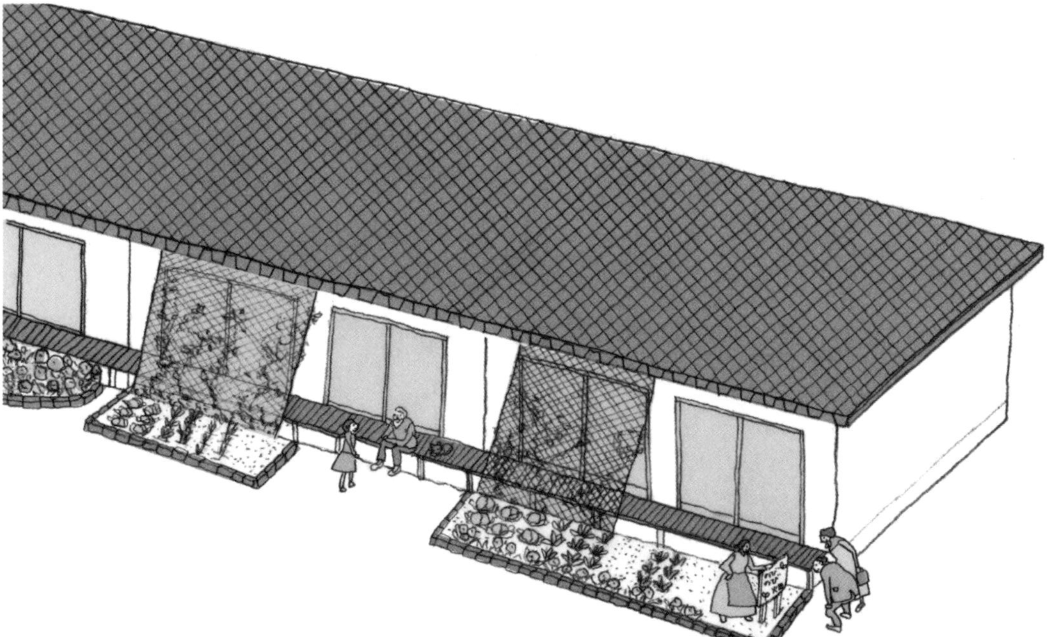

방풍네트를 길게 연장 설치한 정원 끝단에는 화단이나 밭을 만들자

75 가설주택에 사용했던 기술을 부흥주택에 전용해보자

가설주택과 부흥주택 모두 건설스피드 즉 신속한 건설이 필요합니다. 가설주택은 착공 후 20일 정도면 공급이 되며, 부흥주택은 가설주택 완공 후부터 2년 내에 준공이 되어야 하는 것입니다.

한신·아와지(阪神 · 淡路) 대지진때 만들어졌던 부흥주택 대부분은 집합주택의 형태였습니다. 하지만 동일본 대지진의 재해지역에서는 단독주택을 포함한 여러 가지 형태의 부흥주택이 검토되고 적용되었습니다.

예를 들면, 동북지역 3개현에서는 많은 목조 가설주택이 세워졌고, 게다가 건설속도를 높이기 위한 다양한 시스템이 고안되었습니다.

세로방향과 가로방향으로 삼나무 판재 여러 층을 겹치고 그 사이에 단열재를 끼운 2.7m의 사각형 큰 패널을 바닥·벽·천정재로 사용한 공법이나(그림 ①), 나무틀에 구조용 합판과 삼나무 판재를 붙이고 안쪽에는 발포우레탄을 주입한 2x4 공법을 응용한 패널 공법(그림 ②)이 있습니다. 또 삼나무 판재를 기둥 양 끝에 덧대고 그 사이에 단열재로서 섬유아세포(석면)를 끼어 넣은 공법(그림 ③) 등도 등장하였고 가설주택에 적용되었습니다.

이것들은 모두 현지의 지역 장인들이 개발한 것입니다. 따라서 향후 건설될 수 있는 부흥주택의 계획에서도 적극적인 응용이 기대됩니다.

토막 상식

그 외에 삼나무 각재에 의한 적층공법(각재 로그하우스, 그림 ④)이나 삼나무 두꺼운 판재만을 꽂아 넣는 공법도 있습니다. 판재만 쓰더라도 두께가 6cm 이상이 되면 단열효과가 나타납니다만, 충분한 단열효과가 발휘되기 위해서는 두께 10cm 이상이 필요합니다.

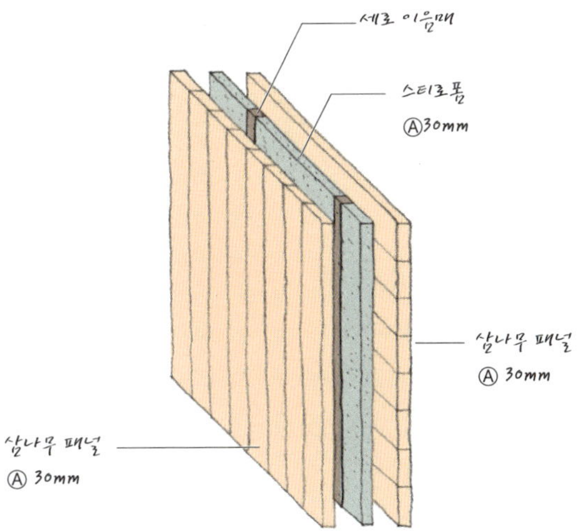

① 삼나무 패널 사이에 단열재 끼워 넣기 공법

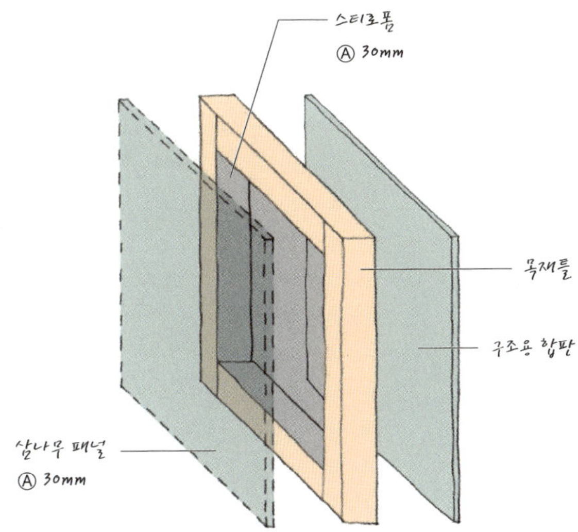

② 2×4 공법을 적용한 패널 공법

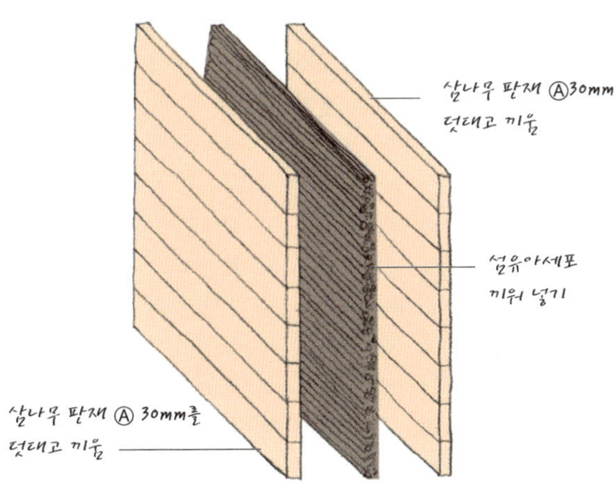

③ 삼나무 판재 사이에 섬유아세포(석면) 끼워 넣기 공법

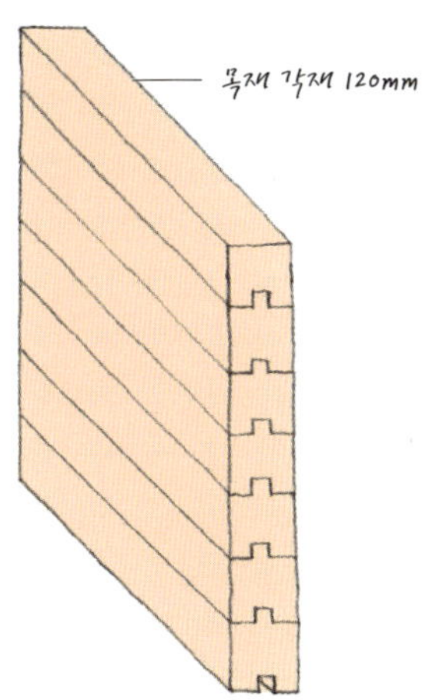

④ 삼나무 각재를 이용한 적층(겹쳐쌓기) 공법

76 목조 가설주택을 재이용하여 포장마차 촌을 만들어보자

동일본 대지진 이후에 동북지역 3개현에서는 조립식 가설주택 외에 목조 가설주택이 많이 만들어졌습니다. 그 중에서도 후쿠시마(福島) 현에서는 현지 지역사업자들의 공모를 통해 독자적인 목조 가설주택단지 건설이 이루어졌습니다. 그것들 중에는 건물 해체나 재생을 시스템화한 부분이 다수 포함되어 있어 재이용이 기대되는 것도 있었습니다.

금번 시도된 목조 가설주택은 여러 가구가 1개동에 들어가 있는 공동주택 형태와 2가구가 1개동으로 되어 있는 것, 그리고 단독주택인 것 등 매우 다양한 방식으로 추진되어졌습니다.

따라서 각 형태마다 서로 다른 재이용 방식이 고안되어야 할 것입니다. 예를 들면 가설주택들이 있는 지역 내 공터나 주차장에 포장마차 촌을 만들 수도 있을 것입니다. 지금까지 몇몇 다른 지역에서 다양한 방식으로 포장마차 촌을 시도해오긴 했습니다만, 그건 조립식 시설이나 텐트를 이용한 음식판매가 대부분 이었습니다. 이에 비해 기존에 있는 목조 가설주택을 재이용하는 방식은 차별성이 있을 것입니다. 게다가 목조주택은 거주성이나 외관자체도 뛰어나고 미관도 우수하기 때문에, 잡화점이나 고급스러운 실렉트 숍(Select shop) 등으로 꾸미는데 부족함이 없을 것입니다. 아마도 이 포장마차 촌은 상점가의 기폭제로 작용하게 될지도 모르겠습니다.

토막 상식

응급 가설주택은 재해구조법에 따라 착공 후 20일 안에 건설하는 것을 목적으로 하고 있습니다.
사용기간은 건축기준법에 2년 이내라고 규정되어 있으나, 한신·아와지(阪神·淡路) 대지진 때는 최장 5년까지 연장되었습니다.

목조 가설주택을 상점이나 카페 등으로 재이용 해보자

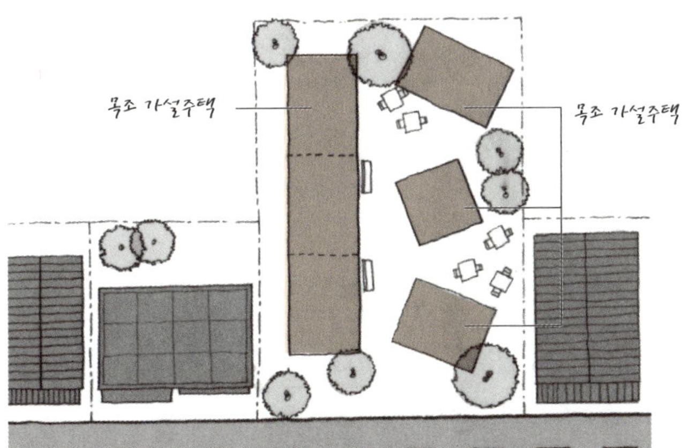

상점가의 공터나 주차장 공간을 구획, 배치하여 포장마차 촌을 만들어보자

77 부흥주택을 상점가에 구성, 배치해보자

한신·아와지(阪神 · 淡路) 대지진 이후 만들어졌던 부흥주택(Restoration house)은 크게 2가지 유형으로 나뉘어집니다. 하나는 공동 집단주택 유형이며, 다른 하나는 단독주택 유형입니다. 피해지역이 도심부인 경우에는 고층아파트 형태로 만드는 경우가 많았고, 지방도시의 경우는 연립형태나 단독주택이 많았던 것 같습니다. 그리고 단독주택은 공공기관에서 운영하는 방식과 이재민 스스로가 보조금이나 융자를 받아 건설하는 방식이 있습니다.

동일본 대지진 이후 조성된 공동주택 유형인 부흥주택은 공공주택 또는 공영주택이라 명명되었습니다. 어쨌든 부흥주택에서 가장 중요한 것은 부지의 선정일 것입니다. 가설주택과 같이 부흥주택도 시군읍면에서 보유하는 공공용지에 계획되는 경우가 대부분입니다만, 실제로는 생활하기 불편한 곳이 많으며 특히 고령자들에게는 생활 자체가 어려운 장소에 만들어지는 일이 빈번했습니다. 그렇다면 이렇게 불편한 위치에 계획된 부흥주택을 셔터거리가 되어버린 상점가 공터나 주차장에 유치해보는 것은 어떨까요? 어쩌면 상점가 재생의 시나리오를 쉽게 써내려 갈 수 있을지도 모릅니다. 도쿄의 스가모(巣鴨) 지역처럼 고령자들에게는 그들만의 독자적인 요구나 세력(Power)이 있습니다. 따라서 고령자를 매개체로 하여 젊은 세대들을 불러들이는 기회로 삼는다면, 마을의 재생은 얼마든지 가능할 것입니다.

토막 상식

셔터거리에 공동주택 유형의 부흥주택을 도입한 사례로는 카시와자키(柏崎)를 들 수 있습니다. 상점가 일부에 중정이 있는 연립주택을 배치하였고, 처마를 통해 거리와 연결되도록 만들어져 있습니다. 도로에 면해서는 데이케어(Day Care)나 모임장소, 버스정류장 등이 배치되어 있습니다.

공동주택 유형의 부흥주택 이미지

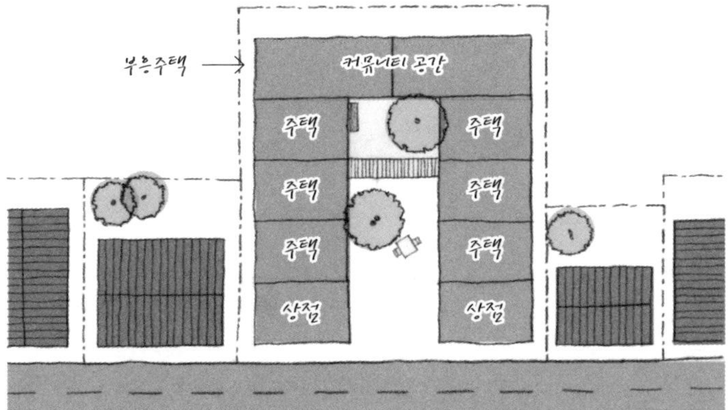

상점가의 빈 공간에 부흥주택을 집어넣는 계획

78 훼손된 건물도 예인(曳引)하여 고쳐 사용해보자

재해가 발생하면 전파된 건물은 물론이거니와 반파된 건물이더라도 수리해 쓰기보다는 부셔버리는 경우가 많습니다. 그러나 지금같이 피난소나 가설주택을 즉시 만들 수 없었던 시대에는, 고쳐 사용할 수 있을 것 같은 건물은 응급처치를 하여 피난소나 가설주택 대신 사용했던 역사가 있습니다. 이때 획기적 역할을 했던 것이 「예인가(曳家, 引家)」라 불리는 전문 직능단체입니다. 예인 및 이동주택의 역사는 매우 오래되었습니다. 예인이란 건물이나 자재를 원형 그대로 이동시키고자 할 때, 즉 해체하여 이동시키고 재조립을 할 때 사용했던 효과적인 기법으로 그것을 행하는 전문가들을 예인가라 합니다.

그리고 그들이 활약할 수 있는 가장 적절한 시기는 지진이나 재해가 발생한 경우 입니다. 동일본 대지진에서도 기울어진 건물을 잭 업(Jack-up)으로 원상태로 되돌리는 작업을 실시했습니다. 붕괴된 위험지역에서 주택을 이전하는 경우에도 그들이 나서야 하는 차례입니다. 재해 이후에는 응급위험도를 판정하는 전문가 검증을 통해 건축물 피해나 안전성을 진단받습니다만, 건물을 즉시 부셔버릴 것이 아니라 안전성만 확보된다면 복구에 대해서도 시야범위 안에 넣고 검토해 보아야 할 것입니다. 설사 오래되어 낡고 불편한 건물이더라도 마을의 경관관리 측면에서는 다시없는 귀중한 자산일 가능성이 높기 때문입니다. 만약 그렇다면 예인가의 활용을 적극 검토해 보도록 합니다.

토막 상식

예인작업에 소요되는 비용은 상황에 따라 다릅니다만, 생각보다 아주 저렴하게 마무리될 수도 있습니다.
일반적이지 않을지는 모르겠으나, 예인가는 마을 조성에 있어 없어서는 안 될 전문 직능단체입니다.

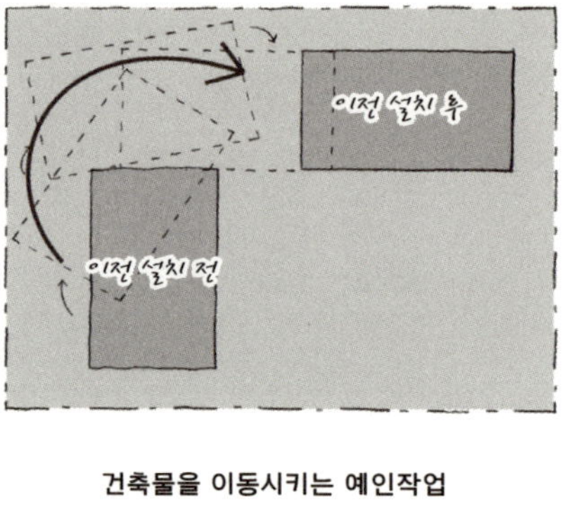

건축물을 이동시키는 예인작업

예인가의 도움을 받아 피해 건축물을 그대로 옮긴다

받침목은 가지런하지 않은 편이 힘을 균등하게 작용하도록 할 수 있습니다.

굴림대는 근래에는 단관 파이프로 속이 비어있는 것과 콘크리트로 채워져 있는 것을 사용합니다. 도르래의 원리로 힘을 분산시키고, 권양기(Winch)를 사용하여 예인합니다

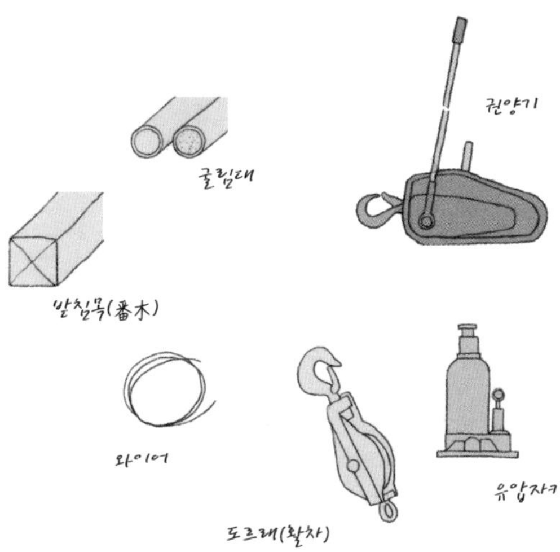

예인에 사용되는 작업도구

79 연약지반에서 면진장치로 작용하는 기초용 강관말뚝

동일본 대지진 후, 재해건물에 대한 조사를 진행하던 중에 기존 기술이 내진 및 면진장치로서 작용했다는 것을 알게 되었습니다. 그 중 하나가 강관말뚝입니다. 강관말뚝 공법이란 토지표면의 연약지반을 관통하여 단단한 지반까지 강관제로 된 말뚝을 박고 그 위에 건물기초를 얹는 지반보강 수법입니다.

주택의 경우에는 직경 10~15cm 정도의 강관말뚝을 사용하는 것이 일반적입니다. 강관말뚝은 연직과 수평방향 각각에 내력을 발휘합니다만, 지진재해 시에는 이 강관말뚝이 지중에서 흔들리게 되면서 면진구조로 작용합니다. 그래서 강관말뚝으로 공사한 건축물은 주변이 무너지더라도 건축물 자체에는 뚜렷한 손괴가 나타나지 않는 것으로 보고되고 있습니다.

연약지반에 주택을 세워야 하는 경우에는 일반적으로 지반 개량공사를 실시합니다. 공사단가는 강관말뚝의 길이에 따라 달라집니다만, 지반을 개량하는 공법과 비교해본다면 조금 높은 정도입니다. 그러나 사업대상지의 지반상황에 따라 강관말뚝이 더 적합한 경우도 있으므로, 전문가에게 상담할 것을 권합니다.

아울러 관할 행정기관에 인근지역의 시추(Boring) 데이터를 열람할 수 있는 곳이 있으므로 토지매입이나 주택건설 시에는 반드시 참고하도록 합시다.

토막 상식

주택지 등의 지반조사 기법으로는, 크게 스웨덴식 사운딩(Sounding) 실험과 시추(Boring) 실험의 2종류가 있습니다. 전자는 간단한 조사법이나, 후자는 구멍을 뚫어 관통시키고 흙을 채취하는 등 상세한 판정이 가능한 방식입니다.

지진재해 시, 강관말뚝이 면진장치로서의 역할을 담당했다

80 지진을 흡수해내는 기술을 선조들에게 배워두자

큰 지진이나 재해가 발생할 때마다 선조들의 지혜에 감탄하게 됩니다. 교토(京都)의 사찰인 산주산겐도(三十三間堂)에는 지진을 견뎌낼 수 있는 다양한 궁리와 기법이 담겨 있습니다. 기초는 판축으로 다지고, 토대는 돌 위에 직접 기둥을 세우고 거기에 토대를 관통시켜 느슨하게 고정하고 있습니다. 이것은 기둥이 면진구조로 기능하기 위한 구조입니다. 지진이 일어난다면 건물 일부는 부서질지 모르겠으나 완전 파괴되는 일은 없도록 하겠다는 선조들의 지혜로운 결정이 이런 기술로 나타나게 된 것이라 추측됩니다.

과거 지붕의 기와가 떨어지고 창고가 무너지는 지진 피해가 발생되었습니다. 이것을 목격한 사람들은 장인들에게 온갖 불만을 쏟아냈고, 무너진 흙 창고는 뼈대가 튼튼했는데도 불구하고 해체된 것을 목격했습니다. 그래서 지진에 기와나 흙벽구조는 약할 것이라 생각하게 되었습니다. 그런데 장인들에게 의외의 이야기를 듣게 되었습니다. 민가주택이나 흙으로 된 창고는 지진이 발생하게 되면, 처음에는 지붕의 기와를 떨어뜨려서 상부를 가볍게 만들어주고, 다음에는 지진력을 흙벽에서 흡수하면서 허물어지도록 하여 건물의 뼈대만 남기는 것이라는. 결국 마지막에는 뼈대뿐인 경량구조가 되도록 만들어, 위험을 최소화 할 수 있는 구조로 건물을 만드는 것이 장인들의 숨겨진 생각이자 기술이었다고 합니다.

토막 상식

판축(版築)이란 흙이나 자갈에 석회를 섞어 여러 층을 번갈아 쌓아 고정시키는 공법을 뜻합니다.
기원은 오래된 대규모 봉묘나 성벽, 도로 등에서 찾을 수 있으며, 주택의 기초나 토벽 등에도 사용되었습니다. 근래에는 미술관 벽 등의 의장에 사용되는 경우가 보입니다.

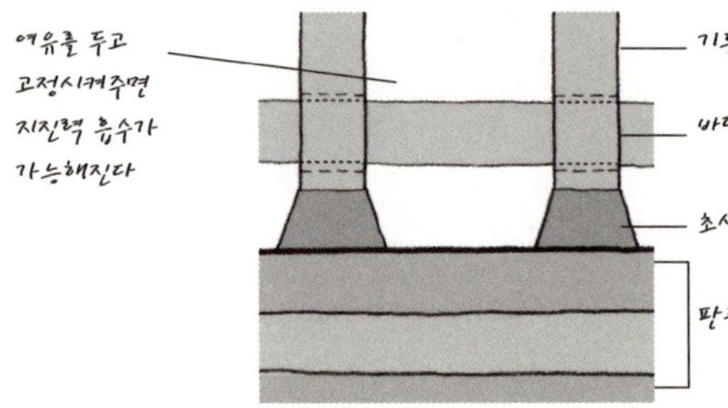

사찰건물 바닥과 기둥의 관계

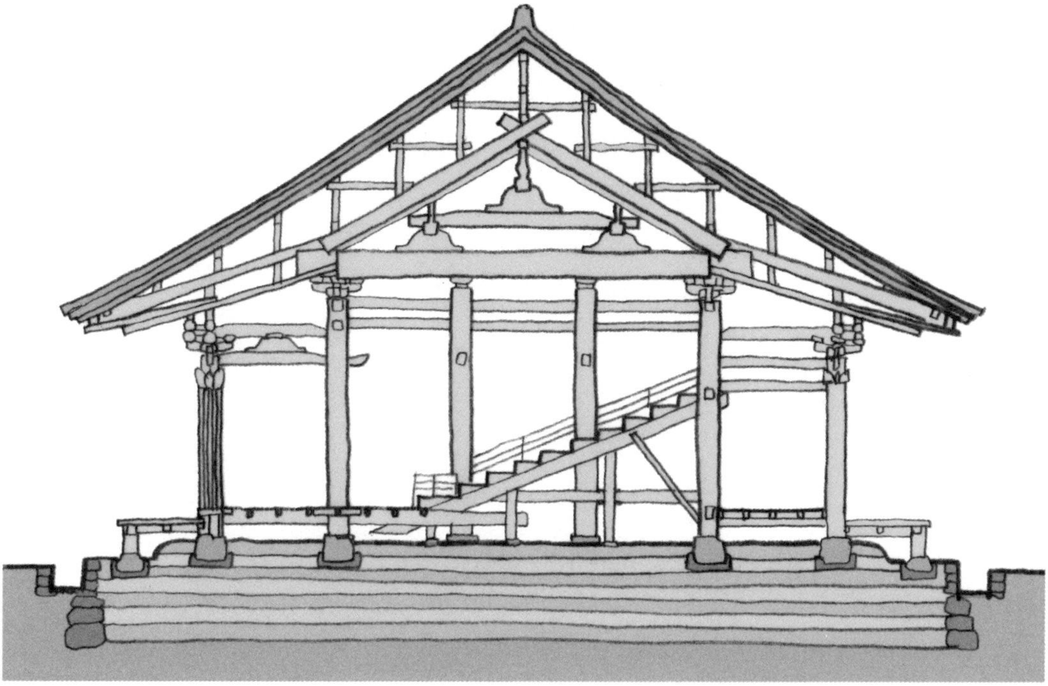

산주산겐도 사찰 건물의 기초는 판축 사용으로 지반을 강고하게 만들었다.
또한 기둥과 기초를 여유있게 확보하면 지진력 흡수가 가능하다

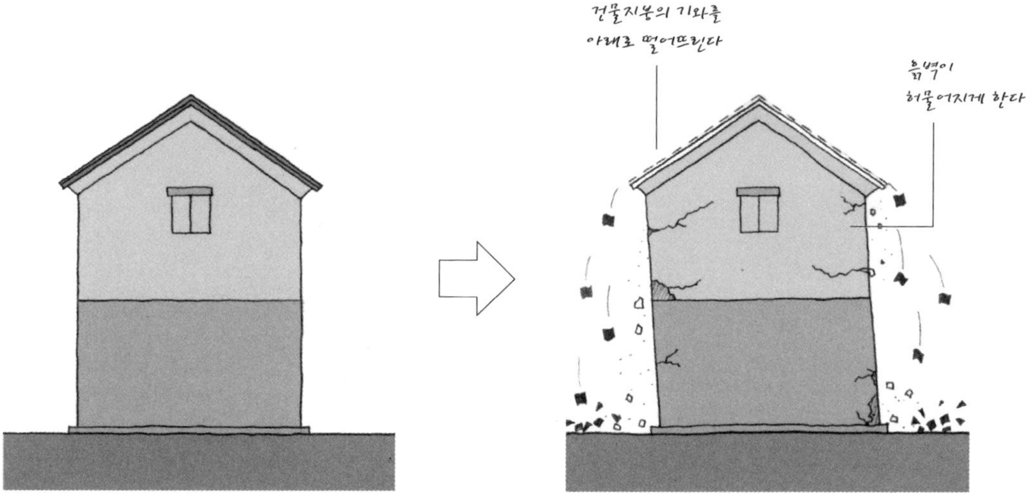

기와를 떨어뜨려 상부를 가볍게 만들어주고, 흙벽에서 힘을 흡수해주면 최후에는 축 구조가 되어 지진을 견디어낸다

제 6 장

도시기반시설을 활용한 마을재생 아이디어

중앙의존에서 지방자립으로

81 우수(雨水)를 침투 처리하여 도시의 홍수를 완화시키자

도시에서의 인간관계를 묘사한 노래 구절에 「도쿄 사막」이라는 가사가 있습니다. 이것은 단순히 인간관계에서만 해당되는 것이 아니라 도시의 경우도 마찬가지일 것이라 생각됩니다. 도시의 거리에서 바닥포장을 한 꺼풀 벗겨내어 보면, 포장 아래 땅 속에는 빗물이 스며들지 못해 건조해있는 상태로 거의 사막이나 다름없다는 사실을 확인할 수 있습니다.

도시에서 땅 속으로 우수를 끌어들이는 일반적인 방법으로는, 빗물을 침투시키는 처리법을 생각할 수 있습니다. 해당되는 구체적 시설로는 우수 침투저류조, 침투트렌치, 투수성 포장 등이 있습니다. 하지만 우리들이 생활하는 마을이나 상점가의 도로 대부분은 바닥이 포장되어 있어 투수 즉 물이 통과하기 어렵습니다. 그래서 게릴라성 호우가 발생하면 우수가 한꺼번에 거리로 쏟아져 흘러 나와 엄청난 피해가 생깁니다. 이것이 바로 「도시 홍수」라 칭하는 현상입니다. 여기서 만약 물의 보급이 끊긴 포장 아래쪽 땅 속으로 수분을 공급해 줄 수 있다면, 포장면 아래의 땅은 물을 저장하는 댐 기능을 갖게 될 것입니다. 갑자기 내리는 호우뿐만 아니라 평소에 내리는 빗물도 적절히 투수처리 해 준다면, 도시의 홍수를 방지함은 물론이거니와 「도시 사막화」를 해소하는 역할까지 담당하게 될 것입니다. 게다가 땅 속에 일정한 수분이 유지된다면 물이 순환되는 효과가 생겨나므로 기온상승 억제 등 「도시 열섬(Heat island) 현상」을 완화시키는 데도 기여하게 될 것입니다.

토막 상식

「도시 홍수」란 도시에서는 대부분의 표토가 건축물과 포장으로 덮여있어 보수력이 없기 때문에, 비가 오면 한꺼번에 물이 바닥포장 위로 흘러내려 가면서 일시적으로 홍수상태가 되는 현상을 의미합니다.

침투 처리를 통해 우수의 유출을 억제시킨다

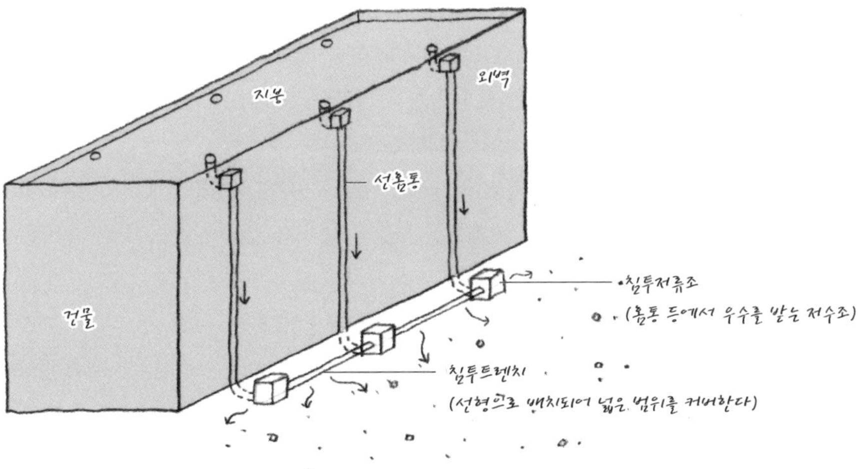

침투저류조나 침투트렌치의 물 빠짐 구멍에서 우수가 세어나간다

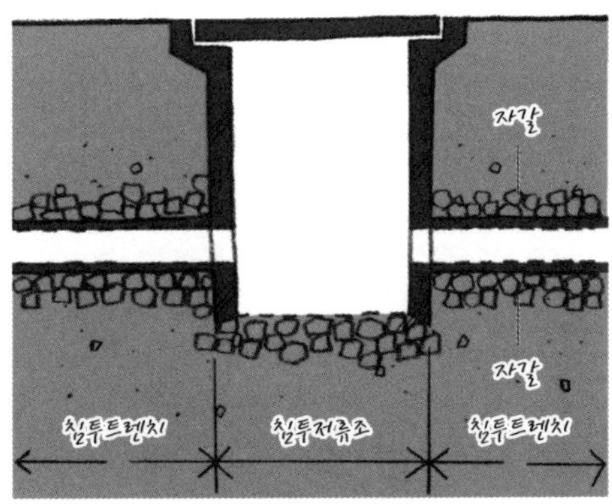

우수 침투 처리시설의 단면

82 우수 이용이 골목의 커뮤니티를 만들어낸다

골목길을 걷다보면 콘크리트로 된 방화용수(防火用水) 통을 발견하는 경우가 가끔 있습니다. 그건 과거에 공습을 대비하여 마련해 놓은 것으로, 이미 시대의 유물이 되었습니다. 그런데 만약 골목에 방화기능이 필요하다면, 이와 유사한 우수 이용법을 생각해보는 것도 좋을 것 같습니다. 즉 지하에 우수를 받을 수 있는 저류수조를 만들어두고, 지상에 수동펌프를 설치해 놓는 방식입니다.

이렇게 만들면 그 수조탱크는 전동방식이 아니기 때문에 재해발생으로 전기 공급이 끊긴 상황에서도 생활용수나 초기 소화용수로 역할을 하게 될 것입니다. 평상시에는 식물 물주기에 이용하거나, 차차 환경이나 방재에 대한 주민들의 의식이 높아지게 되면 블럭담장을 생울타리로 바꾸어줍시다. 그렇게 되면 생울타리 등에 물 공급을 위해 비록 소규모라도 자기 집 앞에 우수탱크를 설치하는 주민들이 생겨날 것입니다. 게다가 골목 공간을 조금이라도 더 확보하기 위해 주민 스스로 통행에 방해되는 물건을 내놓지 않거나, 쓰레기 수거장의 뒷정리를 하는 등 친밀한 인간관계가 생겨나게 될지도 모릅니다. 그리고 그것은 훌륭한 마을 만들기로 이어지게 될 것이라 확신합니다.

주택 밀집지역에서는 소방차가 지나갈 수 있는 최소한의 도로 폭원 6m에 미치지 못하는 경우가 많을 것입니다. 그러나 작은 시설(hard)에서 시작하여 단계적으로 소프트(Soft) 측면을 채워나가는 휴먼 릴레이션(Human relations)을 중시하는 사고방식은 지금부터의 마을 만들기에 없어서는 안 될 필수조건이라 하겠습니다.

토막 상식

지진이나 재해발생 시에 수도관 손상이나 교통정체에 의한 소방차 지연 등을 예상해본다면, 사고현장에 마련되어 있는 우수탱크를 이용한 초기진화는 대단히 중요한 일입니다.
비록 작더라도 물탱크가 골목에 준비되어 있다면 엄청난 힘을 발휘하게 될 것입니다.

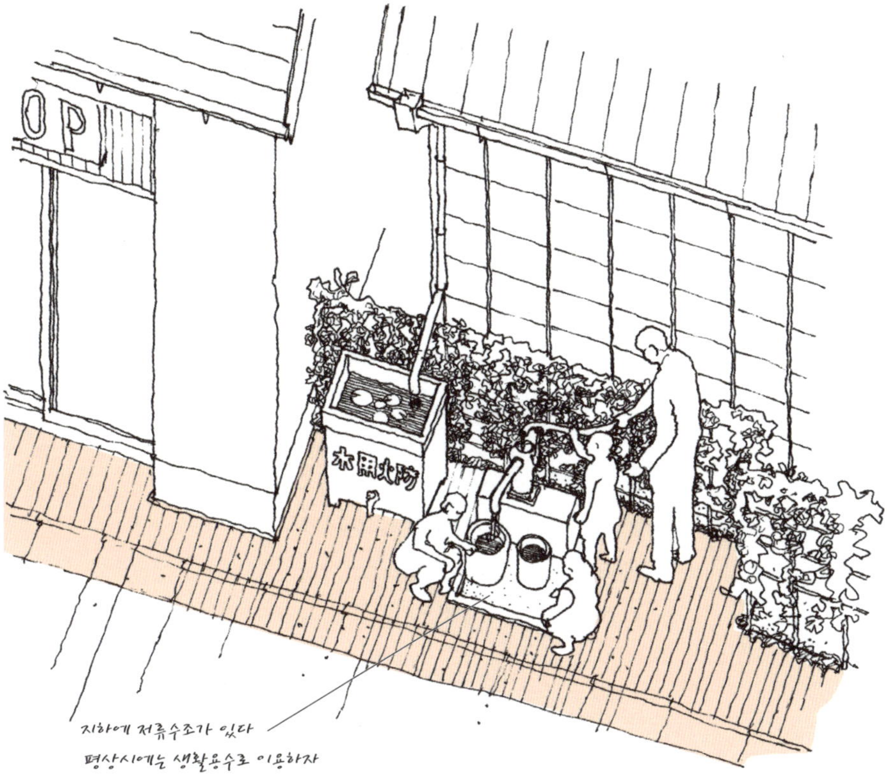

우수를 방화용수와 지하 저류수조에 담아두고 초기진화용으로 이용하자

골목에서 이루어지는 진화 활동

83 마을의 우물을 복원시키면 새로운 커뮤니티가 생겨난다

상점가 뒤쪽에서 가끔 펌프 달린 우물을 발견하는 경우가 있습니다. 게다가 우물 주변에는 빈 공간까지 남아있어, 그곳이 커뮤니티의 중심적 존재였다는 사실을 확인할 수 있습니다. 상수도가 널리 보급되어 있는 지금, 마을에서 이미 우물의 모습을 찾아보기 힘듭니다. 하지만 우물의 이용가치가 완전히 소멸된 것은 아닙니다. 왜냐하면 그곳은 이웃사람들이나 쇼핑객들이 서로 만나는 새로운 교류의 장소가 될 가능성이 높기 때문입니다.

최근 마을 우물에 대한 가치가 재검토되고 있습니다. 우물물이 비상시 즉 단수 시에 생활용수가 되거나, 또 해일이 몰려오기 직전에 물이 녹색으로 변했다고 하는 보도 그리고 독거노인의 목숨이 우물물로 구해졌다는 보고 등이 있기 때문입니다. 이렇게 보면 우물의 존재는 참으로 소중합니다. 게다가 수동으로 물을 퍼낼 수 있는 예전부터 사용해왔던 우물 형태가 재난 시에는 더 도움이 되는 것 같습니다. 그러니 마을에 우물이 아직 남아있는 곳이 있다면, 옛 정취가 느껴지는 목조로 된 지붕을 씌우고 툇마루를 설치하여 우물가에서 있었던 모임의 공간을 재현해 보는 것도 좋을 것입니다. 이렇게 운치 있는 쉼터에 수박을 차갑게 식혀두거나, 차가운 물수건을 준비하여 서비스로 제공한다면 쇼핑객들과 새로운 인간관계를 맺게 될지도 모르겠습니다.

토막 상식

「해일이 발생할 때는 근처에 있는 우물의 상태를 눈 여겨봐라」는 선조들의 가르침은 도움이 됩니다. 메이지 산리쿠(明治三陸)에 거대 해일이 발생했을 때, 우물물이 솟아오르며 콸콸거리는 소리가 났었다고 합니다. 또 우물물이 진한 녹색으로 물드는 것을 보고 서둘러 도망쳤다는 사람들의 이야기도 있습니다.

과거의 두레박 우물

마을에 우물이 존재하는 것만으로도 커뮤니티가 생겨난다

84 분산형 마을 상수도 공급시스템으로 위험을 분산시키자

근대 수도시설이 도입된 지 120년 이상 지났습니다. 현재 채취된 물을 정수장에서 상수도로 분배하는 시스템은 잘 갖추어져 있습니다. 그리고 채취하는 수원지(水源池) 역시 한 곳 이상을 확보하는 방식을 택하고 있어, 위험(Risk)을 분산시키는 것도 어느 정도 가능해졌습니다.

그런데 최근에는 대규모 시설을 건설하여 물 처리와 배분을 하는 기존 방식이 아닌, 즉 한쪽에 편중되어(一極集中) 있던 물 공급장소를 여러 곳으로 분산시키려는 움직임이 생겨나고 있습니다. 즉 시설의 분산배치가 위험부담을 훨씬 더 낮출 수 있다는 생각에서 입니다.

그리고 마을 만들기의 관점에서 보더라도 큰 정수장 하나를 만드는 것보다는 작은 정수시설을 두세 개 정도로 나누어 설치하는 방식이 더 좋을 것 같습니다. 각각의 시설을 분산 배치시킴으로써 가동효율이 상승되어 에너지가 절약되고, 위험도 분산되는 효과를 얻을 수 있기 때문입니다. 게다가 공급된 물은 상수도로서 수질악화, 압력저하를 방지할 수 있기도 하고, 상수도 공급관이 굵지 않더라도 관로망을 통해 충분히 공급 가능할 것입니다. 이렇게 깨끗한 물이 가까운 곳에서 마을에 그대로 공급되는 시스템이라면, 이용자들의 물에 대한 안전성 및 안심감은 더욱 향상될 것입니다.

토막 상식

정수장은 상수용 수원을 여과하고 물을 공급하는 시설입니다.
생태적인(Ecological) 정수장에서는 느린 속도의 여과 즉 완속(緩速) 여과방식을 택하고 있었으나, 도시가 확대되면서 급속 여과방식이 늘어나게 되었다고 합니다. 그런 이유에서인지 물맛이 없어진 것 같다고 이야기하기도 합니다.

일반적인 상수도 공급 시스템

위험을 피하기 위한 상수도 분산공급 시스템

85 직수 공급방식으로 에너지 손실을 해결하자

일반적으로 2층 정도의 건물이라면, 상수도 본관에서 분기하여 직접 연결해주는 방식으로 물이 공급됩니다. 그런데 건물높이가 3층 이상이 되면(수도사업자 규정에 의해) 직접 연결시키는 방식으로 급수하는 것은 불가능하므로, 물탱크를 설치하고 급수하는 경우가 많습니다.

그렇다고는 해도 대도시권에서는 직수방식이 확대되고 있고 또 채택되는 경우도 늘어나고 있는 실정입니다. 하지만 지방도시 대부분은 여전히 물탱크를 설치하는 경우가 많고, 그 설치를 위해 추가부지가 필요합니다. 또 물탱크 관리를 위해 연 1회 이상 의무적으로 물탱크 청소를 하도록 정해놓고 있습니다.

애써 상수도 본관에 수압을 높여서 공급했던 물을, 물탱크에서 청정도와 압력을 낮추어 저장해두었다가 다시 가정으로 공급하는 것은 에너지 낭비이자 매우 불합리한 방법이라 생각합니다. 따라서 물탱크의 설치기준을 재검토하고 직결 급수방식을 확대시키는 것이 필요합니다. 그리고 이러한 작업은 에너지 절약으로도 이어질 수 있을 것입니다. 물탱크 설치기준이나 법규에 대한 정비는 안전하고 에너지 효율을 높이는 마을 만들기를 진행시킨다는 차원에서도 큰 효과를 발휘할 것이며, 국가차원에서도 에너지 절약수법으로서 추진해야만 하는 것일지도 모릅니다. 상수도 사업자는 물을 공급하는 입장이므로, 좀 더 적극적으로 직결급수를 추진하는 것이 바람직하지 않을까요?

토막 상식

물탱크는 일차적인 급수 변동이 배수관에 영향을 주지 않도록 저수용량이 계획된 저수조를 뜻합니다.
그런 까닭에 통상적인 물탱크의 크기는 시설이 이용하는 물량의 반나절 분량을 저장할 수 있도록 설정되어 있습니다.

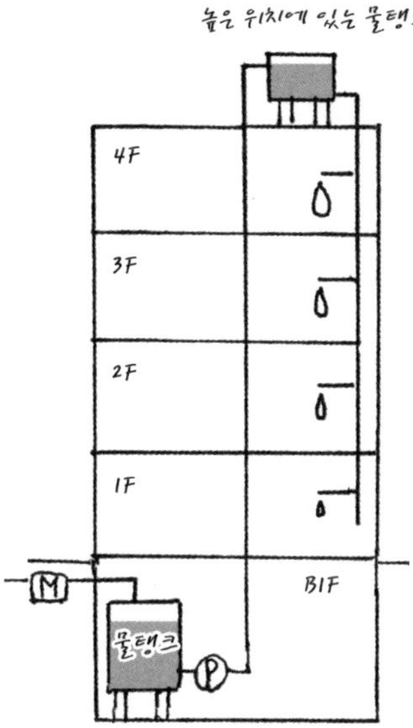

저수탱크를 설치한 경우

직결 급수방식의 구조

86

마을 하수관리에 정화조 처리방식을 적극 도입하자

하수도 공사가 경기부양이 될 것으로 여겨 불필요한 작업까지도 진행했던 시기가 있었습니다. 그 덕에 하수도 보급률은 75% 달성되었습니다. 그러나 아직도 하수도가 정비가 필요하기는 합니다만, 막대한 비용이 들어가는 하수도 시설 정비를 멈추는 정반대의 결단도 필요합니다.

동일본 대지진 이후 해일로부터 마을을 지키는 하나의 방안으로 거주지를 높은 지역으로 이전하는 계획이 제시되었습니다. 그런데 이때에도 하수도 정비는 기존 방식 그대로 추진하려 했습니다. 그런데 이와 같은 상황이라면 복구 및 부흥 비용의 경감을 위해서나, 후대에게 지워질 부채를 경감시키기 위해 새로운 하수방식의 도입을 고민해봐야 하지 않을까요? 다시 말하자면 점적으로 설치되는 정화조 이용은 촉진시키고, 선적으로 연결되어 지진 등 재해에 취약한 하수도 건설은 축소시키거나 중지하는 방안을 생각해보아야 한다는 것입니다. 사실 각 가구에 정화조를 개별적으로 설치할 때 드는 비용은, 마을 전체에 하수도를 설치하는 비용의 약 1/3에서 1/4 정도만으로 가능합니다.

특히 하수도가 아직 정비되지 않은 지역이라면 정화조 설치를 활용한 하수관리 방법을 사회자본의 정비차원에서 생각해보는 것도 좋을 것입니다. 특히 마을과 마을을 연결해주는 유역하수도 정비방법은, 비용대비 효과를 생각한다면 정말 앞으로 추진해서는 안 될 사업입니다.

토막 상식

유역하수도(流域下水道)란 마을과 마을을 연결하는 광역권을 하나의 하수도망으로 모아놓은 하수방식입니다.
그래서 하수도 이용자당 하수관로가 길며 효율 역시 떨어질 수밖에 없다고 합니다.

정화조의 구조

① 유입수 = 생활용수 →
② 폐기혐기성 바닥조(부패조, 혐기성 산화조) →
③ 생물 여과조 → ④ 처리조 → ⑤ 소독조 →
⑥ 유출수 = 방류

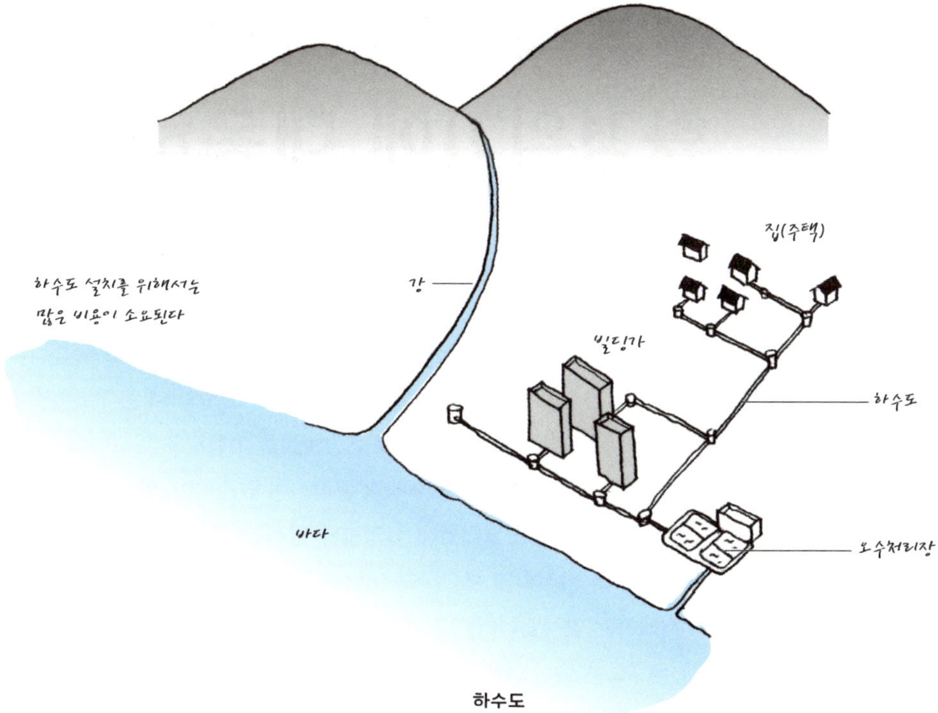
하수도 설치를 위해서는
많은 비용이 소요된다
강
집(주택)
빌딩가
하수도
바다
오수처리장

하수도

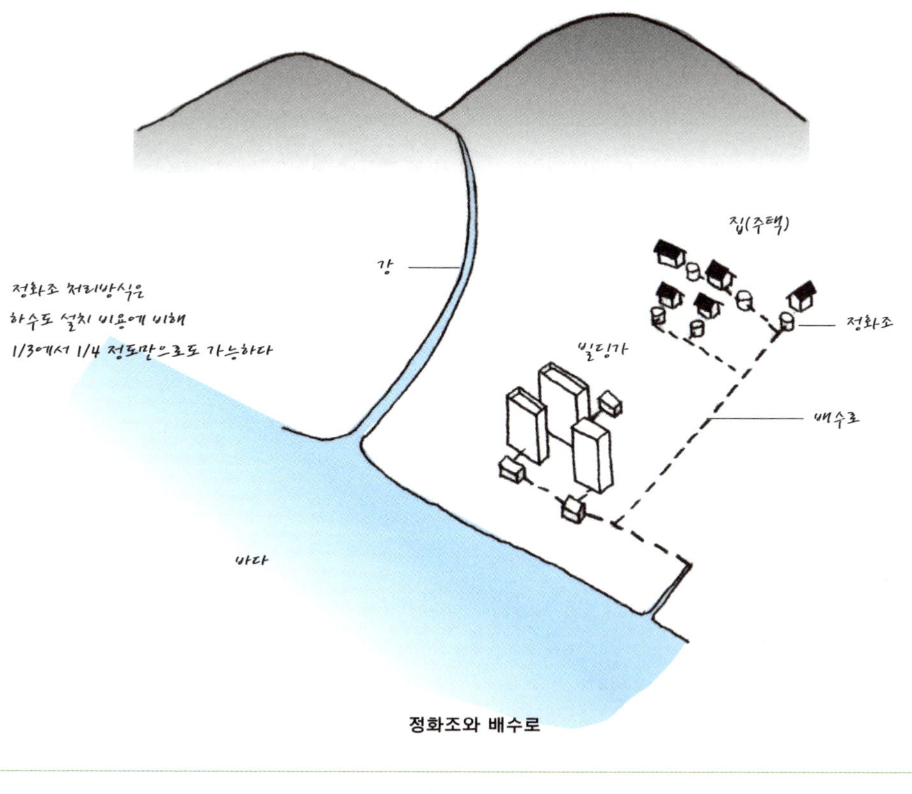
정화조 처리방식은
하수도 설치 비용에 비해
1/3에서 1/4 정도만으로도 가능하다
강
집(주택)
정화조
빌딩가
배수로
바다

정화조와 배수로

87

분류식 하수처리로 환경위기에 대응하자

BC 3,000년 모헨조다로의 유적에서도 하수도가 발견되고 있습니다. 물론 당시의 오수는 미처리 상태로 방류되었습니다. 그에 비해 근대의 하수도는 오수를 처리한 후 방류하는 방식으로 환경보전을 이행하고 있습니다.

하수도 처리 방식에는 합류식과 분류식이 있습니다. 합류식 하수도는 생활배수와 우수를 함께 흘려보내 처리하는 방식입니다. 분류식 하수도는 생활배수와 우수를 완전하게 분류하여 오염된 물 즉 오수만을 하수처리장으로 보내서 처리하는 방식입니다.

하수도 시설은 생활배수를 모아 처리장에서 처리를 하여 깨끗하게 만든 후에 방류합니다. 그렇기 때문에 하수처리장에 유입되는 수량이 일정하기만 한다면 처리능력은 충분히 발휘될 수 있습니다. 그러나 하수도에 빗물이 들어가게 되면 처리장으로 유입되는 수량이 증가하여 충분히 처리되지 못한 채 하수처리장에서 공공수역으로 배출되어버리는 상황이 발생됩니다. 따라서 바다를 오염시키지 않으려면 우수와 오수를 나누어 처리하는 분류식으로 진행하는 것이 바람직합니다.

그러한 기법을 마을 만들기에서 환경에 대응하는 방안으로 도입하고 적용한다면, 사람들의 환경의식을 높이는 효과로도 이어질 것입니다.

토막 상식

공공용 수역(公共用 水域, Water area for public)이란, 하천이나 호수와 늪, 항만, 연안 해역 및 기타 공공용으로 제공되는 수역에 합류되는 도랑이나 관개용수로 및 그 외에 공공용으로 제공되는 수로를 의미합니다.

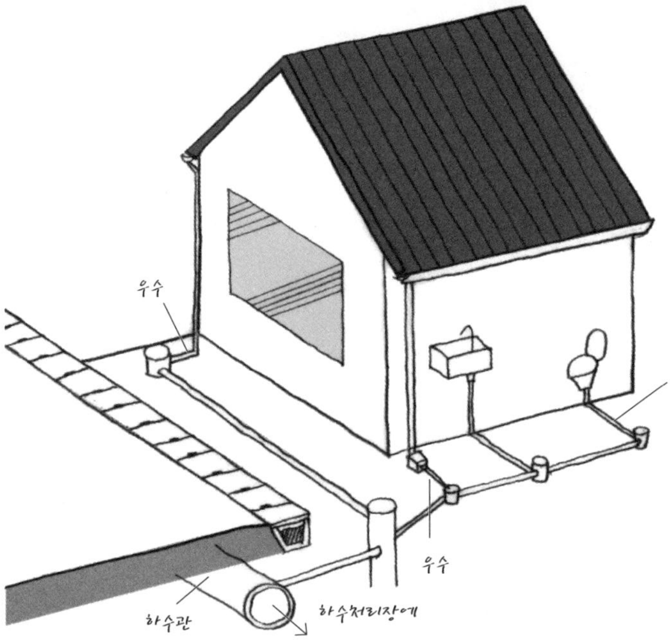

합류식 하수도

분류식 하수도

88 생활쓰레기 처리로 마을의 환경을 개선하자

이른 아침 마을의 쓰레기 수거장에는 까마귀나 도둑고양이들이 모여들고, 통근이나 통학하는 사람들은 그 길을 서둘러 스쳐가는 광경을 우리들은 매일 목격하게 됩니다. 마을에 쓰레기 수거차가 오기 전까지 연출되는 길모퉁이 풍경입니다. 이렇게 이른 시간부터 고양이들이 거리를 점령해버리는 상황을 피하기 위해, 음식물쓰레기 처리를 집이나 상점에서 스스로 해보도록 합시다.

음식물쓰레기는 조리시의 음식찌꺼기는 물론이거니와 식사 잔반 등 많은 양이 매일매일 생깁니다. 이것을 거리에 내놓지 말고 가정이나 시설 내에서 처리하는 생태적인 방법이 분명 있을 것입니다. 그리고 하나의 해결책으로 음식물쓰레기 처리기나 그린 박스(Green box) 등이 그에 해당될 것입니다. 동시에 그 음식물쓰레기 등을 자연스럽게 콤포스트(Compost, 가정쓰레기 등을 원료로 만든 유기비료, 고속발효건조장치) 화 해보는 것도 시도해보도록 합시다. 콤포스트에 필요한 시간은 온도와 장소에 좌우됩니다만, 온도를 확보하기 위해서는 햇볕이 잘 드는 장소를 마련하는 것이 포인트가 될 것입니다. 또 다른 방법으로는 기계적으로 음식물쓰레기를 분쇄 처리하는 것입니다. 분쇄기(Disposer)를 개수대의 배수구에 설치하면, 별도의 쓰레기 처리공간이 필요 없을 뿐 아니라 음식물쓰레기의 배출도 없어집니다. 물론 초기 설치비용이 조금 비싸긴 하지만, 과거 국토부에서도 음식물분쇄기를 이용한 에너지 절약을 검토했을 정도로 효과적인 방법임에 틀림없다고 생각합니다.

토막 상식

콤포스트(Compost)란 오수, 오물, 잔반 등을 발효시켜, 박테리아가 분해하도록 하여 만든 공해가 없는 유기비료 즉 퇴비를 의미합니다.

콤포스트를 이용한 음식물쓰레기 처리

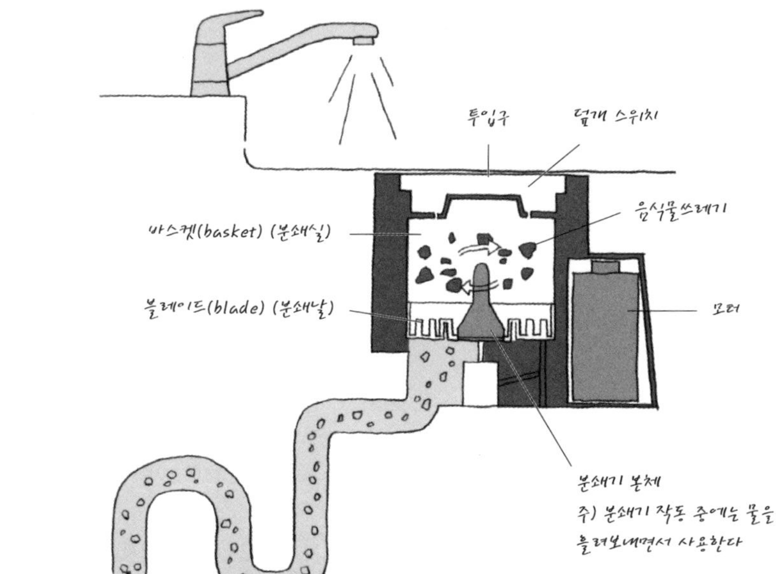

분쇄기(Disposer)를 이용한 음식물쓰레기 처리

89 에너지 비축은 마을 단위로 시행하자

공원이나 공공시설에는 방재창고가 마련되어 있어 물이나 식료품, 담요 등이 비치되어 있습니다. 게다가 공공기관에서 민간기업에 이르기까지 그 움직임은 확대되어가고 있습니다. 그러나 에너지는 확실하게 비축되어 있다고 말하기는 어렵습니다. 석유, 가솔린, LP가스 등은 국가에서 대규모로 확보하고 있기는 합니다만, 그 목적이 방재적 관점이라고 할 수는 없습니다. 하물며 시·군·읍·면에서의 비축은 그 정도에도 미치지 못하는 실정입니다.

마을 만들기에 에너지 비축이라는 차원에서, 방재창고에 에너지를 비축하는 방안에 대해 생각해 봅시다. 재해 시에 사용할 목적으로 등유와 가솔린, LP가스, 목탄 등을 넣어둡니다. 그리고 등유와 LP가스, 가솔린 등은 위험물이기도 하므로, 지하 저장탱크를 만들어 보관하는 것이 안전성과 수납공간의 확보라는 점에서 좋을 것입니다.

그런데 방재물품 등은 유효기간이 정해져 있으므로, 일정기간이 지난 후에는 갱신이 필요합니다. 그 경우 만일의 재해에 대비하는 대책확보의 관점에서, 또 이것들의 에너지 갱신차원에서 마을의 바비큐 대회 등 이벤트를 기획해보는 것도 좋을 것입니다. 분명 안전의식을 높여줌은 물론이거니와, 마을 주민들에게 깊은 인연을 만들어주는 기회가 될 것도 같습니다. 마을에서 이루어지는 이러한 체험을 통해 에너지 비축뿐 아니라 커뮤니티의 비축도 가능해질 수 있을 것입니다.

토막 상식

석유비축은 1차 오일쇼크(1970년) 이후 석유의 안정적 공급을 목적으로 저축된 석유를 말합니다.

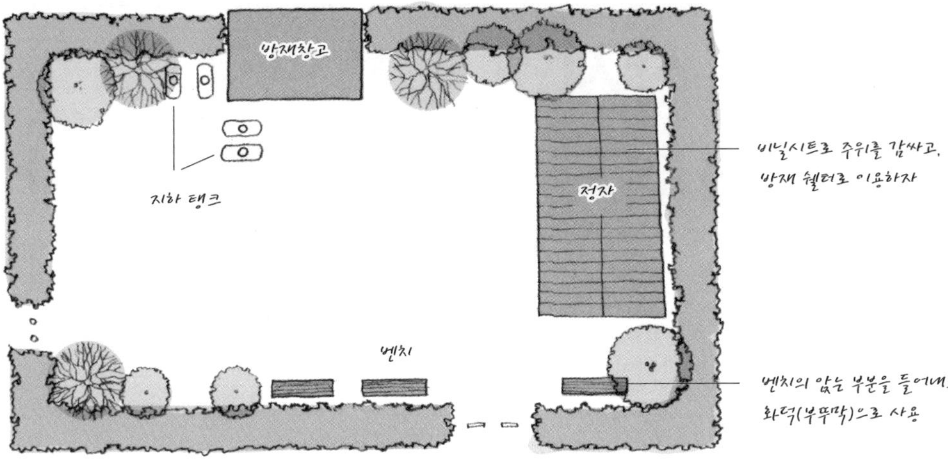

방재공원의 배치도

방재창고를 거점으로 에너지를 비축하되, 갱신시기가 되면 마을 파티를 열자

90 지산지소 정책으로 에너지 분산을 추진하자

일본의 전력은 10개의 회사가 국토 전체를 담당하는 방식으로 공급망이 형성되어 있습니다. 그러나 한편으론 전력원이 특정된 몇 개소에 지나치게 집중되어 있다고 이야기들 합니다. 한국의 경우에도 한국전력공사 한곳이 전국의 전력을 관리하고 있는 실정으로 극편중 되어 있는 실정입니다.

여기서 전력의 지산지소를 생각해 보는 것은 어떨까요? 사실 전력원은 다양합니다. 게다가 반드시 전력이 대규모이어야 할 필요도 없습니다. 자치단체나 기업이 발전을 한다 해도 문제되지 않을 것입니다. 이런 관점에서 생각해보면, 태양에너지를 이용하는 태양광발전(Mega sola)이 많아질지도 모르겠습니다. 에너지 개발에 대해서는 지역의 특징을 잘 살펴보고 산림사업이 번창해 있다면 바이오 연료(Bio-fuel)를 이용한 화력발전소를, 물이 풍부한 지역에서는 수력발전소를, 그리고 화산지대나 온천지에서는 지열발전소를 생각하면 될 것입니다.

이렇게 다양한 형태의 발전소를 지역별로 분산 설치하여, 일극 집중된 전기에너지의 수급 분산화를 유도하는 마을 만들기가 이제는 필요한 시대가 되었습니다. 이것은 311 후쿠시마 원전사고 이후 전개된 에너지 정책의 일환으로, 대다수의 의견일치(Consensus)에 접근하고 있는 개념이기도 합니다. 이 생각은 전력을 중심으로 한 발전소의 분산화이며, 위험 분산의 의미를 갖기도 합니다. 이것들을 능숙하게 통합시키고 이용하는 것에서부터 안정된 전력공급망의 확립이 가능해질 것입니다.

토막 상식

바이오연료는 생물자원에서 유래된 연료로, 목질계 연료로는 장작(Firewood), 칩(Chip), 펠릿(Pellet)이, 에탄올 계통의 연료로는 사탕수수와 옥수수가, 발효연료로서는 메탄가스 등이 있습니다.
이러한 에너지 이용을 탄소중립체(Carbon neutral, 배출량 제로)라고 합니다.

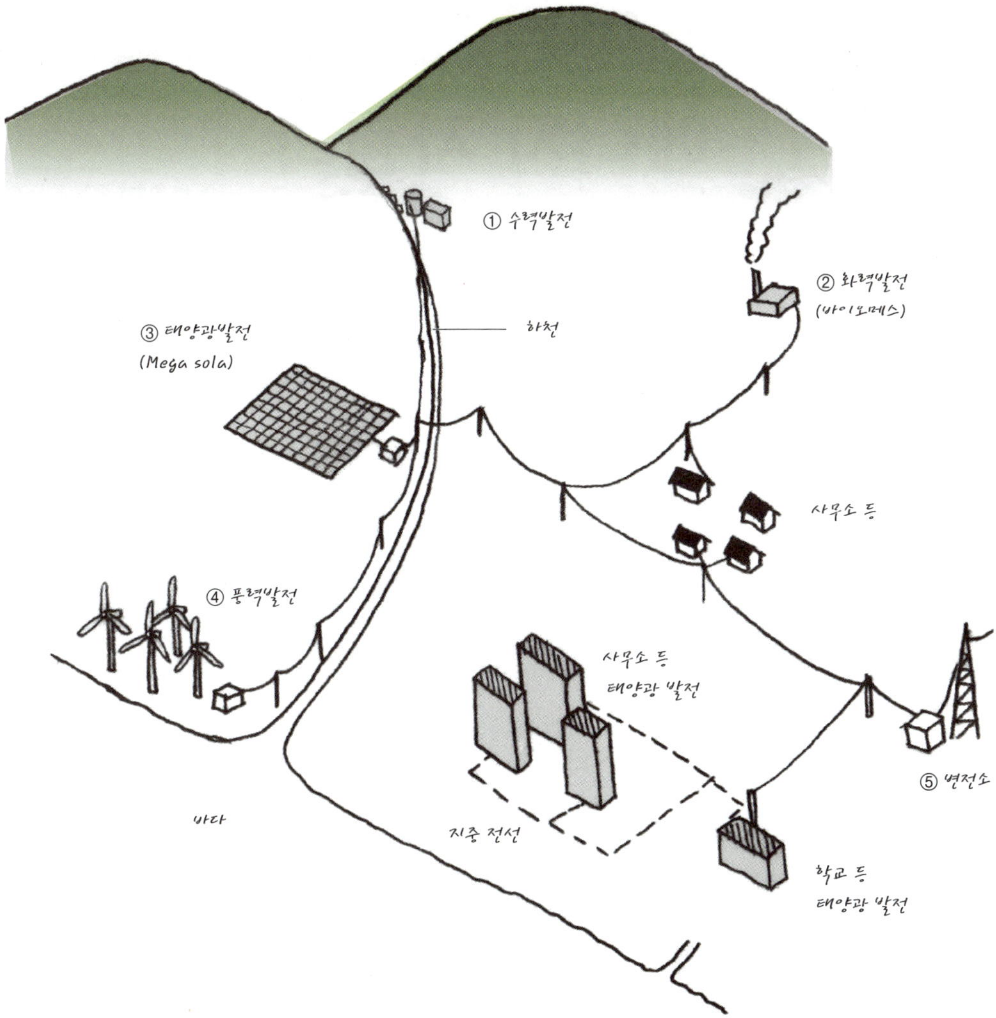

전력에너지 공급의 분산화

① 수력발전

산간지역의 낙차를 이용한 작은 수력발전. 댐을 만들지 않고, 강물을 제방으로 가두지 않는 수력발전

② 화력발전

바이오메스를 이용한 화력발전소는 탄소섬유가 함유된 석탄과 동일. 임업 폐기물을 칩으로 만들어 연료로 사용

③ 태양광발전(Mega sola)

대규모 태양광발전, 최대출력 1MW 이상으로 휴경지를 이용

④ 풍력발전

산 정상부나 해변의 바람을 최대한 이용한 풍력발전

⑤ 변전소

주요 전력회사에서의 송전을 변전하여 지역에 공급. 그 외에 가정이나 사무소, 공장, 학교 등에서도 연료전지나 태양광 발전을 이용하는 방식으로 다른 발전시설과 연계

91 스마트 그리드 도입으로 에너지 자원의 유효이용을 도모하자

스마트 그리드(지능형 전력망, Smart grid)란 기존 전력망에 전력사용량을 실시간으로 계측할 수 있는 스마트 미터(Smart meter)로 부하를 파악하여 이에 부합되는 전력을 제공하는 시설을 말합니다. 기존의 고정형 발전소나 분산형 발전을 적절하게 조합하는 방식을 통해 전력사용량을 유사하게 맞추어주는 것만으로도 에너지 절약은 가능합니다. 그를 위해서는 ICT(정보통신기술)를 사용한 전력망 네트워크를 확실히 구축해둘 필요가 있습니다. 아울러 스마트 그리드를 사용한다면, 정전을 없애고 피크 시프트(Peak shift)를 가능하게 하는 큰 성과를 얻을 수 있습니다.

전력은 부하를 예측하고 이것을 상회하는 송전(送電)을 해주는 것으로 안정된 공급이 가능합니다. 그래서 전력 공급량은 반드시 실부하 이상으로 설정되어 있습니다. 만약 공급량이 부족하다면 전력이 끊겨버리는 위험한 상황이 발생하기 때문에 잉여전력은 반드시 확보되어 있어야 합니다. 그런데 이 때 확보된 잉여분은 무효전력으로 일정시간이 경과 되면 소실될 수밖에 없습니다. 그러나 스마트 그리드를 도입하면 잉여분의 전력을 최소로 억제시켜 줌으로써, 에너지를 효율적으로 사용할 수 있게 됩니다. 이런 방식으로 발전용량에 맞추는 것을 축전(蓄電) 이용이라고도 부릅니다. 우리들이 축전을 능숙하게 이용할 수 있다면, 스마트 그리드가 더더욱 의미를 갖게 될 것입니다.

토막 상식

분산형 발전이란 주로 풍력발전, 태양광발전, 연료전지 등 소규모 전력을 발생시키는 발전 방식으로, 분산된 형태로 설치되어 있는 발전시설의 총칭입니다. 고정형 발전이란 종래의 화력, 수력, 원자력에 의한 발전을 뜻합니다.

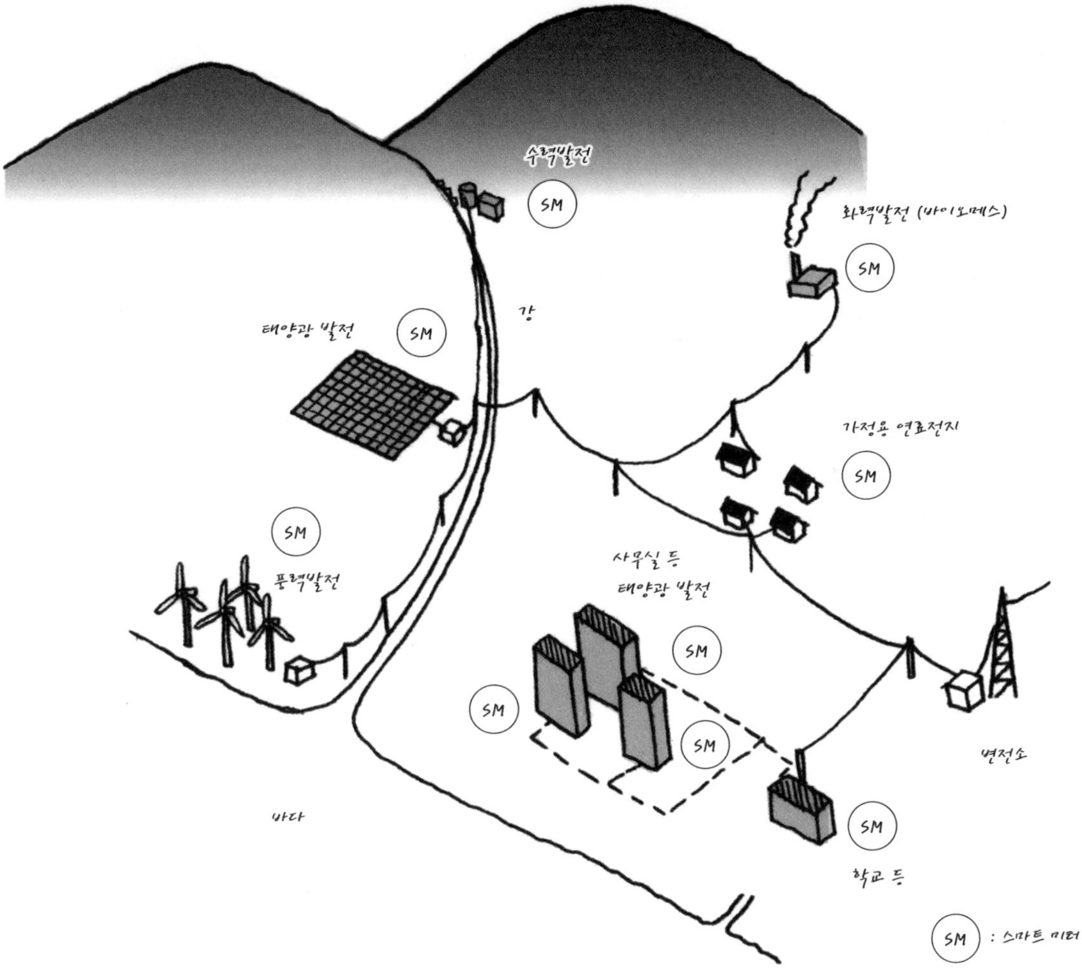

다양한 스마트 그리드(Smart grid)의 전개

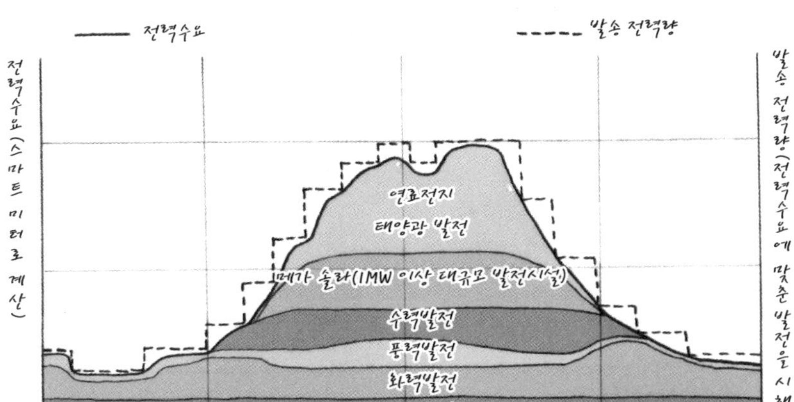

지역 발전시설 이용으로 전력수요에 균형을 이루자

92 상점가 아케이드에 태양광 발전시설을 설치해보자

태양광 발전은 자연에너지를 이용하는 비교적 안정된 이용법으로, 발전시설의 효율개선과 제품가격의 추가적인 저하가 실현된다면 합리성이 기대되는 발전시설입니다. 게다가 열 발생과 열 이용을 이중 삼중으로 반복하면서 전기를 모아가는 것으로 정당성이 확보되는 발전시설이기도 합니다. 예를 들어 지붕 위에 태양광발전 시스템을 마련하려면, 지붕 위에 지지대와 태양광발전 어레이(Array) 본체를 집어넣어야 합니다. 그런데 이 작업에 설치비용이 생각보다 아주 많이 들어갑니다.

그렇다면 태양광발전 본채를 지붕과 일체화시키거나, 지붕재가 유리 등의 경우에는 이것들에 붙여주거나, 끼워 넣어 설치한다면 효과적이지 않을까요.

상점가에 설치되어 있는 대부분의 아케이드는 돔(Dome) 형태로 지붕에 얹혀져있어 비오는 날에도 자유롭게 쇼핑을 할 수 있습니다. 게다가 아케이드의 지붕은 조명장식이 가능하도록 투명한 소재로 되어 있는 경우가 많습니다. 따라서 이 지붕에 태양광발전 모듈을 설치하면, 그 효용성은 발전과 차양의 두 가지 역할로 나타날 것입니다. 게다가 아케이드 내 조명에 소요되는 전기요금 정도는 태양광 발전에서 나오는 연간 발전량으로 충당될 수 있을 것입니다.

토막 상식

태양광발전의 발전 최소부분을 셀(태양전지 소자)이라 부르며, 이 최소집합체를 모듈이라 하는데 한 장의 판상으로 되어있습니다. 이 모듈을 여러 개 겹쳐 모아놓은 것이 어레이(Array)이며, 발전용량을 확보하는 매체가 됩니다.

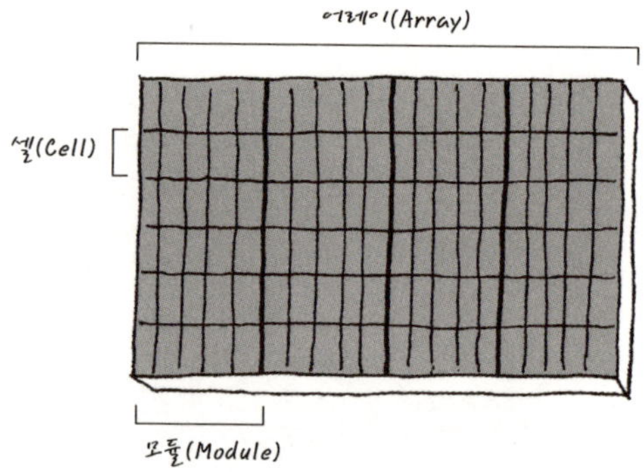

태양전지 패널의 구성

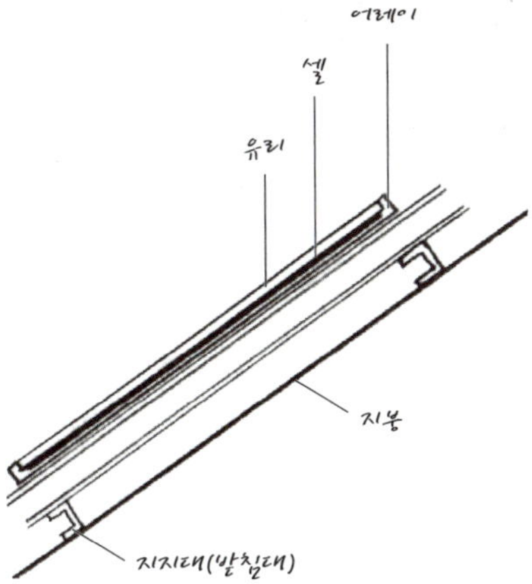

태양전지 패널을 지붕에 부착

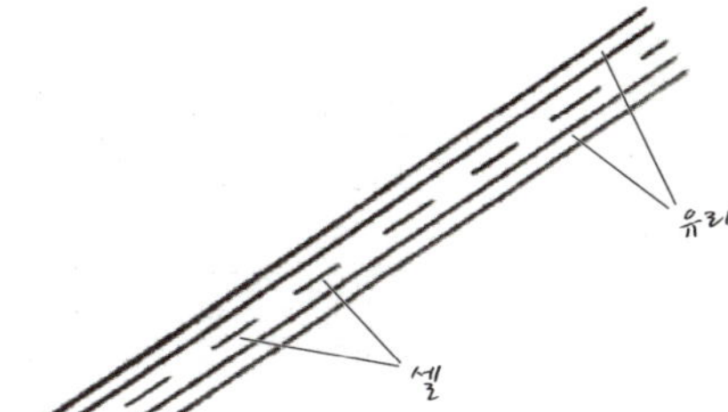

태양전지 패널의 단면

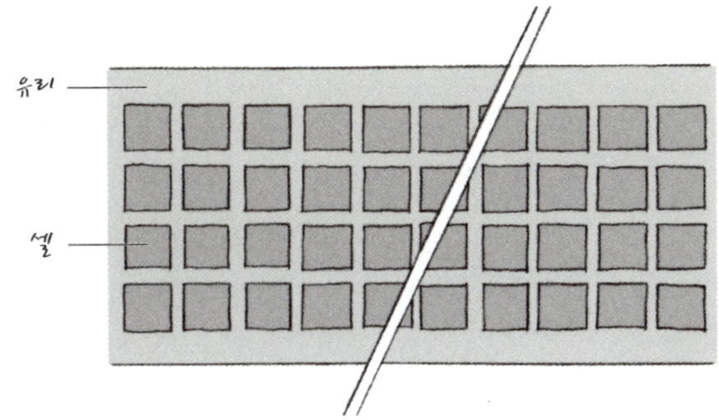

태양전지 패널의 평면

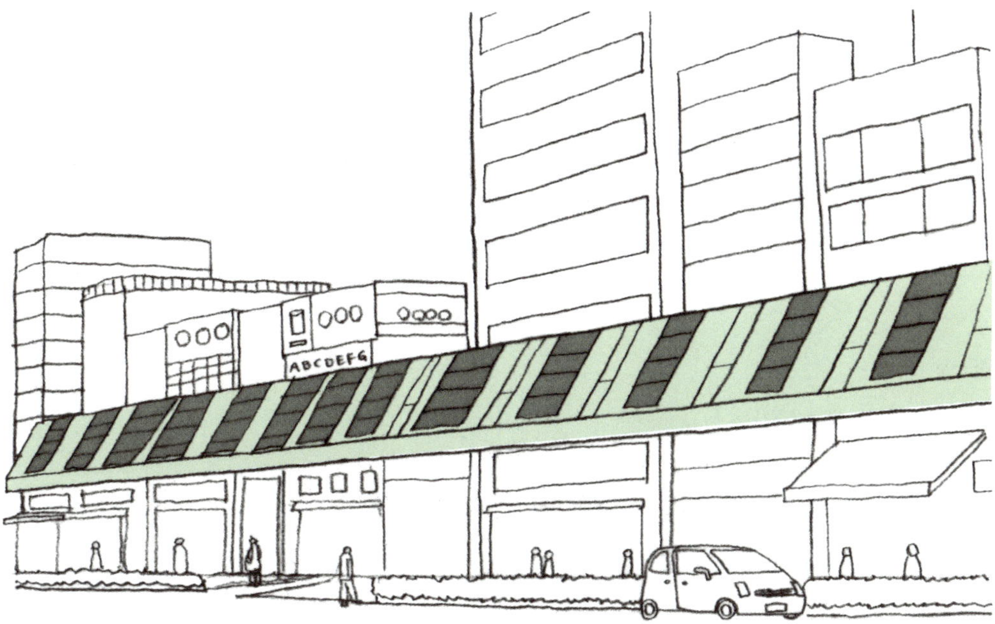

상점가의 아케이드 지붕을 태양광 패널로 만들어보자

93 전선 지중화를 통해 깔끔하고 쾌적한 거리를 만들어보자

상점가 교차로에서 하늘을 올려다보면 전선케이블에 의해 하늘이 여러 개로 나뉘어져 있다는 것을 깨닫게 됩니다. 물론 상점가 앞쪽에서 바라보면, 하늘과 전선과 도로가 돌연 하나로 보이기도 합니다.

만약 상점가 이곳저곳에 걸려있는 전선을 땅 속으로 넣는 지중화(地中化)를 시행한다면 거리의 조망도 좋아질 것이고, 상점도 사람도 차도 식별하기 쉬워질 것입니다. 그리고 태풍이나 지진 등으로 전봇대가 쓰러지거나, 늘어진 전선으로 감전되는 위험도 사라지게 될 것입니다. 한편, 전선 지중화의 단점이라면 새들의 휴게장소가 줄어든다는 것과 지중화를 위한 케이블 매설비용이 증가된다는 정도일 것입니다.

전선을 지중화하더라도 변압기만은 지상에 설치하는 것이 좋습니다. 변압기를 지하에 매설하는 비용은 극히 고액이 소요되기 때문에 별 이득이 되지 않기 때문입니다. 다만 변압기를 지상에 설치할 때 필요한 것은 공간을 확보하는 문제로, 도로 어디에 변압기를 설치하는 것이 적절한가 하는 문제는 마을 만들기에서 주요 사안이 됩니다. 따라서 변압기를 설치할 후보지로 마을 안의 공터나 공원, 주차장의 일부에 변압기를 배치하고 활용하는 편이 폭이 좁은 도로에 설치하는 것보다 효율적이라 할 수 있겠습니다.

토막 상식

전선을 지중화 했더라도 변압기는 필요하며, 지하공동구 이외의 장소에서는 변압기를 지상에 설치할 필요가 있습니다.
지중화가 불가능한 지역이라면 이면도로에 배선하는 등 가능한 한 눈에 뜨이지 않도록 궁리하는 것이 좋습니다.

전선이 있는 가로경관

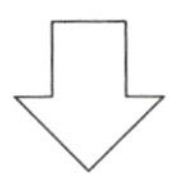

전선을 지중화하여 전봇대를 없애주면 가로경관도 달라진다

94 전봇대를 하이브리드(Hybrid) 화 해보자

전봇대는 경관측면에서 보면 대단한 골칫거리입니다만, 지중매설의 전선에 비해 비용이 매우 저렴합니다. 그런데 지중매설로 전선이 땅 속에 있는 상황이라면, 문제가 생겼을 때 장소의 확인이나 복구공사 시 땅을 파헤쳐야 하므로 인건비가 많이 소요될 것입니다. 반면에 지상에 설치되어 있는 전봇대는 설사 기울어진다 해도 선이 끊어지거나 고장이 아니라면 송전은 가능합니다. 그러니 무조건 지중화하지 말고 땅속에 매설하기가 곤란하다면 전봇대 기능을 한층 더 강화하여 활용하는 방법에 대해서도 생각해 봅시다.

전봇대에 조명기구를 부착하는 사례는 자주 보입니다만, 여기에 축전지를 설치해 둔다면 정전이 되더라도 조명을 켤 수 있을 것입니다. 이것은 실내공간에 설치되어 있는 비상등과 동일한 원리입니다. 축전지 몇 대를 교대로 충전과 방전을 적절히 반복할 수 있는 구조로 해 둔다면, 전지의 수명을 늘려 사용할 수도 있습니다. 게다가 태양전지 패널이나 풍력발전을 병용한다면 에너지 절약에도 기여할 수 있으므로, 마땅히 전봇대를 하이브리드화한 것이라 말할 수 있을 것입니다. 전력에 의존하고 있는 대도시의 경우, 야간에 재난이 발생하게 되면 암흑천지로 변해버릴 가능성이 높다고 이야기 합니다. 따라서 이런 비상등 기능이 포함된 하이브리드화 된 전봇대, 경관을 배려한 새로운 전봇대 디자인의 도입도 필요하다고 할 수 있겠지요.

토막 상식

가솔린엔진과 전기모터를 병용하는 하이브리드 자동차로 익숙해져있는 「하이브리드」란 용어는, 같은 목적을 가진 서로 다른 2개 이상의 기술을 병용한다는 의미입니다.

하루 종일 햇빛이 잘 비치는 장소에서는 태양광발전 타입을 선택

하루 종일 그늘이 지는 장소에서는 풍력발전 타입을 선택

95 수목을 활용하여 거리에 연소방지대를 만들어보자

수목이 화재 시에 방화벽을 대신한다는 것은 과거부터 잘 알려져 있는 사실입니다. 이미 널리 알려져 있는 수목으로 화복수(火伏樹)라 불리는 은행나무가 있습니다. 은행나무는 불이 나면 스스로의 수분을 증기로 발생시켜 연소가 일어나는 것을 막아줍니다. 이러한 기능을 가진 방화수의 공통적인 조건으로는, 잎이 두껍고 줄기도 코르크 형상으로 되어 있어야 한다는 것입니다. 결국 수목에 불에 닿더라도 자신의 수분을 증발시켜줌으로써 상당기간 동안 주변에 연소를 막아주는 방식입니다.

골목에는 「2항 도로」 라 분류되는 도로가 있습니다. 목조밀집지 등 도로폭원이 4m 미만인 도로에서 증개축이 이루어지는 경우 각각의 건축선을 도로 중심선에서 2m 씩 후퇴하도록 정해놓은 법입니다. 다만 증개축에 맞추어 후퇴할 수 없으므로, 도로변 건축물 모두가 후퇴되어 4m 폭원의 도로가 생겨나기까지는 긴 기간이 필요합니다. 그럴 때 방화수를 건축선 후퇴로 인해 새로 생긴 공간에 심어 수목식재 구역을 만들어 보는 것은 어떨까요? 어쩌면 그 구역 자체가 마을에서 평판의 대상이 될 수 있을지도 모릅니다. 이런 것들을 선호하지 않는 지방자치체도 있을 것입니다. 그렇지만 방화수를 적재적소에 잘 이용할 수 있다면 거리가 보다 안전한 장소가 되는 마을로 이어질 수 있다는 것은 틀림없는 사실입니다.

토막 상식

방화수로는 아왜나무, 참나무, 모밀잣밤나무, 굴거리나무, 후피향나무, 소귀나무 등 잎이 두꺼운 상록수가 좋다고 되어 있습니다. 다만, 한랭지에서는 물참나무처럼 수분을 많이 포함한 수목이 더 효과적이라고 합니다.

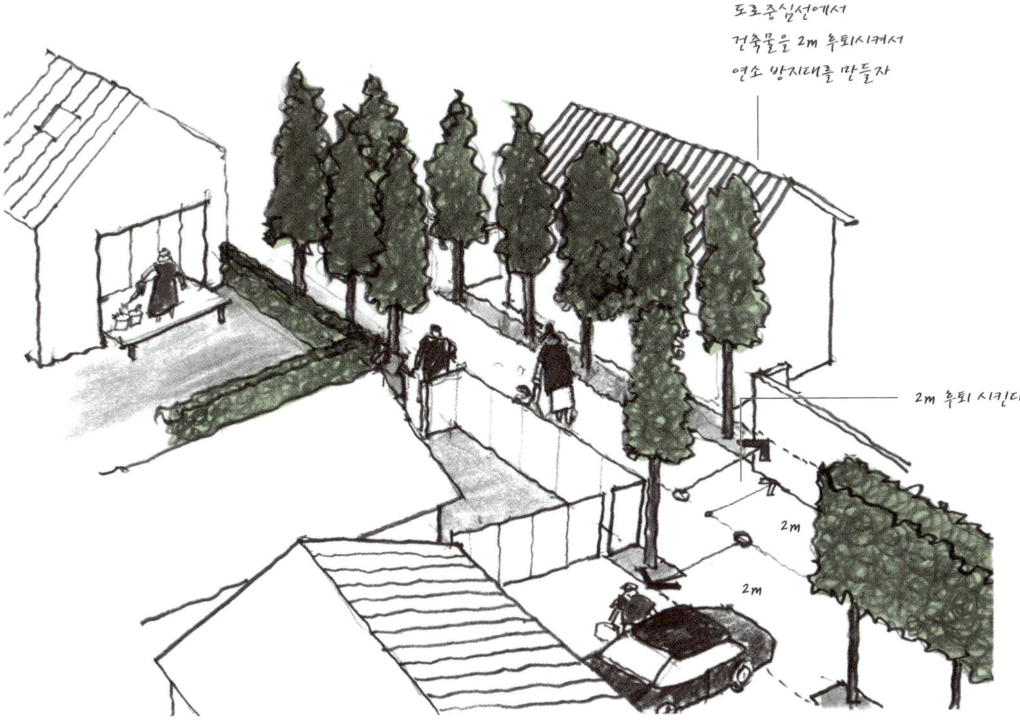

증축 및 개축이 이루어지는 장소에서는 수목을 활용한 연소 방지대를 마련하자

도로폭원 4m 미만의 좁은 도로

96 마을 전체를 대상으로 마이크로(Micro) 한 수해대책을 마련하자

2011년 태국에서는 많은 비가 계속 내려 국토의 대부분이 수몰되는 전대미문의 재해가 발생했었습니다. 홍수는 빗물이 강으로 빠져나가는 것이 불가능해지는 경우 일어나는 것입니다. 그런데 포장된 면적이 적은 태국에서도 그 정도의 피해가 일어났었다는 사실을 보면, 포장률이 높은 국가에서는 말할 필요도 없이 엄청나게 큰 피해가 발생할 것으로 예상됩니다.

도쿄에서는 10년 간 1,000만 엔 이상의 비용을 들여 54만 톤 규모의 커다란 지하하천을 홍수대책으로 준비해놓고 있습니다. 하지만 광역적인 관점에서 판단해보면 그것만으로 충분하다고 보기 어렵습니다. 현재 도쿄에는 약 220만 호의 주택이 있습니다. 그런데 만약 각 주택마다 1톤 규모의 우수 저류조를 설치해둔다면, 사전에 마련해놓은 홍수대책보다 약 4배 정도 많은 빗물을 광역적으로 저수할 수 있을 것입니다. 같은 규모로 지하하천을 조성하는 방법과 비교해보면, 단순 계산만으로도 20% 정도 저렴하게 처리할 수 있을 것입니다.

그러나 이 방식의 중요한 점은 사용방법에 따라서는 단시간에, 또 광범위한 우수대책이 될 수 있다는 것입니다. 따라서 마을 전체가 상호 연계되어 있는 이러한 시스템이라면, 안정된 수해대책을 취할 수 있습니다. 게다가 마을에 우수의 저수탱크가 확보되어 있다면, 환경측면에서도 여유롭고 새로운 풍경을 생겨나게 할 수 있을 것입니다.

토막 상식

우수의 적극적 활용에 대한 기준은, 2011년 일본 건축학회에서 발행된 「일본건축학회 환경기준 AIJES-W0002-2011: 우수 활용 건축가이드라인」에 제시되어 있습니다.

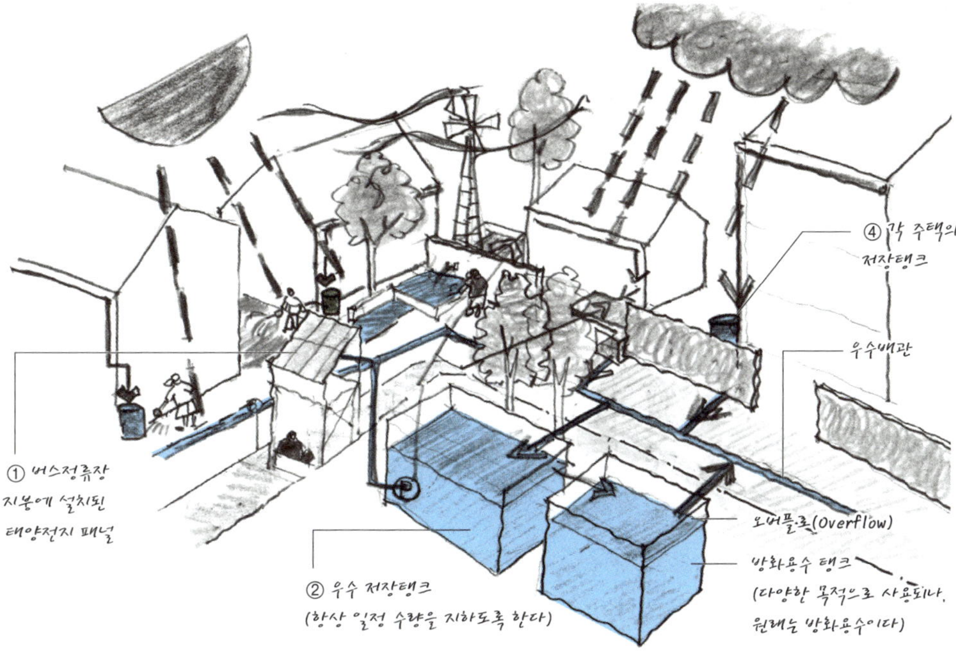

마이크로(Micro, 미시적인)한 수해대책이 마련되어 있는 지역시스템 이미지

마이크로한 수해대책 시스템을 이용한 거리의 풍경

97 방재에 강한 수벽(水塀)이 있는 마을을 만들자

동일본 대지진 이후, 다양한 건축적·토목적 방재도시에 대한 제안이 있었습니다. 지형적으로 높은 위치에 거주하는 것도 검토되었는데, 그 중에는 1960년대에 유행했던 인공적인 대지를 이전 주거지역에 붙이는 계획안도 있었습니다. 어쨌든 그들은 대지진 이전과 같은 방식이 아니라, 지형이나 풍경을 유지하면서 지역의 소재가 사용되고 또 지속적으로 지역산업을 육성하는 방향으로 계획되는 것이 바람직하다고 평가되었습니다.

한편 산림은 건축자재뿐 아니라 에너지 자원으로서도 재검토되고 있는 실정이어서, 목조건축에 대한 관심과 비중은 높아질 것이라 생각합니다. 무엇보다 목조건물은 사람들에게 편안함과 포근함을 가져다주기 때문입니다. 그럼에도 불구하고 어떠한 부흥계획에서도 밀도가 높고 게다가 프라이버시를 확실히 보장할 수 있는 계획이 요구될 것이므로, 목조의 약점 즉 화재에 대한 대비가 필요할 것입니다.

그래서 적당히 비가 많은 일본의 기후특성에 맞추면서 한편으로는 사람들에게 친밀감을 느끼게 하는 골목의 풍경을 만들어주는 요소로 제안해보고자 하는 것이 바로 「수벽, 물 담장」 입니다. 골목에 계획된 수벽은 때때로 작은 수공간의 수원으로, 호우 시에는 수해대책이 되는 공간으로 그리고 화재 시에는 방화기능을 갖는 벽으로의 역할을 하게 될 것입니다.

토막 상식

우수저수조를 계획할 때는 사용하는 물의 양을 머릿속에 떠올려보는 것이 좋습니다.
그 기준은 수돗물입니다. 수돗물을 최대로 틀었을 때 물의 양은 20~24L/분 정도입니다.
100L의 저수조인 경우, 그 기세로 물을 틀게 되면 4~5분 만에 모두 사라지게 됩니다.

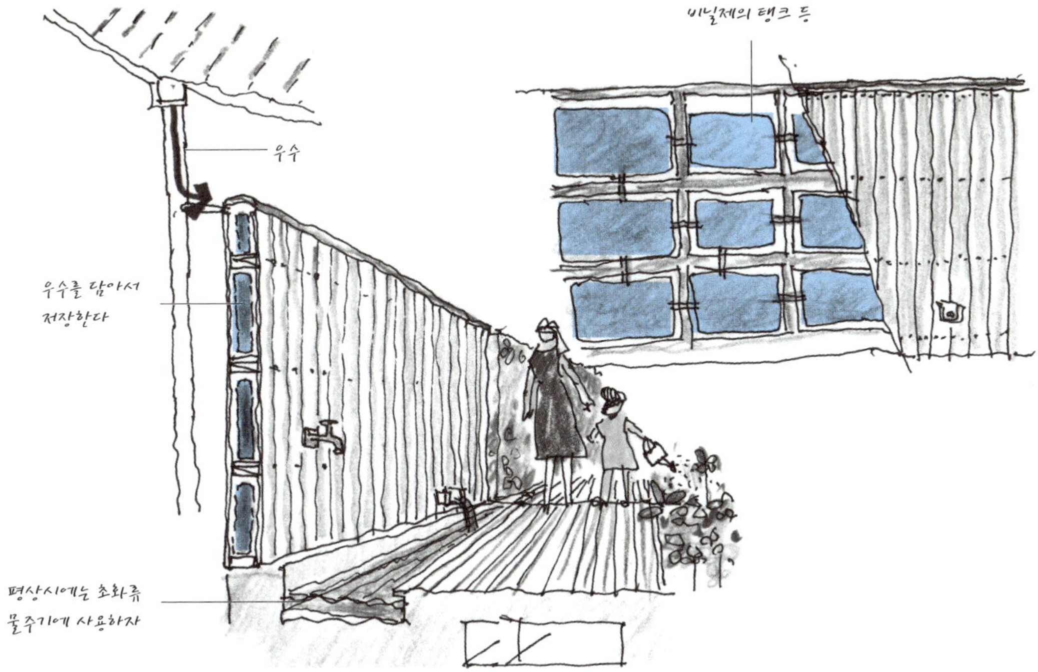

수벽에 의한 방화시스템

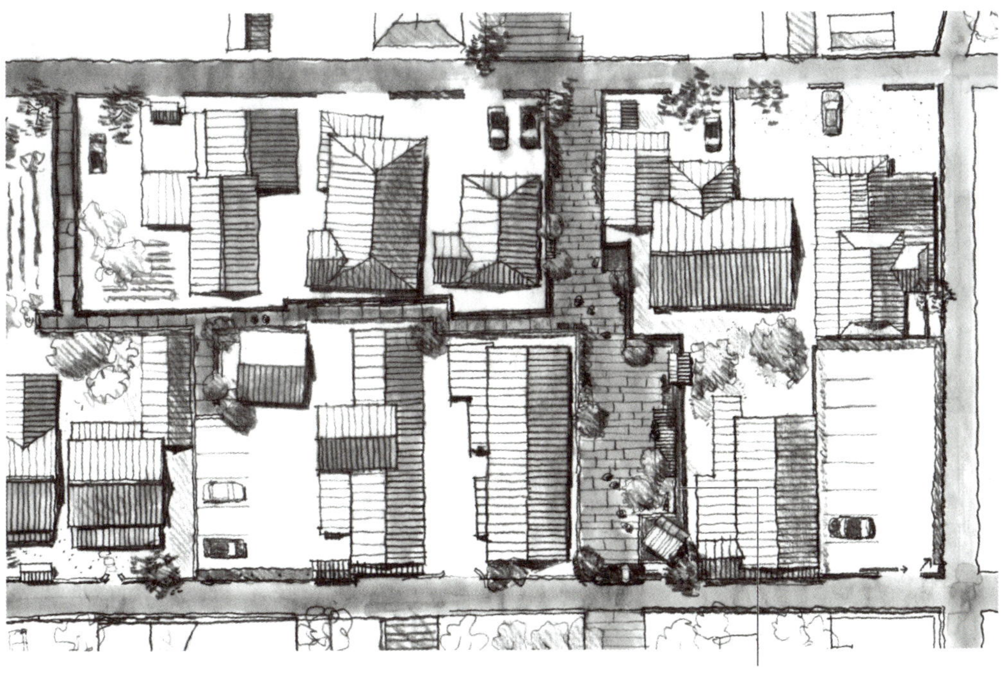

수벽을 도입한 가구(街區)의 네트워크

98 액상화 대책으로 마을의 지반구조를 견고히 하자

동일본 대지진 후에 주목을 끌었던 것은 치바현 우라야스(千葉県浦安) 시의 토쿄 디즈니랜드, 디즈니 시였습니다. 지진이 일어났을 때 액상화 현상에 의한 피해를 최소한으로 낮추어, 귀가가 어려워진 2만 여명의 사람들이 사용할 수용시설로도 기능했던 곳입니다.

이때 화제가 되었던 것이 「샌드 컴팩션 파일 공법(Sand compaction pile method)」입니다. 이 지역에 시설이 건설될 당시 채용되었던 이 공법은 연약지반에 강관말뚝(Cassing Pipe)을 치고 진동시켜 압밀시켜 굳힌 모래말뚝과 연약 점토층을 서로 교체하여 지반을 보강해주는 방식입니다.

이것은 동시에 지반의 수분을 이 기둥의 말뚝을 통해 배출하는 효과도 겸하고 있습니다. 「샌드 컴팩션 파일 공법」은 매립지의 대규모 개발이나 공항건설 등에서 행해지는 경우가 많으나, 액상화 현상이 우려되는 해안이나 하천 그리고 늪지 등의 지형에서는 도시 차원에서 지반개량을 미리 시행해 둘 필요가 있습니다. 최근에는 주택을 건설할 때에 말뚝 등으로 지반개량을 시행하는 것이 기본적인 작업이 되었습니다. 지진 등 재해가 늘어나고 있다는 점을 고려한다면 건물 자체의 내진성능을 높이는 것도 중요하지만, 그 아래 지반의 상태에 대해서도 관심을 기울여야 할 필요가 있습니다.

토막 상식

주택건설 차원에서 일반적인 지반 개선 방법으로는 말뚝기초 지반개량 공법이 있습니다.
이것은 안정지반까지 시멘트 밀크(시멘트계 고화재에 물을 섞은 것)를 주입하고 굳혀서 땅속에 기둥을 만들어주는 공법입니다.

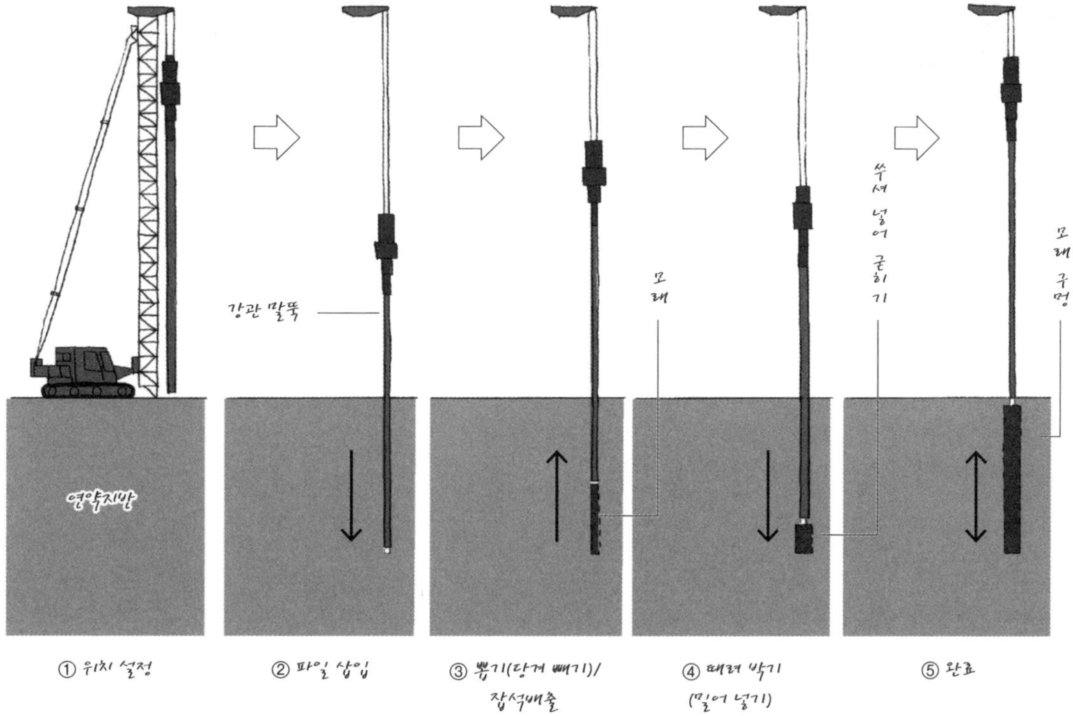

샌드 컴팩션 파일 공법(Sand Compaction Pile method)

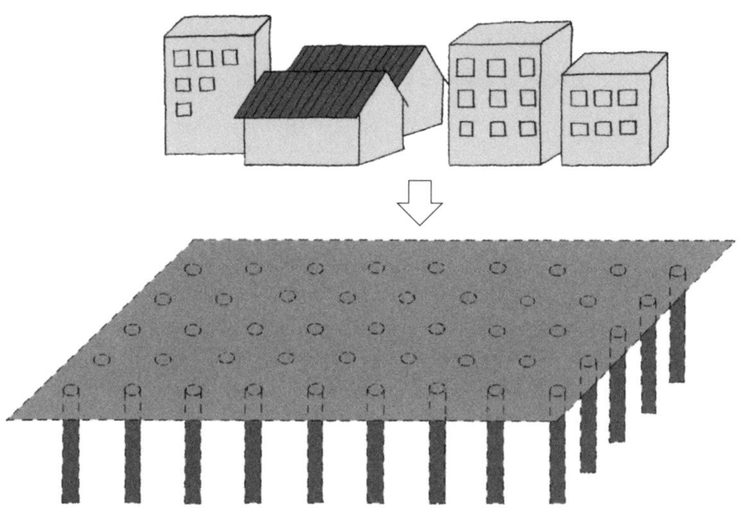

도시 차원에서 지반 전체에 모래 말뚝을 박는다

99 절토와 성토작업, 양쪽 모두에서 주의를 기울이자

동일본 대지진 후에 시행된 건물 피해조사에서는, 지반이 절토인지 성토인지에 따라 피해상황에 명암이 나뉘었다는 사실이 확인되고 있습니다. 게다가 일반적으로 거론되고 있는 「절토는 지진에 강하고, 성토는 지진에 약하다」라는 정설 그대로 피해가 발생되었다는 결과가 나타났습니다. 그래서 해일의 피해를 입은 지역에서는 높은 지대로 주거지를 이전 정비하자는 이야기도 나왔습니다. 그 경우에는 택지조성이 먼저 이루어져야 하는 상황이므로, 다음과 같은 점들을 유의해두어야만 합니다.

경사지에 택지를 조성하는 경우에는 절토로 인해 생겨난 흙을 근처 경사면에 성토하여 계단식으로 택지를 조성하기도 합니다. 이 경우는 절토 작업과 성토 작업이 혼재된 상태이므로, 어느 부분이 성토인지 아닌지를 판단하기가 어려울 것 입니다. 그러므로 만약 택지의 위치가 어디인지 확인하기가 어렵다면 전문가에게 의뢰할 것을 추천합니다. 또 절토만으로 택지조성이 이루어지는 경우에는, 원래 있었던 물길(수맥)을 끊어버리는 상황이 발생할 가능성이 높습니다. 따라서 용수(湧水, 샘물)로 인한 토사붕괴의 가능성에 대해서도 염두에 두고 대책을 강구해둘 필요가 있습니다. 성토는 요주의, 절토라 할지라도 주변 환경을 세심하게 조사해두어야 한다는 사실은 지난 몇 차례의 지진 재해가 우리들에게 경고 해주었습니다.

토막 상식

경사면 조성지에서는 옹벽 쪽으로 성토가 이루어지는 경우가 있으므로 각별한 주의가 필요합니다.
또 지진 재난 후에는 기와나 자갈을 파묻고 성토가 이루어지는 경우도 있기 때문에, 주택지로 사용하는 경우라면 전문가에게 조사를 의뢰하여 지반상태를 파악해 두는 것이 좋을 것입니다.

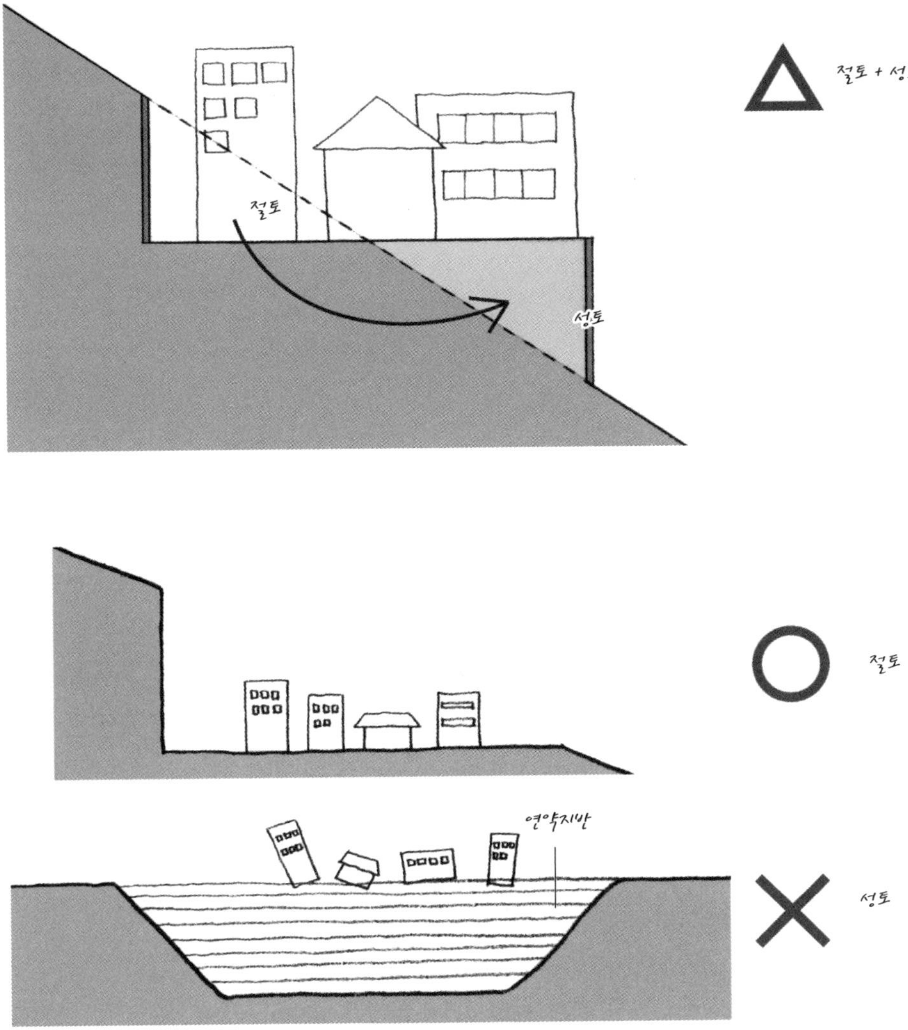

절토인지 성토인지에 따라 피해상황이 바뀐다

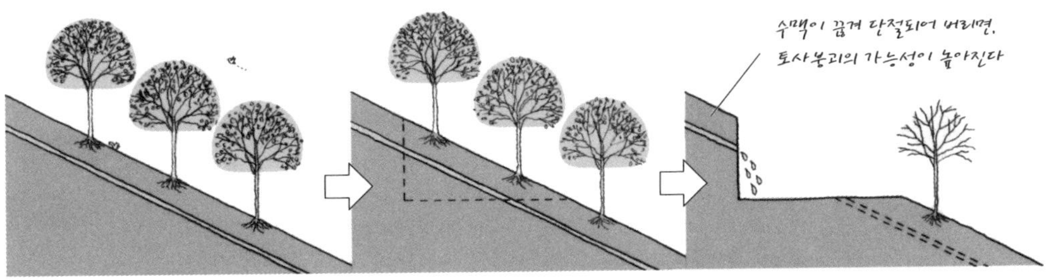

절토 작업이 이루어진 경우에는, 수맥에 유의하자

마무리 플러스 1의 아이디어

마을 만들기에서 자주 언급되는 이야기로 「젊은이, 외지인, 바보멍청이」 라고 하는 용어가 있습니다. 이것은 마을 만들기에 필요한 인재를 상징하는 것으로, 젊은 사람들과 객관적으로 마을의 상황을 평가해 볼 수 있는 전문가나 조언가(Adviser), 그리고 마지막에는 마을 만들기에 열중하는 지역의 독특하고 개성적인 주요 인재(Key man)를 의미하는 것입니다.

그 외에 「토지의 사람, 비의 사람, 바람의 사람」 이라는 용어도 사용됩니다. 「토지의 사람」 이란 그 곳에서 생활하는 지역주민을 의미하며, 「비의 사람」 이란 행정기관을 나타냅니다. 「바람의 사람」 이란 타지인과 같은 뜻으로 외부에서 들어와 마을 만들기에 참여하는 전문가들을 가리킵니다.

플러스 1의 아이디어는 이러한 3자가 마을 만들기나 재생을 위해 하나로 뭉치기 위한 소프트웨어에 관한 아이디어입니다.

지역에 뿌리내리고 있는 축제를 활성화하고, 혹은 잊혀져있던 마을행사를 부활시키거나, 마을의 경관을 재인식하기 위한 사진 경진대회를 개최하는 것, 과거의 기억들을 찾아내기 위해 어르신들에게 마을과 사람들에 관한 이야기를 청취하여 그림책으로 만들거나, 거리에 남아 있는 신사나 사당, 창고나 오래된 노점 등을 조사하여 기록으로 남기는 것(다시 말해 마을의 자산대장 만들기) 등의 작업을 통해 지역 주민들이 마을에 대해 생각하고, 발견하고, 하나가 되는 열정을 발휘하도록 하려면 그것을 구현하기 위한 소프트웨어가 필요할 것입니다. 지금까지 마을재생을 위해 다양한 시도들이 이루어졌습니다만, 그 대다수가 이와 같은 지역의 소프트웨어를 활용한 시도들 이었습니다.

마을이나 지역의 재생에 필요한 것은, 하드웨어와 소프트웨어 각각의 아이디어가 동시에 시도되고 구현될 수 있도록 터를 깔아주는 작업입니다. 아이디어의 씨앗이 마을에 뿌려지고 꽃 피우기 위해서는 토양에 양분과 비 그리고 바람 등이 필요할 것입니다. 그렇기 때문에 어떤 것보다 마을에 대한 지역주민들의 애정은 빼놓을 수 없는 것입니다.

Shibasaki

역자 약력

배현미
裵賢美
Bae-Hyunmi

- 고려대학교 졸업, 일본 도쿄대학 박사
- 현재 국립 목포대학교 공과대학 조경학과 교수
- 일본 도쿄대학 객원교수, 이와지 경관원예학교 객원교수, 사가예술대학 연구교수 등 역임
- 관심분야는 조경설계, 경관계획, 환경디자인, 도시재생 등
- 주요 저서 및 역서 : "RePUBLIC 공공공간의 리노베이션", "조경제도 및 표현연습", "공간디자인의 미학", "+알파의 영역, 경관디자인",. "어린이를 사고와 범죄로부터 지키는 환경과 지역만들기", "에코해비타트", "환경경관디자인백과", "건축의 배치계획", "워터프론트의 경관설계", "환경디자인", "인간심리행태와 환경디자인" 등 20여 편

편저자 약력

柴﨑恭秀
시바사키 야스히데

- 1992년 츠쿠바(筑波)대학 대학원 예술연구과 수료, 니켄(日建) 설계 근무
- 1998년 시바사키 아키텍츠(SAP) 설립. 현재에 이름
- 아이즈(会津)대학 단기대학부 산업정보학과 조교수
- 주요작품: 미술연구소 델타, 나가노현 아틀리에, 후카자와 가레즈하우스(2011년 Good Design상 수상) 등.
- 마을 만들기 활동으로 후쿠시마현 아이즈와카마츠시 오오마치 거리·노구치 히데요 청춘거리, 오누마군 미시마초 미야가 지구 등에서 작업. 재해부흥 시 후쿠시마현 목조 응급가설주택 어드바이저, "후쿠시마의 주택" 부흥주택 공급 시스템 프로포셜 위원 등을 담당

猪野忍
이노 시노부

- 1970년 호세이(法政)대학 대학원 공학연구과 건설공학전공 석사과정 수료
- 가와하라 이치로 건축설계 사무소를 거쳐, 1976년 이노 시노부 건축설계 설립. 이노 건축설계라 개칭
- 호세이 대학 대학원 에코 지역디자인연구소 연구원
- 주요작품: 포커스 시스템 본사 사옥, 이세 파르피아 호텔, AMC 애니멀 메디컬센터, 기타가마쿠라의 주택, T씨 주택, 우에우마 주택 등
- 주요저서: "세계에서 가장 행복한 국가 부탄", "세계에서 가장 쉬운 목조상세도", "세계에서

가장 자세한 목조상세도", "목조주택 수납 상세도집 / 완성판", "주택 만들기 비주얼 대사전" 등 1975년 공학원대학 대학원 공학연구과 건축학전공 석사과정 수료

井上洋司
이노우에 요우지

- 1979년 배경계획 연구소 설립. 현재에 이름 등록
- 랜드스케이프 아키텍트, 경관보전활동 / ART in FARM 주재
- 주요작품: 나리타 야마신쇼지 오모테산도 경관 개선계획, 요코스카역 주변지구 랜드스케이프, 나가노 동계올림픽 선수촌(이마이 뉴타운) 랜드스케이프 등
- 주요저서: "일본의 도시환경 디자인 85-95", "비의 건축학", "생활에 활기를 주는 비의 건축기술" 등

岩井達弥
이와이 타츠야

- 1980년 닛폰(日本)대학 이공학부 건축학과 졸업, TL 야마기와 연구소 입사
- 1996년 이와이 쇼코 빛 경관디자인 설립. 현재에 이름
- 조명 디자이너, 일본대학 생산공학부 건축공학부 시간강사, 무사시노 미술대학 조형학부 공간연출디자인학과 시간강사 외
- 주요작품(조명계획) : 청해선 여객터미널, 우메다 스카이빌딩, 야쓰치코 은행나무 홀, 토요타시 미술관, 아트 뮤지엄 도쿄, 국립 신미술관 등
- 주요저서: "안목을 넓히고 재주를 키우는 – 미야와키 주택설계학원", "공간디자인을 위한 조명 수법" 등

柿沼整三
가키누마 세이조우

- 1977년 공학원대학 공학전공과 건축학전공 수료
- 동 대학 나카지마 연구실을 거쳐, 1987년 ZO 설계사무소 설립. 현재에 이름
- 설비설계가, 도쿄 이과대학 시간강사, 벡터 리빙 평가원
- 주요작품(설비계획) : 나고야성 능악당(전통극장), 나나자와 키보가오카 초등학교, 휴게소 및 에코하우스 등
- 주요저서: "건축단열에 대한 사고방식", "알 수 있는 건축설비", "건축환경설비 핸드북", "LCCM 주택의 설계수법"등

最勝寺靖彦
사이쇼우지 야스히코

- 1975년 공학원대학 대학원 공학연구과 건축학전공 석사과정 수료
- 1995년 TERA 역사경관 연구실 설립. 현재에 이름
- 월간 "스마이와 전화" 편집위원
- 주요작품: 도쿠시마현 오타니 수경계획, 도쿠시마현 와키마치요시다 옛 민가 및 마을 만들기 등
- 주요저서: "초 실용 일본풍 디자인·디테일 도감" 등

中山繁信
나카야마 시게노부

- 1971년 호세이대학 대학원 공학연구과 건설공학전공 석사과정 수료
- 미야와키단 건축연구실 근무, 공학원대학 이토오 테이지 연구실 조수를 거쳐, 1977년 나카야마 시게노부 설계사무소 설립, TESS 계획연구소로 개칭, 현재에 이름
- 공학원대학 건축학부 시간강사, 일본대학 생산공학부 건축공학과 주거공간코스 시간강사
- 주요작품 : 스와다 주택, 요츠야미츠키 출장소, 카와지 온천역사, 이와이시라 주택, 꽃놀이 강변 주택 등
- 주요저서: "건축 그림책, 일본인의 주거(생활)", "건축 그림책, 주거의 불과 물", "건축 그림책, 나츠메 소세키 박물관",. "계단이 보이는 책", "손으로 연습하는 건축디자이너" 등